ちくま新書

日本

——渋沢栄一から下村治まで

中野剛志
Nakano Takeshi

1492

日本経済学新論
——渋沢栄一から下村治まで

【目次】

はじめに——歴史に学ぶ

二〇一九年、元号が平成から令和へと改められ、新しい御世となった。だが、その翌年の令和二年、日本の前途には、早くも暗雲が深く垂れ込めている。

その原因の一つは、言うまでもなく、新型コロナウイルスの世界的な感染拡大である。しかし、そもそも、それ以前から、世界経済には不吉な予兆が現われていたことを忘れてはならない。

IMF（国際通貨基金）の世界経済見通し（二〇二〇年一月改訂）は、二〇一九年の世界経済の成長率を二・九％と推計していた。これは、二〇一七年に三・八％だったのと比較して著しく低いというだけではなく、世界金融危機以降で最も低い水準である。特に、中国をはじめとする新興国経済の成長鈍化は、顕著であった。

日本経済もまた、景気後退局面に入っていた。いや、それどころか、二〇年以上に及ぶ長期のデフレーションが続いていたのである。にもかかわらず、二〇一九年一〇月、消費税率が一〇％へと引き上げられた。

景気後退下における増税というのは、普通に考えれば、信じがたい愚策である。ウォールストリート・ジャーナル紙の社説（二〇二〇年二月一八日）は、この消費増税を「大失態」と評し、過去二度の消費増税（一九九七年と二〇一四年）と同じ失敗を繰り返したと皮肉った。そんなことは、本来であれば、海外紙に言われるまでもないことであろう。しかし、この「大失態」に反対する声は少数に過ぎなかった。それどころか、経済学者、政治家あるいは財界のトップの中には、消費税率の更なる引き上げを求める声まであったのである。

とは言え、この「大失態」の結果は隠しようもなく、二〇一九年一〇～一二月期の実質GDPは、前期比マイナス一・八％、年率換算でマイナス七・一％と激しい落ち込みを見せた。とりわけ、個人消費と設備投資の減少が著しかった。

そこに、新型コロナウイルスが襲いかかってきたのである。

これを書いている時点（二〇二〇年三月二〇日）では、世界的なパンデミックは収まる気配はなく、日本においても警戒態勢が続いている。私は、このパンデミックによる実体経済の危機が、金融危機のトリガーを引き、さらには世界的な恐慌や政治の不安定化を招くことを恐れている。仮に、パンデミックを早期に制圧し得たとしても、消費税によって消費が抑制され続けている限り、日本経済が成長軌道へと向かうことはないであろう。

そうでなくとも、日本経済は、一九九〇年代半ばから現在に至るまで、ほとんど成長していなかった。それどころか、一九九五年からの二〇年間、名目国内総生産（GDP）の成長率がマイナスを記録しているのは、世界各国の中でも日本だけだった（次頁の図参照）。低インフレと低成長が続く状態は、いつのまにか、「日本化（Japanification）」という不名誉な名で呼ばれることとなった。

戦後の日本は、焼け跡から「奇跡」とも称された高度成長を成し遂げ、世界第二位の経済大国としての地位を勝ち得た。さらにさかのぼれば、明治の日本は、西洋世界以外においていち早く近代化に成功するという偉業を成し遂げた。ところが、そのような輝かしい歴史をもつ我が国が、平成になってからというもの、突如として長期停滞に陥り、世界第二位の経済大国という地位からも転落して、凋落の一途をたどっているのである。

もっとも、この三〇年間、日本国民は、何も手を打たなかったというわけではない。その逆に、平成の時代は、まさに「改革」の時代だった。「構造改革」「抜本的改革」「維新」「革命」といった勇ましい標語が氾濫する中で、政治・経済・財政・通商・行政・教育・医療・エネルギー・農業など、ありとあらゆる方面にわたって改革が進められ、新奇な政策が次々と実行されてきたのである。ところが、その結果、日本経済は、停滞から抜け出すことができなくなったのだ。

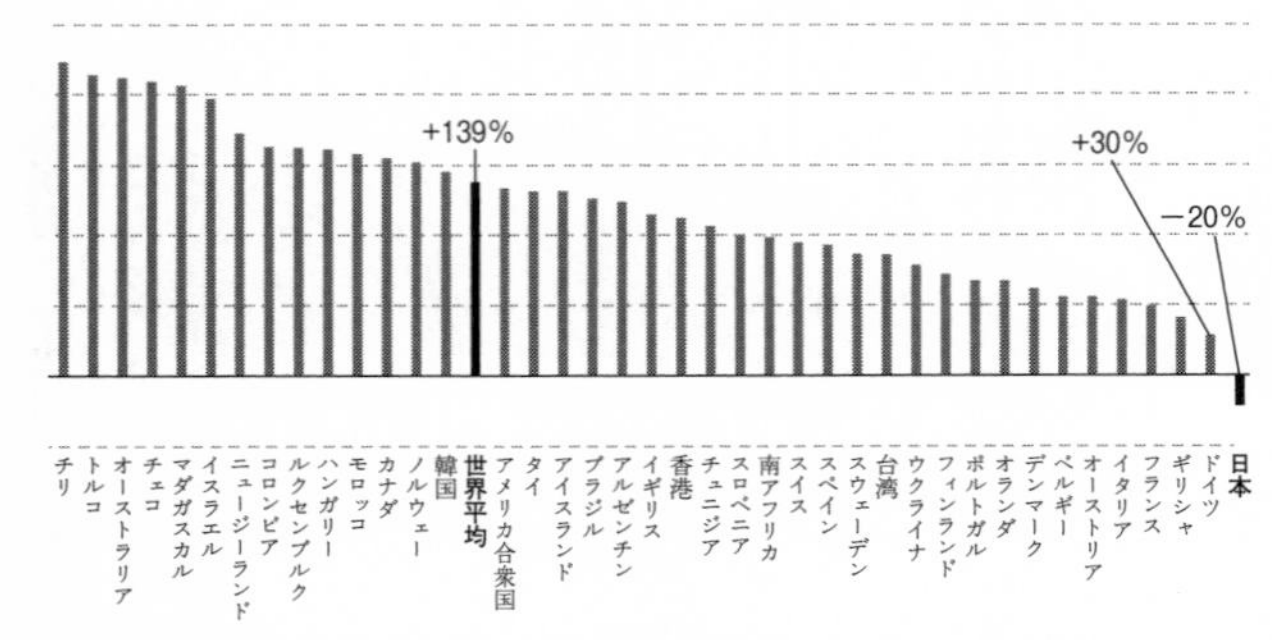

出典）藤井聡『「10％消費増税」が日本経済を破壊する：今こそ真の「税と社会保障の一体改革」を』p. 49.

問題は、平成の日本人に危機感が欠けていたことにあるのではない。むしろ、「従来の日本の政治経済システムは限界に達した」という強い危機感に駆り立てられ、「旧い常識を捨てよ」「過去の成功体験にはとらわれるな」と果敢に改革に取り組んだからこそ、日本は凋落したのだ。その一例を上げれば、二〇一九年一〇月の消費増税という「大失態」も、財政赤字に対する強い危機感が招いた結果にほかならない。

我々は、この残念な現実を直視し、これ以上、上擦った調子で「改革」だの「維新」だのと叫ぶのはやめるべきではないのか。それよりもむし

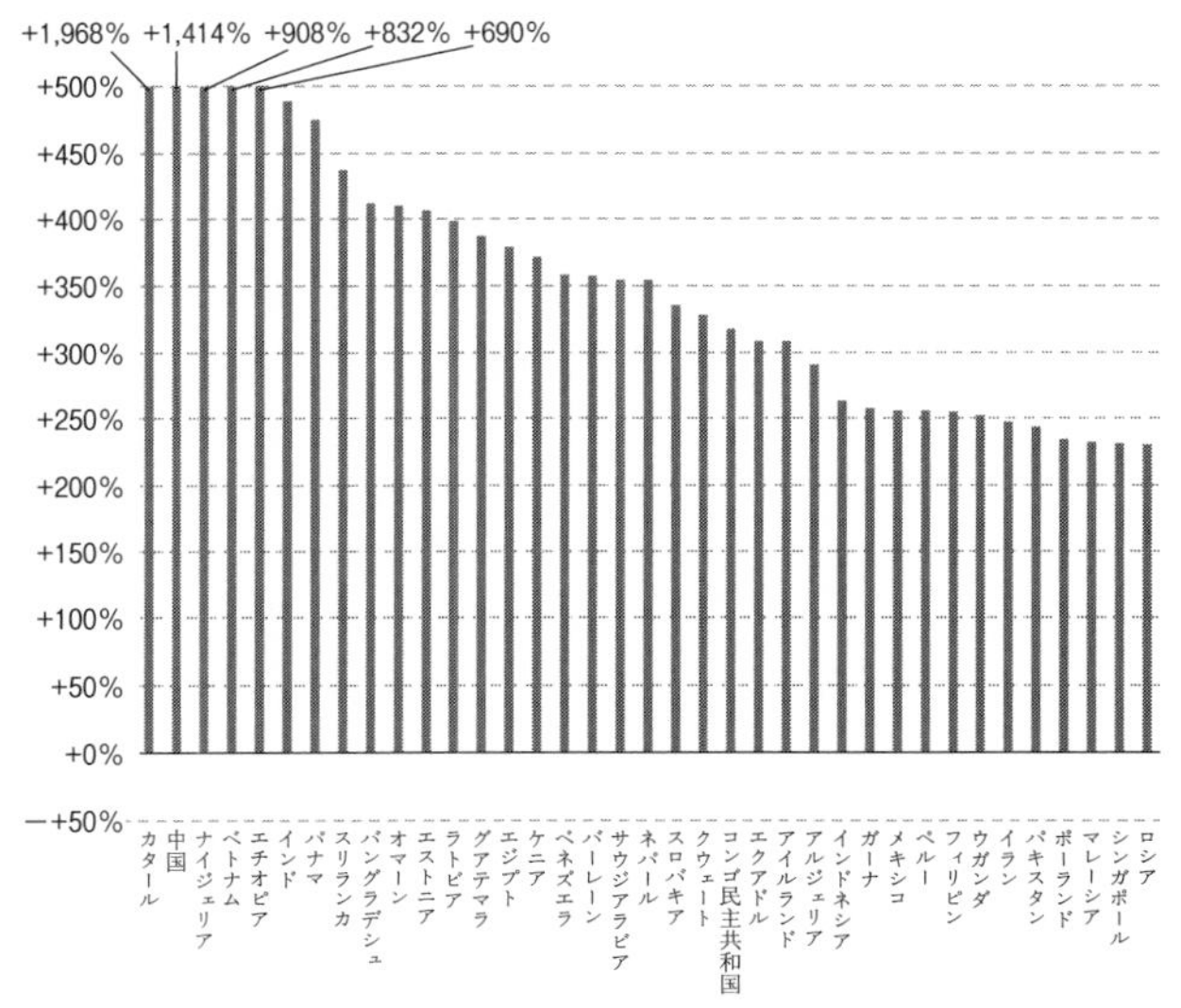

各国の「成長率」ランキング
(1995〜2015 までの 20 年間の名目 GDP 成長率)

ろ、今こそ、我が国の歴史に蓄積された智慧を学び直すべき時なのではないか。特に、今日のように世界が混迷を極め、国がその行く先を見失っているような時代には、歴史は、しばしば、羅針盤となってくれるはずである。

我々は、ともすれば、歴史は過去から未来へ向けて進歩するものであり、現在の思想は、過去の思想よりも優れていると思いがちである。しかし、そのような思い込みには、実のところ、何の根拠もない。実際には、過去の思想の方が、現代よりもはるかに優れていることも少なくないのである。そして、過去との対話を重ねていく過程で、我々自身の思想の方が正されていくということがあり得る。そのような経験こそが、「歴史に学ぶ」ということなのではないだろうか。

本書は、明治から昭和にかけての経済思想を扱っている。特に、渋沢栄一、高橋是清、岸信介、下村治に焦点を当てて、彼らの経済思想を解釈している。この四人との対話を通じて、読者が「歴史に学ぶ」という経験を得られたとしたら幸いである。少なくとも、私は経験した。

中野剛志

令和二年三月二十日

第一章

日本の経済学

成功する経済においては、経済政策はプラグマティックであって、イデオロギー的ではなかった。そして、具体的であって、抽象的ではなかった。

(スティーブン・S・コーエンとJ・ブラッドフォード・ディロング『具体的経済学』)

†輸入学問

日本における経済学は、明治初期における西洋からの自由主義経済思想の輸入を以て始まったとされる。塚谷晃弘(つかたにあきひろ)は、次のように述べている。「維新の「改革」を起点とする日本の資本主義が、内発的、かつ自成的に形成されたというよりも、移入されたものがむしろ根幹となっていたように、それを支える精神的基礎であるべきだった、自由主義経済思想もきわめて強い輸入的性格をもっていた」[塚谷一九八〇—三八~九]。

あるいは伊東光晴は、戦後日本における近代経済学の足跡をたどる中で、こう書いている。

戦後経済学の流れを考える場合、当然のこととして押えておかなければならないことは、わが国の学問の多くがそうであるように、経済学もまた欧米学問の紹介・移入という形をとって発展したという点である。この場合、戦前であったならば、近代経済学もマルクス経済学も、ともに移入すべき対象が西欧に存在していた。戦前のドイツのマルクス経済学研究はそれなりの力と高さを持っていた。だが戦後の欧米の経済学界は完全に一変し、マルクス経済学はほとんど範とすべきものは存在しなくなり、代わって、アメリカの経済学が大きく躍進し、政策科学としての地位をも確保しだしていたのである。この欧米における経済学の状況は、移入学問という形をとるわが国に影響を及ぼすのは時間の問題であり、それが、時の経過とともに近代経済学の比重の増大をもたらし、やがて、それが主流的地位を獲得していくのである。［伊東一九八四―一七八〜九］

このように、経済学という学問は、明治維新から今日に至るまで、経済自由主義（近代経済学）であれ、マルクス主義であれ、基本的に西洋から移入されて成立した「輸入学問」としての性格を色濃くもつものとみなされている。

もちろん、明治期には、経済自由主義に対抗して、日本の歴史や風土に固有の経済学を確立すべきだというナショナリスティックな「国民経済学」を唱える経済学者たちもいた。しかし、彼らもまた、ドイツからの「歴史学派」の輸入を契機として、その主張を展開したのである［塚谷一九八〇―一五五〜二一三］。

あるいは第二次世界大戦中には、西洋思想に由来する経済学に対抗し、日本の国体にのっとった「日本経済学」を打ち立てようと運動した者たちがいた。例えば、難波田春夫や大熊信行らである。しかし、牧野邦昭によれば、この「日本経済学」は、総力戦下におけるイデオロギーとしては強力な役割を果たしはしたが、経済政策を行う上では何ら役に立つものではなかった。しかも、大熊はイギリスのジョン・ラスキンの強い影響の下で自説を展開し、難波田はヴェルナー・ゾンバルトの理論を基礎にしていた。その他の「日本経済学」を自称した議論もまた、ゴットルの理論を基にした全体主義経済学や、マルクス主義その他の社会主義思想を利用した統制経済論などの提示にとどまり、独自性を欠いていた［牧野二〇一〇―第三章］。日本の経済学は、西洋思想を敵視していた戦時中ですら、輸入学問の呪縛から逃れられなかったのである。その上、牧野が言うには、「国情の異なるイギリス・ドイツ・アメリカ等で発展した経済学が、しかも一八世紀以来時間をかけて発展してきた経緯を無視して一度に日本に導入されたことで」［牧野二〇一〇―一七一］、日本の経済学は、結局、体系的な理論の体を為すことができなかった。終戦後、「日本経済学」は消滅し、代わって、マルクス主義経済学と近代経済学が受容され、広く普及したのも、それらが体系的な理論という姿をしていたからであったが、いずれも輸入学問であることは言うまでもない。

こうしてみると、日本の経済学は、まるで輸入学問としての宿命を背負っているかのようである。いや、経済学に限らず、他の思想や法制度も含めた「近代」そのものが、西洋から移入されたものであり、ヘーゲルが言ったように、経済学が「その本質として、近代に起源をもつ科学」[Hegel 1991, para. 189] なのであれば、日本の経済学が輸入学問としての宿命から逃れられるはずもないのかもしれない。

もちろん、外国から学問を導入すること自体は、否定されるべきものではないし、そのことで、日本人が引け目を感じる必要もない。知識や理論が普遍的に正しいというのであれば受け入れればよいのであって、外国を発祥とする学問だから拒否するなどというのは馬鹿げている。実際、物理学、化学、天文学、数学などの自然科学もその出自は西洋にあるが、今さら、それらが輸入学問であることを問題視する者など、ほとんどおるまい。

そもそも、他国由来の学問を輸入するということは、日本に限らず、どの国でも普通に行われてきたことである。また、知識人というものは、国境を越えて知識や理論を共有したり、影響を与え合ったりする、ある種の世界市民的な知的共同体を形成するものであるし、学問の発達のためには、むしろそうすべきである。

それにもかかわらず、私は、日本の経済学を輸入学問として規定する見解には、ある深刻な問題が横たわっていると考えている。

その問題とは、経済学を輸入学問とみなす見解が暗黙の前提としている「学問」観の内に潜んでいる。それは、「理論」と「実践」との間の関係をどう考えるかという問題と深く関わってくる。

†理論と実践

「理論」と「実践」の関係には、大別して、二通りの考え方がある。一つは合理主義に基づく考え方であり、もう一つはプラグマティズムに基づく考え方である［Dewey 1988b］。

合理主義によれば、理論家は、現実世界から距離を置いた観察者としての立場に立ち、理性によって不変、不動、確実そして完全な真理としての「理論」に到達する。そして、「実践」は、その「理論」に従って行われるべきものである。言わば「理論」が主で、「実践」は従という関係にある。経済学と経済政策について言えば、経済学者が抽象論理によって理論を構築し、その理論に従って経済政策が行われなければならない。これが合理主義である。

これに対してプラグマティズムは、「理論」は「実践」の中にあり、「実践」の一部を構成するものと考える。

合理主義は、理性によって到達した「理論」は不動の真理であり、探究の最終到達点であると考える。これに対し、プラグマティズムは、「理論」はあくまで「仮説」に過ぎず、そして探究の到達点ではなく、むしろ出発点であると考える。すなわち、「理論（仮説）」を設定し、現実の観察や理論の実践を通じて、理論の妥当性を判断する。理論が現実と合致しなければ、理論を修正する。そして、新たな理論の下で、再び、その妥当性を実践を通じて検証する。こうした作業を通じて、次第に、現実についての知識を得ていく。この場合、「理論」とは、真理そのものではなく、真理に近づくための「道具」である。

経済学について言えば、ある経済「理論」に基づき、ある施策が発動される。その結果、当初の理論通りの結果が得られなければ、それによって現実が理論の想定とは違っていたという知識が新たに得られる。そして、その新たに得られた現実についての知識に合わせて、理論の方が修正され、新たな理論に基づいて新たな施策が実行される。このようにして「理論」の修正作業が経済政策という「実践」の中で繰り返される。この場合、経済「理論」は、経済政策の担当者が現実の経済を知るための「道具」であり、経済政策という「実践」の一部となっている。

さて、このプラグマティズムの理解によるならば、経済学という「理論」は、経済政策という「実践」の中にあるということになる。

日本の経済政策という「実践」は、言うまでもなく日本において行われている。その日本における経済政策の「実践」の中に、経済学という「理論」がある。そうだとするならば、日本の経済学は、日本における経済政策の実践の中に求めるべきものである。裏を返して言えば、日本の経済政策の実践が行われていない外国から、日本の経済学を「輸入」するなどということはおよそ不可能だということになる。

したがって、日本の経済学は輸入学問であるとする見解は、実は、「実践」から独立したところに「理論」があるとみなす合理主義の学問観に基づいていたということになるのである。

ならば、プラグマティズムの学問観にのっとって、日本の経済学を、経済政策の実践の中に探究してみてはどうだろうか。そうしたら、日本の経済学は、いわゆる輸入学問としての経済学とはまったく別種の姿を現すのではないだろうか。

こんな予感に導かれつつ、本書は、明治から昭和までの日本の経済政策に深く関わった実践家を選び、彼らの経済思想を解釈してみようと思う。

具体的には、渋沢栄一、高橋是清、岸信介、そして下村治の四人である。

率直に言うが、この四人は、恣意的に選ばれたものである。他に探究するに相応しい経済思想の持主がいないというわけでは必ずしもない。しかし、渋沢は「日本資本主義の父」と言われ、国家政策にも関与した実業家であり、高橋は昭和恐慌を克服した「高橋財政」で有名な財政家であり、岸は戦前・戦中・戦後を通じて経済政策に深く関わった官僚あるいは政治家である。この中で下村だけが経済理論家として知られるが、大蔵官僚などとして実務に従事した経験をもち、戦後の高度成長の立役者として政策に深く関与した。いずれも、それぞれの時代の日本を代表する実践家であると言える。

それだけではない。次章以降の議論で明らかになるように、彼らは、所与の固定された「理論」に忠実に従って経済政策を遂行するだけという実践家ではなかった。もちろん、この四人も、ある種の「理論」に依拠していたのであり、しかも、それが海外から輸入されたものである場合もあった。しかし、彼らはいずれも、所与の「理論」を鵜呑みにすることは決してなく、常に現実を重んじ、「実践」を通じて新たな「理論」を追求し続けていた。それどころか、既存の理論や輸入学問に対しては常に厳しい懐疑の眼を向け、挑戦することにも躊躇はなかった。つまり、彼ら自身が、プラグマティズムの体現者であったのだ。

渋沢、高橋、岸、下村の四人は、言うまでもなく、生きた時代環境や直面した状況も違えば、個性や立場も異なる。しかし、そういう彼らの中に、何か共通する思想というようなものが見出せたとしたならば、それこそが、我々が求める輸入学問ではない日本固有の経済学の姿であろう。そのような期待が私にはある。

†プラグマティズムとナショナリズム

改めて、プラグマティズムという思想の概要を明らかにしておこう〔Herrigel 2010: 17-23〕。プラグマティズムは、原子論的な個人による合理的な行動によって社会現象を説明しようとする「方法論的個人主義」を拒否する。方法論的個人主義は、主流派経済学が採用するアプローチであるが、プラグマティズムはそれを否定するのである。

その代わりに、プラグマティズムは、人間の行動を次のようにとらえている。

人間は、社会関係の中に存在するのであり、社会関係と切り離されては存在し得ない。我々は、特定の社会関係の中に位置づけられることで、自分が何者であるかを知り、社会に参入することを通じて自己意識を獲得する。自分の行動は、それを他者や社会との関係の中に位置づけてこそ、意味をもったものとなる。人間行動は、本質的に「社会行動（social action）」である。個人の行動は、社会行動という観点から理解すべきなのであって、独立した個人の行動によって社会行動を説明すべきではない。

人間行動を社会行動とみなす理解に基づき、プラグマティズムは、「思考」と「行動」の厳格な二分法を拒否する。一般に信じられているように、思考が先行し、その思考に基づいて行動するというのではない。自分の行動の意味は、社会関係の中に参入することで生じるというのなら、まずは社会関係への参入という行動（社会行動）がなければ、行動の意味を思考することはできまい。思考というものは、行動に先立つのではなく、行動（社会行動）とともにあるのである。

思考が社会行動とともに形成されるということは、人間の行動の多くが「習慣」的であることと深く関係している。ここで言う「習慣」とは、一定の形式に従った機械的な反復行為というよりは、経験を通じて学習した技能や実践的能力といったような意味である。例えば、大工が鋸や金槌といった大工道具を使いこなす際、彼は大工としての「習慣」にしたがっている。大工は、その大工道具の使い方の習慣を、大工仕事という社会的に確立された実践に参加し、それを習慣とすることで、大工道具の使い方に関する思考力や判断力を身に付けたのである。このようにして、人間は、社会行動への参画を通じて、判断力や思考力を獲得する。

思考とは行動に先行して、行動を規定するものではない。思考は行動の中にあり、行動の一部なのである。この思考と行動の関係は、先ほど述べた「理論」と「実践」との関係にも対応している。すなわち、理論（思考）は、実践（行動）の先に存在して実践を決定するものではなく、実践（行動）の中にある。

プラグマティズムは、思考と行動のみならず、人間の行動とその行動が行われる「状況」の厳密な二分法をも拒否する。

人間は、ある「状況」を認識して、それから判断し、行動するのではない。というのも、ある特定の「状況」を認識するということ自体に、すでに、その「状況」においてはどのような行動が適切であるかという判断が含まれているからである。したがって、「状況」は、行動の外にあるものではない。「状況」は、言わば、行動の一部を構成するものである。

人間は基本的には、社会の中で体得した習慣に従って行動するが、しかし、「状況」によっては、その習慣的行動が通用しない場合もある。「状況」は、時間とともに変化するからである。過去と現在は同じものではなく、現在においては未来のことは不確実である。このため、「状況」の変化によって、習慣的行動と状況との間に断絶が生じる場合がある。そのような危機においては、従来の習慣的行動に対する疑念が生じる。

そういう疑念が生じたとき、人間は、問題を解決すべく、例えば、目の前の状況と他の状況との比較を通じて解決法を模索したり、あるいはこれまでの習慣的行動の本質的な意味を改めて問い直そうとしたりする。そうやって知的な想像力を働かせて、行動と状況を再定義し、再構成して、行動と状況の間に生じた断絶を解消しようとする能力が人間にはあるのである。この問題解決に向けた試行錯誤の過程において、人間行動（＝社会行動）の「創造力（creativity）」が発揮される。プラグマティズムは、この人間行動の「創造力」に光を当てる思想である［Joas 1996］。

このように、プラグマティズムは、行動と状況の関係について、状況は行動の一部を構成するものとする。さて、そうだとすると、国民が置かれた「状況」は、政策「実践」の一部を成すということになろう。言い換えれば、その時々の状況を考慮することなしには、問題を解決する政策を実践することは不可能だということだ。そして、その特定の状況と密接不可分である特定の政策「実践」の中に、さらに「理論」というものがある。こうして、「理論」は、特定の「状況」の下における政策「実践」の中に探し求めなければならないということになる。

経済の「理論」は、特定の状況下において、国民が選択し、実行した経済政策の中に見出される。だとすると、そのようにして見いだされた経済理論は、国民性を強く帯びた、その国民固有の「国民経済学」となるだろう。日本の経済政策の実践の中から発見される理論こそが、真の「日本経済学」である。

そこで改めて考える必要があるのは、経済理論と国民性の関係についてである。

プラグマティズムの理解によれば、人間行動というものは無数の習慣から構成されており、その習慣とは社会生活を通じて形成される。その社会生活の中には、家族、地域共同体、職業団体、国民（nation）、さらには世代や時代の風潮など、様々なものがある。こうした社会生活の中でも、国民国家の政策にとって特に重要なのは、「国民」という共同体である。

ある国民という共同体の一員として生まれた人間は、その国民共同体に蓄積された伝統や文化の中で成長し、その国民が共有する思考様式や行動様式を習慣として身に付けていく。その国民に固有の思考様式や行動様式が、いわゆる「国民性」と呼ばれるものである。その国民性を帯びた実践の中に「理論」があるというのならば、その「理論」もまた国民性を反映するのは当然であろう。

これに対し、経済思想の正統をなす経済自由主義、とりわけ主流派経済学は、方法論的個人主義に依拠しているために、その理論は、社会行動や社会生活といった概念を欠いており、ゆえに「国民性」はおろか「国民」という概念すら存在し得ない。だが、国民国家（特に民主国家）が実行する経済政策というものは、国民を対象とし、また、主権者である国民の意志に従って動かされるものである。「国民」の概念がない経済理論が、適切な経済政策を導き出せるはずもない。主流派経済学には、経済政策を処方する理論的な資格がないのである。

しかし、「国民」という存在を重視する経済思想は存在する。それは、「経済ナショナリズム」と呼ばれる［Nakano 2004］。経済ナショナリズムには、経済政策を論じる資格がある。

そして、人間を社会的存在とみなすプラグマティズムもまた、「国民」を適切に扱うことができる。こうして、プラグマティズムと経済ナショナリズムは、「国民」の概念を通じて融合することができるのである。

さらに、プラグマティズムと経済ナショナリズムは、「経済政策」の概念を通じても、融合し得る。「経済政策」、より一般的には「国家政策」とは、国家が「制度」を操作することによって行われるものである。では、「制度」とは何か。

プラグマティズムの流れを汲む制度経済学の理解によれば、「制度」とは、ある特定の社会集団の行動の一様式のことである。国民国家における「制度」であれば、それは、国民という社会集団がとる一定の行動のことを指す。したがって、国民国家における「政策」とは、国民の集団行動を一定の方向や様式に合うように動員することであると言える［中野二〇一六］。

さらにプラグマティズムは、状況の変化によって危機が生じた場合に状況と行動を再考し、認識や行動を新たにして、その危機を克服しようとする社会行動の「創造力」を強調した。これを国民の社会行動に当てはめて考えるならば、国民は、危機的な状況に投げ入れられてしまった場合に、危機を克服するため、従来の習慣的行動を変革し、再構成する「創造力」を発揮する。その危機の際に発揮される国民の「創造力」を、我々は「国力」とみなすことができるだろう。この「国民の創造力＝国力」こそ、経済ナショナリズムが最も重視するものである［Nakano 2004］。

本書が明らかにしようとするのは、このプラグマティズムと経済ナショナリズムという二つの思想が、渋沢栄一、高橋是清、岸信介、下村治の四人に共通して流れているということである。そして、彼らが共有するプラグマティズムと経済ナショナリズムこそが、我々が探し求めている真の「日本経済学」なのである。

†本書に関する注意事項

本論に入る前に、本書に対する誤解を避けるために、あらかじめ、次の六点について、注意を促しておきたい。

第一に、本書が「日本経済学」と呼んで探究する理論は、渋沢、高橋、岸、下村が共有する思考様式のことであって、戦時中に反西洋思想として難波田や大熊らによって唱えられた「日本経済学」とは何ら関係がないということは、改めて明確にしておきたい。

第二に、本書における「日本経済学」は、近代日本における政策実践の中から内発的に生まれ、日本に固有の特徴をもつ理論であるが、そのことは、日本以外の国においては通用しないということを意味しない。むしろ、本書では、渋沢、高橋、岸、下村の経済思想と同様のものが、同時代の西洋、あるいは現代にも見出せることを強調するであろう。その意味で、本書が探究する「日本経済学」は、普遍性を持ち得る、開かれた理論である。

第三に、渋沢、高橋、岸、下村は、西洋から経済学を輸入するではなく、自らの実践経験を通じて独自の経済理論を編み出してはいるが、しかし、西洋の思想を一切無視したというわけではない。むしろ彼らは、西洋思想にも通じていたし、参照することもしばしばあった。それができるのは、彼らの思想と、彼らが参照した西洋思想が、先に述べた「普遍性」を共有していたからである。

第四に、本書は「日本経済学」を実践家の中に探求する。しかし、学究の徒であっても、現実の生活世界との交わりや政策実践を重視する者ならば、その者の思想の中に「日本経済学」を見出すことは可能である。反対に、政治家、官僚、実業家といった実践家であっても、空理空論や輸入学問の奴隷となっている合理主義者は幾らでもいる。あるいは、権力欲や名誉欲などの邪念にかられて、政策を歪めるような実践家も少なくない。こうした類の実践家には「日本経済学」を期待しても無駄である。

要するに、ある人物の思想の中に「日本経済学」が見出せるか否かは、その者の職業が何であるかとか、どのような立場にいるかとは、必ずしも一致しないということである。

第五に、本書は、渋沢、高橋、岸、下村から抽出した「日本経済学」を高く評価するが、それは、彼らの経済思想のすべてに賛同することを意味するものではない。後で詳しく論じるが、例えば、渋沢、高橋、下村の貨幣論には欠陥があり、修正の余地がある。つまり、「日本経済学」は、後世の手によって、さらに改善し、発展させていくべき思想であるということである。

そして最後に、そしてこれが最も重要な点かもしれないが、渋沢から下村までを貫く思考様式は、日本の近代史に固有の政策実践から生まれたものであることから、本書は、これを「日本経済学」と呼称してはいる。しかし、だからと言って、日本人であるというだけで誰でも、この「日本経済学」を共有できるというものではない。本書が「日本経済学」と呼ぶものは、日本国民の経済生活上の具体的な問題を解決しようとする実践的な工夫の中から生成していくものなのであり、そのような実践経験を軽んじる者が知ることは不可能な理論なのである。

第二章

論語とプラグマティズム

†水戸学と資本主義

渋沢栄一（一八四〇～一九三一）は、その生涯の間に、実業家として、五百以上の企業、六百以上の慈善団体等に関わった。渋沢が設立を援助したり、役員として関与したりした主な企業には、日本最初の銀行である第一国立銀行（現・みずほ銀行）をはじめとして、東京瓦斯、日本煉瓦製造、東京製綱、京都織物、東京人造肥料、東京石川島造船所、帝国ホテル、王子製紙、磐城炭鉱、広島水力電気、札幌麦酒、大阪紡績、日本鉄道、東京海上保険、日本郵船などが含まれる。渋沢が「日本資本主義の父」と呼ばれるゆえんである。

その渋沢が、「論語と算盤」をモットーとしていたことはよく知られている。ただし、この「論語と算盤」を、「ビジネスには倫理も必要である」という程度の月並みな教訓として片づけてはならない。論語は、渋沢の生き方の指針そのものだったのである。

そのことを渋沢は何度も繰り返している。「論語主義」とまで言っている。

聖人の教は千古不磨のもので、必ずしも時代に因つて用不用のあるべきものでない。余は明治時代に生活し、而も論語を行為の指導者として来たが今日迄更に不便を感じなかつた。して見れば旧時代の遺物でもなければ、旧道徳の残骸でもない。今日に処して今日に行ひ得らるゝ処の処世訓言である。世の貨殖致富に志あるものは、宜しく論語を以て指針とせられんことを希望する次第である。［青淵百話（せいえんひやくわ）一六一］

このように論語主義者を自認する渋沢が、「日本資本主義の父」だというのであれば、「日本の資本主義は、儒学から産まれた」という仮説を立てなければなるまい。

資本主義は近代の産物であるのに対し、儒学は前近代の遺物に過ぎない。儒学などというものは、資本主義化あるいは近代化の妨げになりこそすれ、それが淵源になることなどあり得ない。それどころか、明治以降の近代資本主義は、江戸時代の儒学的な文化から脱却したからこそ、成立し得たのではなかったか。このような通俗観念が根強く定着している。それは、先の引用からも明らかなように、渋沢が生きていた明治・大正期にはすでに存在していた。

この通俗観念は、渋沢の近代的な思想は西洋から輸入されたものと解釈するよう誘惑する。実際、渋沢が幕末に渡仏した経験があることなどをもって、彼がサン＝シモン主義の影響を受けたことを強調する研究がある〔鹿島二〇一三a、鹿島二〇一三b、フリデンソン二〇一四〕。

確かに渋沢は、一八六七年にフランスへ留学し、ヨーロッパ諸国を視察している。しかし、翌年には、大政奉還によって帰国を余儀なくされた。このため、渋沢は、この留学の成果はほとんど上がらなかったと証言している。「まだ仏語も充分には出来ず、僅かに文法書の一端を読み得る位になった処で、早くも母国の政変から帰朝の命が来た。」「けれども公子が水戸家相続といふことから、万事の計画も皆画餅に属して、最早留学の意念も尽き果て、無拠帰国の準備も匆々にして母国へ帰着したのは、前にも述べた通り明治元年の十一月三日であった」〔青淵百話八七六―七〕。渋沢自身がこう吐露している以上、フランスの思想からの影響を重視する解釈は苦しいであろう。

これに対して、山本七平は、渋沢の精神に徳川時代からの連続性を見出そうとしている。山本は、渋沢の「論語と算盤」を石門心学的な「生活学」の伝統の中に位置づけて解釈するのである。「生活学」とは、山本が石川謙の用語から借りたものであるが、日々の生活への反省と工夫によって道を知り、道を行うことが学問であるという思想である。さらに山本は、小室直樹の比喩を借りつつ、様々な思想を自分の都合のよいように利用すればよいという「天動説」と、思想を中心に自分の行動を規定する「地動説」とを対比させつつ、「生活学」は思想的天動説であるとする。そして、渋沢の思想は、この生活学的な天動説であるというのである〔山本一九八七］。後で論じるように、本書の渋沢理解は、この山本の「生活学」説に近い。ただし、山本は、論語の思想的内容が渋沢に与えた影響については、必ずしも重視していない。しかし、渋沢が「聖人の教は千古不磨のもの」と信じ、論語主義者を自認している以上、儒学を中心にして渋沢の思想を読解すべきではないだろうか。

> 我が思想は、徹頭徹尾、論語主義である。フランス留学は、残念ながら成果に乏しかった。

こうした渋沢の証言を素直に受け止め、渋沢の思想の基盤が儒学にあったこと、それも単なる儒学ではなく、水戸学であったことを解明しようとした研究者がいる。坂本慎一である。

坂本は、次のように論じた。

> 若き日の渋沢は、出身地である武蔵国の血洗島（現・埼玉県深谷市）で、尾高惇忠と菊池菊城に師事した。この尾高や菊池らの草莽の学問は、武士の学問とは異なり、学問と農業・商売との両立を唱えるものであり、漢籍を実践に即して読むものであった。また、彼らの教育方針は、藩校で教えられていた漢学のような秩序だった学習プログラムをもたず、学説や字句の細かい注釈に拘泥するものではなかった。そして、水戸学の影響を受けており、「北武・水戸学」と呼んでもよい独特の学問集団を形成していた［坂本二〇〇四―一六七〜一七四］。

この「北武・水戸学」が青年期の渋沢の思想を培ったのであるが、それだけではない。最晩年に著された『論語講義』は、渋沢の儒学思想の集大成と言うべき大著であるが、その内容も、水戸学の強い影響下にあった［坂本二〇〇二―第四章］。ということは、「日本資本主義の父」渋沢栄一がモットーとした「論語と算盤」の「論語」とは、かの尊王攘夷で悪名高い水戸学だったということになる。

だが、サン＝シモン主義の影響を最大限に重視する鹿島茂には、このような解釈は、到底受け入れられないであろう。もちろん、鹿島は、渋沢にはサン＝シモン主義を理解する下地があったのであり、その下地を形成する上で、尾高惇忠の実践的な教育法も貢献したと認めてはいる。しかし、渋沢が過激な尊王攘夷運動に身を投じていたことについては、これは青春期の未熟さからくる過ちに過ぎないとみなし、今日の大実業家が青年時代にマルクス主義にかぶれ、共産党に属していたようなものだとまで評するのである［鹿島二〇一三a―六二］。

渋沢の青年時代には、尊王攘夷思想から商業的合理精神への転向があった。そして、後者の商業的合理精神こそが、本来の渋沢の姿である。鹿島はこのように解釈する。「渋沢栄一の場合、尊王攘夷思想という自分に似合わぬ衣装を脱ぎ捨てたあとには、父晩香から譲り受けた健全な商業的合理精神がすでに逞しい肉体を形づくっていた。もはや、これ以後、渋沢栄一は、人間の本性に無理を強いるいかなるイズムにも心ひかれることはないだろう。儒教道徳を説くのは、それが商業の合理性にかなっているからだ」［鹿島二〇一三a―七九］。

ならば鹿島は、水戸学をどう理解していたかと言えば、こうである。「では肝腎の水戸学とはなんであるかというと、じつは、これが、学と呼べるような体系性も論理的整合性もそなえていない、ある種の過激な気質の純粋結晶のようなものにすぎないのだ。すなわち、その根源にあるのは、「武士は食わねど高楊枝」というあの武士の痩せ我慢の思想をひたすら純化して、本来マイナスの価値でしかない「貧乏」に倫理的なプラスの価値を与え、劣等感を優越感に変えて、自分よりも少しでも恵まれた他者を攻撃するという一種の奇矯な「清貧の思想」である」[鹿島二〇一三a―六三～四]。

このように、坂本と鹿島は、渋沢の解釈を巡って、真っ向から対立する。その対立の根本原因は、言うまでもなく、水戸学の解釈にある。

結論を急げば、鹿島の水戸学理解は、通俗的な偏見の類に過ぎない。水戸学の研究者からすれば、まったく受け入れがたいものであろう。

そこで本章では、坂本のアプローチを基本的に踏襲して、渋沢の思想の基盤を水戸学の中に探ろうとする。そして、渋沢が水戸学の尊王攘夷思想から継承したナショナリズムを以て、日本の近代資本主義を確立せしめたことを明らかにするのである。

†実学

水戸学の学統は、徳川光圀による『大日本史』の編纂事業に起源をもっているが、十八世紀の後半を境として、前期と後期に区分される。渋沢の思想形成に寄与したのは、「後期水戸学」である。この後期水戸学への転回において大きな影響を及ぼしたのが、「古学」という江戸時代の日本に生まれた儒学の一学派である〔尾藤一九七三、橋川一九七四〕。

古学は、山鹿素行（一六二二〜八五）、伊藤仁斎（一六二七〜一七〇五）、伊藤東涯（一六七〇〜一七三六）、荻生徂徠（一六六六〜一七二八）らによって形成され、独特の発展を遂げた。この古学の流れが後期水戸学へと通じ、やがて渋沢の「論語と算盤」へと至るのである。

古学は、儒学の主流派の地位を占めていた朱子学に対して極めて批判的であり、朱子学とは根本的に異なる論語解釈を打ち立てた。それは、どのようなものであったか。古学の論者によって違いはあるが、伊藤仁斎であれば、こうである。

孔子が説いた聖人の「道」とは、「人倫日用当に行くべきの路」〔語孟字義巻の上―二七〕であり、「日用彝倫の間」〔童子問序―九〕に行われるものである。すなわち、日常の生活世界における実践を尊重すること、これが孔子の説いた思想である。日常の生活経験によって育まれた常識の中にこそ、深遠な真理が含まれているのだと孔子は教えている。「卑近の中、自ずから高遠の理有るなり」〔童子問巻の上―四八〕なのである。そして、孔子の説く聖人の「道」とは、あくまでも「知り易く行い易く平正親切なる者」である。しかし、逆説的に見えるが、そういう平易な教えこそが「万世不易天下極至の理」であり「堯舜の道にして、孔子立教の本原、論語の宗旨」にほかならない〔童子問巻の上―二二〕。

ところが、朱子学は、日常の経験世界を「気」によって曇らされた不純な世界とみなし、経験世界を超越したところに、「理」が支配する純粋で高邁な真実の世界が存在すると教え、この「理」を探求すべしと説く。

このような朱子学の思考様式は、「合理主義」と言える。合理主義を、西洋や近代に固有の思考様式とみなすのは俗説に過ぎない。「合理主義」とは、「世界を支配する根本原理を発見できる理性の力を信じ、その理性が発見した（とされる）原理に基づいて、現実の世界を理想的なものへと改造できる」と考える思考様式のことを指すのであって、朱子学は、れっきとした合理主義である。

朱子学は、世界の根本原理たる「理」に到達するために、欲望を滅却する精神修養（「守静持敬」「居敬静坐」）や、事物の理を窮める知的探求（「格物致知」）が必要だと説く。こうして、朱子学は、孔子の思想を、常人には近寄りがたい難解な理論体系にしてしまった。これは、孔子の本来の教えとは似ても似つかぬ代物であると仁斎は断じた。日常の経験世界から離れたところに「理」を求めて、抽象論理を構築していくような理論は、いくら壮大で精緻な体系を誇ろうとも、しょせんは現実離れした空理空論に過ぎない。むしろ、朱子学が不純な世界として卑下した人倫日用の中にこそ、聖人の道がある。孔子が繰り返し説いたのは、そのことだけである。

こう唱える仁斎は、要するに、朱子学の合理主義を否定しているのである。

仁斎は、朱子学とは逆に、論語を反合理主義の教えと受け止めた。論語とは、端的に言えば、日常的な経験の積み重ねによって会得できる智慧や感覚、一言で言うならば「常識」の重要性を繰り返し説いたという書なのである。我々は、この「常識」に行動の基準を置くべきである。だが、「常識」というものは、不思議なことに、時と場所と状況を問わず応用でき、環境の変化にも対応できる柔軟性を有していながら、なお一貫性をもった確かな行動規準として働いている。この柔軟性と一貫性の両方を具有することが「中庸」である。「高遠の理」とは、この「常識」に含まれる「中庸」の不思議さのことである。

だから、仁斎は論語を「最上至極宇宙第一の書」と呼んで憚らなかった。

この仁斎のように、渋沢もまた、事あるごとに「兎に角論語二十篇は人道の要旨を網羅した金科玉条で、世に処し身を修め事を処するの法は悉く其の中に尽くされて居る」〔青淵百話―四六二〕と言い続けた。渋沢は、論語を仁斎のように読んでいたのである。

> （略）論語は実際の生活に触れた教訓ばかりを集めたものである。書中往々門人の語も載せてあるが直ちにこれを活世間に応用し得らるるので、論語の教訓は、千変万化、臨機応変、一々実際問題に臨んだ際の解決訓になる。しかもその間に毫も窮屈な所がなく、十分に融通

のきくやうになつてをる。（中略）かくのごとく物に触れ事に臨んで、いかやうにも変化してゆき、しかして常識に外れぬのが、即ち中庸の徳と申すものである。［論語講義—二八三］

したがって、渋沢は、当然にして、朱子学には批判的である。その批判は、仁斎のそれと共鳴している。

いま論語の説く所は悉く人間実際の生活を離れず。名教と実用と一致合同してをるが、宗儒程子や朱子の解釈は高遠の理学に馳せ、やや実際の行事に遠ざかるに至れり。［論語講義—一五］

孔子の教は何処迄も実行を重んじたもので、彼の老荘等他学派の人々の説の如き高遠迂闊な所がない。何人にも解り、何人にも直ちに実行され得る真に実践的の教である。しかるに後世の学者は孔子を以て神か仏かの如く考へて、其の説いた教に対して種々に六ケ敷い説を附け加へ、註釈に註釈を重ねて遂に難解のものであるかの様にして仕舞つた。（中略）さて其の結果は学問と実行といふものとは、別々に分離して来たのであるが、彼の朱子学の如きは

殊更この弊害に陥つて居る。［青淵百話―四六二～三］

仁斎の言う「卑近の中、自ずから高遠の理有るなり」の「卑近」を、渋沢は「常識」あるいは「平凡」という言葉で表現する。「常識」「平凡」という表現は否定的ではなく、むしろ肯定的な意味で用いられている。そして孔子は、「常識の非常に発達したる円満の人」［論語講義―一〇］、「実に常識のよく発達した人」［論語講義―三四六］、「平凡の発達したる孔子」［論語講義―一一］あるいは「偉大なる平凡」［論語講義―三四六］といったように絶賛されるのである。

真理は経験世界の中にある。そういう孔子の教えにおいては、理論と実行、あるいは学問と実践といった区分はない。理論を実行するとか、学問を実践に応用するといった発想もない。理論とはすなわち実行であり、学問とはすなわち実践である。「広い意味からいへば、学問は一種の経験で、経験はまた一種の学問である」［論語講義―二四二］。「人の道を学ぶは即ち日々の実生活に適用するがためなり。然らば即ち学は行ふの半ばにして、学ぶ所を実際に行施するに間断あるべからず。時々刻々習熟して始めて知行合一の本意に叶ふべし」［論語講義―一七］。

このような姿勢について、渋沢は「実学」［論語講義―三〇］という言葉を充てる時もある。

源了圓は、日本の精神史の中に、実践経験と実用を重んじる「実学」の伝統があると論じ、古学そして水戸学も、この実学の伝統の中に位置づけている［源一九八六］。山本七平が「生活学」と呼んだものも、「実学」を言い換えたものと言ってもよい。この「実学」（あるいは「生活学」）を、敢えて現代思想の用語を使うならば、「プラグマティズム」と呼ぶことができる〔中野二〇一二〕。

渋沢の論語主義とは、プラグマティズムのことなのだ。

†富国強兵

坂本慎一が強調するように、朱子学・陽明学が修身論に傾いたのに対して、徂徠学・水戸学の系譜は、経世論を重視した〔坂本二〇〇二―二五～六〕。徂徠に先立つ仁斎もまた、「王道は即ち仁義、仁義の外、復王道有るに非ず」〔童子問巻の中―九五〕と述べ、孔子の学問は本質的に「王道」すなわち経世論であると考えていた。実際、仁斎の『童子問』の「巻の中」は、もっぱら経世論に充てられている。

渋沢の思想は、確かに、この経世論重視の古学・水戸学の系譜にあった。「功利即ち治国安民の事業は孔聖終身の目的なり。何ぞ富利を軽賤せんや」〔論語講義―五五一〕。

渋沢は、自ら実業家として精力的に活動するとともに、営利活動を賤しいものとみる賤商思想の因習を打破し、商業活動を道徳的に正当化しようと腐心したことは、よく知られている。重要なのは、その商業活動擁護論の根拠となったのが、古学・水戸学によって経世論として解釈された論語であったということだ。

渋沢は、朱子学の修身論重視が賤商思想を助長したと考えていた。「仁義道徳を目指すものは貧賤に甘んずるべきであって、富貴の者は不義である」というのが朱子学の修身論である[青淵百話―一五八]。

古学・水戸学は、論語をもっぱら経世論と解釈し、修身論に偏する朱子学を批判したが、渋沢は、この朱子学批判を賤商思想批判に読み換えた。

「孔子の本体は後の儒者の目するごとき道徳の講釈のみを以て能事とする教師ではなかつた。否、寧ろ堂々たる経世家であつた」。「孔子が貨殖の道に対して決して忽諸にしなかつたのは蓋し当然の事と謂わねばならぬ」。「貨殖の道は又経世の根本義である。果して孔子が政治に志を持つて居たものならば、貨殖の道を外にして経世の方法はないから、必ず貨殖をも重んじて居たに相違ない」[青淵百話―一五九〜六〇]。

孔子は、道学者ではなく政治家・経世家である。経世家が目指すものは、治国安民である。そうであるならば、民が経済的に豊かになることを孔子が否定するはずがない。むしろ、積極的に富国を追求してしかるべきであろう。「何ぞ富利を軽賤せんや」というわけである。

この解釈は論理的なものであり、また渋沢だけではなく、荻生徂徠も同様の解釈をとっている。「故に国天下を治むるには、まず富豊かなるようにする事、これ治めの根本也。管仲が詞にも『衣食足りて栄辱を知る』といえり。孔子も『富まして後教ゆる』とのたまえり」(政談巻之二─八三)。

しかし、渋沢の場合は、徂徠よりもさらに徹底していた。後で述べるように、渋沢は、徂徠が儒学を士大夫以上が修めるべきものに限定したことが、農工商階級の地位を貶め、富利を賤しいものとみなす風潮を助長したと強く反発した。渋沢は「孔子教には決して農工商を賤しむやうな教訓はないのである」〔論語講義─三二六〕とまで断言する。

古学が強調したのは、孔子の学問が本質的に経世論であるというだけでなく、その孔子の学問は実践とは密接不可分だということであった。孔子が説いた仁義道徳とは、経世済民の実践家、すなわち経済政策の担当者、あるいは実業家のための行動指針である。そう説いた古学は、孔子の教えを観念的な理論体系にしてしまった朱子学を厳しく批判した。

渋沢も言う。

(略)藤原惺窩、林羅山の如き学者に依つて盛んに朱子学の行はれたる頃より、学問といふものは唯一種の道理を説くものといふことになつて、学問と事実の行といふものを全く一にすることは出来なかった。(中略)是に於て学問といふものと功利といふものとは全く引離れて、先ず学理では斯ういふこともあるといふことで、偶学んだ人の論は事実に於て共に行ふべからざるもの丶如くになつて来た。既に朱子の訓が其の通りであるのに加へて、日本の実体がさういふ有様であつたから、日本に於て漢学の訓ふる道徳仁義といふものと、利用厚生との懸隔が日に増し遠くなつた。殆ど利義といふものは別物の如く相成つて来たのです。（中略）所が孔子の訓は決して私はさうでないと思ふ。［青淵百話―一四四〜五］

ここで渋沢は「利用厚生」という言葉を用いているが、この「利用厚生」を強調したのが、ほかならぬ会沢正志斎の師であり、後期水戸学の祖とも言うべき藤田幽谷（ゆうこく）である。そして、「利用厚生」を実現するには、「富国強兵」が必要となる。こうして水戸学は、幽谷によって「富国強兵」の思想を明確にすることとなる。「夫（そ）れ師を興すこと十万なれば、日に千金を費す。石城湯池ありといへども、粟なければ得て守るべからざるなり。故に古の兵を強くせんと欲する者は、必ずまづその国を富ましむ。今の人、たれか国を富ましむるを欲せざらん」［丁巳封事―三二］。

会沢正志斎もまた、「富国強兵」を提唱する。『新論』の「守禦（しゆぎよ）」の章は、国家防衛のための内政改革を論じているが、その改革の柱の一つは「邦国を富ます」である。「乃ち之をして、亦、士風を興し、奢靡を禁じ、百性を安んじ、賢才を挙げしめ、節するに制度を以てし、財を傷らず、民を害せず。其の国は豈に富み、且つ強からざるあらんや」［新論下―一〇八］。

そして、最晩年の渋沢もまた、「論語と算盤」のモットーに貫かれた自らの生涯を振り返って、こう書いている。「余は実にこの知行合一の見地に立ちて、論語を咀嚼し八十四歳の今日まで公私内外の規準として遵奉し、国を富まし国を強くし以て天下を平らかにするに努力したり」〔論語講義―一六〕。水戸学の富国強兵の思想は、渋沢に受け継がれ、そして実践されていたのである。

水戸学は、その尊王攘夷思想で知られるように、典型的なナショナリズムの思想である。その水戸学を受け継ぐ渋沢も、当然のことながら、ナショナリストであった。彼は「余は従来世に処するの主義は、唯『国家的観念』の外に出てなかつたといふ所に帰着する」〔青淵百話―六九〕と宣言し、その家訓の筆頭に「忠君愛国」を掲げたのである〔青淵百話―九一～四〕。

渋沢は、二十代の時に水戸学を学んで尊王攘夷思想に大いに感化され、高崎城乗っ取り・横浜焼き討ちなどというテロを企てたほどであった（ただし、計画は未遂に終わった）。後に渋沢は、このエピソードについて回想し、「今から見ると寔に笑ふ可き話に過ぎぬ」〔青淵百話―七四六〕と苦笑している。しかし、他方で、そのナショナリズムに関しては、生涯、一貫していたと断言しているのを見逃してはならない。

併(しか)し乍(なが)ら口に鎖港排貿易論は唱へたけれども、胸中に蔵せる忠君愛国の至情に至つては露ばかりも渝らなかつた。其の頃鎖港攘夷を以て忠君愛国であると心得違ひして居たのと、今日の如く、広く知識を世界に求めて国家の発達進歩を図り、国力を強大にするのが忠君愛国であると心得て居るのとは、一は消極的、一は積極的の別こそあれ、其の真情の存する所は一である。［青淵百話―六五五］

この証言を忠実に受け止めるならば、近代日本資本主義の基礎を築いた渋沢の偉業は、若き日に水戸学によって点火されたナショナリズムを原動力として達成されたということになる。ただし、これは、渋沢一人の経験にとどまらず、近代化の過程における日本の経験であった［中野二〇一二］。

尊王攘夷の語は、我が明治維新の鴻業を成就せしめたる一大原動力なり。（中略）我が邦の攘夷は最初は真に攘夷せんと欲したる輩もありしが、外国の事情明かなるに及んでは、その不可なるを知り、中心尊王開国説に傾きながら、表面攘夷説を高潮して、以て幕府を困苦せしむる手段となしき。［論語講義―七二五］

もっとも、国際紛争の圧力が国内改革や近代化を実現するという現象は、何も日本に限ったことではない。歴史社会学者シーダ・スコッチポルの画期的な研究によれば、フランス革命を引き起こしたのは、七年戦争という対外的危機であった。フランスのブルボン朝は七年戦争による財政負担がかさみ、税財政や政治制度の改革を余儀なくされた。しかし、この改革が地主階級の強い反発を招いたために既存の統治体制が動揺し、その結果として、下層階級による社会革命が勃発したのである。同じことは、ロシア革命や辛亥革命についても言える。ロシアの場合は第一次世界大戦、中国の場合は日清戦争が革命の引き金を引いた。いずれの革命も、明治維新と同様、外発的であったのであり、「この目的のための思慮ある行動のせいでも、自称革命家によるものでも、旧体制下の強力な政治勢力によるものでもなかった」[Skocpol 1979: 285] のである。

ただし、水戸学の尊王攘夷論の場合は、対外的危機の圧力に屈した結果というよりはむしろ、戦略的な意図に基づく積極的対応であった可能性が高い。

例えば、会沢正志斎は、『新論』において、国内改革（防禦の策）を説くにあたって、こう述べている。

天下、孰か敢て必死を以て自ら期せざらん。故に億兆心を一にして、精誠の感ずる所、能く風浪を起し、虜を海上に殲くす。是所謂、之を死地に置きて、而して後に生かす者なり。古人言へるあり。朝野をして常に虜兵の境にあるが如くならしめば、乃ち国家の福なりと。臣は故に曰く、和戦の策、先づ内に決し、断然として天下を必死の地に置き、然る後に防禦の策得て施すべきなりと。〔新論下―一〇〇〕

しかも、この『新論』は、ペリー来航のおよそ三十年前、アヘン戦争のおよそ十五年前の一八二五年という、対外的脅威が誰の目にも明らかになるより前に書かれていた。『新論』は、対外的危機に対する感情的な反発などではなく、対外的危機が顕在化する前に周到に用意されたものだった。そしてそれは、尾藤正英が指摘するように、「尊王」と「攘夷」を結合させることによって、国民の心を統合し、国内外の両面から迫る政治的危機を克服しようとした「一つの体系ある政治理論」だったのである〔尾藤二〇一四―四六〜七〕。

対外的脅威を逆手にとって国民統合を強化し、戦略的に国家の発展を促すという水戸学の発想は、渋沢にも受け継がれている。「孟子曰く『敵国外患なきものは国恒に亡ぶ』と。いかにもその通りである。国家が健全なる発達を遂げんとするには、農業でも、商工業でも、学術技芸でも、将た外交上においても、常に他の外国と争うて、勝つといふ意気込みがなければならぬものである。（中略）故に争ひなき者は恒に亡ぶといふを得べし」［論語講義―一〇八］。

渋沢が引用した孟子の「敵国外患なきものは国恒に亡ぶ」は、正志斎の「これを死地に置きて後に生くるものなり」と同じ趣旨である。確かに、対外的な脅威によって、内部の団結力を強め、凝集性を高めるという戦略はあり得る。例えば、渋沢と同時代の社会学者ゲオルグ・ジンメルは、紛争によって集団が形成されるという社会学の理論を提唱していた。「紛争は、敵を前にして、既存の組織の固有性をあいまいにするような要素一切を根こそぎ排除することで、その組織の集権化を促すだけではない。紛争は、紛争がなければ無関係であった人や集団をまとめあげるのである」［Simmel 1955: 99.］。

もっとも、明治維新は、国際紛争の圧力下で起きたとは言え、フランス、ロシア、中国のような社会革命にはならなかった。この違いは、なぜ生じたのであろうか。興味深いことに、『青淵百話』の中には、渋沢が、あるドイツ人から似たような質問を受けたという話が出てくる。

そのドイツ人は、「ヨーロッパの歴史では、大革命は長期にわたる争乱を引き起こすのが通例である。ところが、明治維新は、維新後に西南戦争ぐらいしか経験しておらず、それも短期に収束し、秩序を回復し得た。これは、なぜか」と聞いてきたという。

これに対する渋沢の答えは、天皇を尊崇する「国体」のおかげだというものである。日本の歴史上、確かに武家支配の時代も長くあったが、その間も、国民が天皇を尊崇する国体は不変であった。明治維新は、革命というよりは王政復古、すなわち徳川の武家政治を元に戻したに過ぎず、国体に変わりはない。だから、争乱は短期で収束したのだ［青淵百話一五二～四］。

この渋沢の説を社会学的に言えば、天皇という存在が、国民統合の求心力として機能しつづけたために、社会秩序の決定的な崩壊をまぬがれたということになる。ここでは詳細を検討することはできないが、私には、この渋沢の説は正しいように思われる。

†伊藤仁斎

若い頃に水戸学の尊王攘夷思想の洗礼を受けた渋沢は、その後も一貫してナショナリストであった。考えてみれば、渋沢は、アヘン戦争が勃発した一八四〇年に生まれ、満州事変が起きた一九三一年に没している。その人生は、常に対外的緊張関係の下にあったようなものだったのであり、彼が生涯ナショナリストであり続けたのも当然であったと言える。

大蔵省を辞して実業家を志した時も、経済ナショナリズムが動機となっていた。

（略）欧米諸邦が当時の如き隆昌を致したのは、全く商工業の発達して居る所以である。日本も現状のまゝを維持するだけでは、何時の世か彼等と比肩し得るの時代が来よう。国家の為に商工業の発達を図り度い。といふ考が起つて、茲に始めて実業界の人とならうとの決心が付いたのであつた。而して此の時の立志が後の四十余年を一貫して変ぜずに来たのであるから、余に取つての真の立志は此の時であつたのだ。［青淵百話―三〇七］

この渋沢の経済ナショナリズムとは、いかなる思想であったのか。それを明らかにするためには、彼の儒学をさらに分析しておく必要がある。なぜならば、渋沢の経済ナショナリズムもまた、彼の論語主義から導かれているからだ。

ところで、坂本慎一は、「渋沢の儒学は徂徠学・水戸学の学統にあり、政治・社会論重視のいわゆる『荀学』の学派に属している」と判定し、その上で、渋沢が商業正当化論など、従来の荀学にはない議論を展開しているため、そこに本質的な矛盾が生じていると主張している［坂本二〇〇二―第六章］。

渋沢が徂徠学・水戸学の影響を強く受けているのは間違いない。しかし、渋沢が、荀学や徂徠学にはない議論を展開しているがゆえに、矛盾に逢着したという解釈を、私は採らない。

もし、渋沢が荀学・徂徠学を忠実に踏襲しようとしたにもかかわらず、それらにない主張を挿入していたのであれば、思想的な矛盾も生じ得よう。しかし、渋沢は、例えば『論語講義』

の中で、徂徠や水戸学派だけではなく、伊藤仁斎・東涯、亀井南冥（なんめい）、佐藤一斎、三島中洲（みしまちゅうしゅう）など様々な学派の儒者を参照しつつ、独自の解釈を施している。渋沢が徂徠の影響を受けたことは間違いないが、彼が蘐園（けんえん）学派（徂徠学派）であったというわけではなく、自身もそう名乗ったことはない。渋沢の論語解釈は、渋沢学と言うべきものなのだ。したがって、渋沢学と徂徠学の不一致があったとしても、それのみを以て渋沢の思想の矛盾と言うのは適切ではない。

それどころか、渋沢は、「我が邦の儒家藤原惺窩・林羅山のごとき、宋儒の弊を承けて学問と実際とを別物視し、物（ぶつ）徂徠に至つては学問は士大夫以上の修むべきものなりと明言して、農工商の実業家をば圏外に排斥したりき」［論語講義─一五］、あるいは「就中（なかんずく）、古註を奉ずる荻生徂徠と云ふ人などの説は『道とは士大夫以上のもの丶修むべきもので、農工商の関係すべきものでない』といふことが何かの書物にあつたのを見覚えて居る」［青淵百話─一三二］といったように、徂徠に対して強く反発するところもある。

渋沢が最も心を砕いたのは、「論語と算盤」あるいは三島中洲の言う「義利合一」、すなわち仁義道徳と利用厚生の一致を図り、論語主義を民間の経済活動にも浸透させ、以て農商工の実業家の地位を向上させることであった。ところが、それを妨げる者として、朱子学者と並んで徂徠が名指しされているのである。したがって、渋沢が徂徠学を忠実に踏襲しようとしたとは考え難い。

渋沢への影響の可能性、あるいは渋沢との類似性を見出すのであるならば、徂徠よりもむしろ、仁斎に目を向けるべきではないだろうか。そう考える根拠は、次の四点である。

第一に、渋沢の儒学が水戸学の学統にあるというのは坂本の指摘の通りであるが、その水戸学は、荀学・徂徠学を純粋に継承していたわけではなく、仁斎の影響も強く受けていた。

水戸学の研究者である吉田俊純によれば、後期水戸学は、可能な限り当時あった学問・思想を総動員して理論を構築しようとしていたのであり、徂徠学のみならず、朱子学、陽明学、仁斎学、国学そして蘭学など、良いところがあれば、その要素を積極的に採り込んでいた。その中でも、とりわけ会沢正志斎は「経典を読むうえでの方法論としての古義学のみでなく、仁斎学の成果を正志斎なりにほとんどすべて受容していたのである。水戸学の道徳論は仁斎学である、といっても過言ではないほどである」〔吉田二〇一一―二七八(1)〕。

実際、正志斎は、『下学邇言（かがくじげん）』の中で「伊藤仁斎は徳を尚（たっと）び行を修め、当代の儒宗たり。首（はじ）め古学を発明し、後人の説と聖経とに同異あるを弁ず。而して拡充・長養の旨、日用常行の義を論ずること、極はめて詳明なり」〔下学邇言巻之二―三〇四〕と仁斎を高く評価し、仁斎の言葉を何度も引用している。したがって、渋沢の論語主義は、水戸学の道徳論である仁斎学の流れを汲むものと考えるべきであろう。

第二に、渋沢は、『論語講義』の中で、徂徠よりも仁斎をより多く参照している。ちなみに、渋沢は、仁斎と徂徠について、こう述べている。

京都にては伊藤仁斎のごとき古学派ありたれども、朱子学の勢力は将軍の膝元江戸はさらなり各藩学に波及し、物徂徠のごときは仁義道徳の学は、国家の政事に参与する士大夫以上に必要にして、農工商のごとき政道に干与し得ざる輩は、仁義道徳の学を修むる必要なしと喝破するに至れる。ここにおいて富は士大夫以下の者の欲求するところとなり、仁義道徳は士大夫以上の修むべきものといふ傾きを生じ、仁と富と義と利と互に睽離する弊風起り、人視て以てこの二者を別物となしぬ。［論語講義―一五三］

ここでは、徂徠は仁義道徳の学を士大夫以上のものに限定したとして非難されているが、仁斎率いる京都の古学派はその非難から逃れている。渋沢が徂徠に対して抱いたような反発は、仁斎に対しては向けられなかったのである。

第三に、孟子の扱いである。仁斎は「論語」と「孟子」を最も重視し、仁と義を並列させた孟子の説を採っている［語孟字義巻の上―四五］。他方、徂徠は、「論語」と「六経」のみを「先王の道」が記された最上の経典として認め、「孟子」を認めなかった［吉川一九七五］。例えば、徂徠は「孔門の教へは、仁をこれ上なりとなす。孟子に至りて仁義を並べ言ふ」［弁道―一二〇］

として、「仁」「義」の並列も否定している。

これに対して、渋沢は「修身的の書物では『論語』『孟子』等は精通的に読んだ方で、学者に負けぬ積りで今も研究して居る」〔青淵百話―六三六〜七〕と述べている。「仁」と「義」を並列させて論じることにも躊躇はない。さらに言えば、渋沢は『論語講義』の中で、仁斎が、仁の語義を知るには孟子を参照すべきであると述べていることについて、「至言といふべし」とはっきりと述べているのである〔論語講義―五九四〜五〕。

第四に、方法論上の問題がある。仁斎は、論語の解釈の要諦は、孔子の教えの本来の主旨にのっとって、「血脈」すなわち文脈を把握して、意味を理解することにあると説いた。「血脈とは、聖賢道統の旨を謂う。孟子のいわゆる仁義の説のごとき、是れなり。意味とは、即ち聖賢書中の意味、是なり。けだし意味はもと血脈の中より来る。故に学者は当にまず血脈を理会すべし」〔語孟字義巻の下―七六〜七〕。

次の渋沢の言葉は、この仁斎の方法論を現代語訳にしたかのようである。「論語の解釈は孔子本来の主旨に基づき須らくこれをその時代にあてはめて適応するやうに解釈すべきである」〔論語講義―五九四〕。

論語の学習法についても、仁斎と渋沢は似ている。

仁斎は、孔子の本来の教えを知るには、「論語」や「孟子」を熟読玩味する以外にないと言いつつも、初学者に対しては、まずは「集注（しっちゅう）」や「章句」といった朱子学の注釈書から入ることを薦めている。そして、注釈書を理解したら、次はその注釈書を捨て去って、ひたすら原典を熟読玩味する。そうすれば、おのずと意味が分かってくるという［童子問―一七〜八］。これに対して、徂徠が確立した方法論は、古代中国の「先王の道」を記録した「六経」を、当時の用法に従って理解すべしとする「古文辞学」であった。それは、卓越した語学力と並々ならぬ博識を必要とする文献考証学であって、誰にでもできるものではないであろう。

　では渋沢はどうであったかと言えば、仁斎の方法論を踏襲し、まずは「集注」を入門書とすることを薦めつつ、その後はこれを捨て去り、孔子と直接向き合いつつ、実践を重ねるべしと説いたのである。

> 然れども修身斉家の実効を挙げんとするには、新注［集注のこと］の説に従ふを以て捷径となす。もしそれ新注の高遠に馳せ幽玄に入りて、実用に適せざるの点あるは、往々免れざる所なれば、宜しくこれを去りて孔夫子を以て標準となし、実践躬行（きゅうこう）を以て主眼とすべし。これ折衷学者の唱道する所にして、余の左袒する所なり。［論語講義―八］

論語の熟読玩味という点もまた仁斎的で、渋沢は晩年まで常にポケット論語を懐に入れ、古くなれば新しいのに取り換えて読み続けたと言われている［土屋一九八九―二七四］。

†仁義とナショナリズム

では改めて、伊藤仁斎の思想とは、どのようなものであったのだろうか。

仁斎は、人間を関係論的（relational）あるいは社会的な存在とみなしていた。「人とは何ぞ。君臣なり。父子なり。夫婦なり。昆弟なり。朋友なり」［童子問巻の上―二七］。人間というものは、社会的な関係を結んでいなければ人間たり得ないという存在論哲学である。

孔子の教えにおいて、最も重視される徳目は「仁」であるが、「仁」とは、君臣、父子、夫婦、昆弟、朋友といった人間関係の間に結ばれる愛のことだとされる。「仁の徳為る大なり。然れども一言以て之を蔽う。曰く、愛のみ。君臣に在っては之を義と謂い、父子には之を親と言い、夫婦には之を別と謂い、兄弟には之を叙と謂い、朋友には之を信と謂う。皆愛より出づ」［童子問巻の上―六四］。

人間とは、関係論的・社会的存在であり、そのような存在を可能にするのが、様々な人間関係を結ぶ慈愛の心、すなわち「仁」である。人間を人間たらしめるのが「仁」なのだから、「聖門学問の第一字は是れ仁」［童子問巻の上―五九］という次第となる。

仁は、社会関係を結び、人々の間の協力行動・集合行為を可能とする。特に、治者と被治者との間が仁(義)で結ばれるとき、国全体の団結・連帯が強化される。そして、それが国力を高め、防衛力を強める。

人君に在っては、則ち当に民と好悪を同じゅうするを以て本と為べし。其れ徒らに正心誠意を知って、民と好悪を同じゅうすること能わずんば、治道に於て何んの益かあらん。苟しくも身を側して行を励まし、起居動息、民と好悪を同じゅうするを以て志しと為るときは、則ち民志奮起し、士気雄壮、南宋の脆弱と雖ども、以て北韃の勁兵を撻たしむべし。〔童子問 巻の中―一〇六〕

柔和な町人儒者というイメージのある仁斎にしては意外とも思われる、この武張った表現が示唆するのは、同胞に対する慈愛の思想というものは国家的危機に際してはナショナリズムへと転化し得るということである。言い換えれば、古学が対外的脅威にさらされれば、水戸学へと変貌するであろうということだ。

現に、仁斎学を踏襲した会沢正志斎は、『新論』の中で、危急存亡の時における国民の団結を訴えて、こう述べている。

苟も能く人心の磨滅すべからざる者に因つて、之が教条を設け、神聖の天下を淬礪する所以の意に原づき、天に事へ、先を祀り、本に報じ、始めに反り、因つて以て君臣の義を正し、父子の親を敦うし、万民を槖籥して以て一心となさば、豈に甚だなし難からんや。これ乃ち千載の一時、必ず失ふべからざるの機なり。［新論上―三八］

「君臣の義」「父子の親」すなわち「仁義」によって、国民を団結させ、一体化させ、以て対外的脅威に対峙すべきだと正志斎は論じているのである。

それは、渋沢も同じである。

そもそも世界列国対峙する世の中にては、一国の結合力を鞏固にするのは己の生存上必要たらずんばあらず。（中略）況んや列国対峙の上に就ていへば、黄金世界にならざる間は同党伐異の力の強弱によりて一国の盛衰興亡の分解を生ずるに至らん。決して団結力を軽視すべからず。［論語講義―三六二〜三］

仁斎は潜在的に、そして正志斎は顕在的に、「仁義」を国民統合の求心力であり、ネイションの核とみなしている。渋沢に至っては、それをもっと明確に意識している。

故に現今に於ける愛国者の務は何であるかといふに、専ら社会に仁義道徳の観念を鼓吹し、為政者と被治者とを論ぜず、社会の上下をして一斉に真摯敦厚の気風に引直す様にすることが緊要である。〔青淵百話―三二〕

近代国民国家の成立に不可欠なナショナリズムを、渋沢は儒学の「仁義道徳」から導出している。それが理論的に可能であることは、仁斎＝正志斎＝渋沢の連関をたどれば、おのずと理解し得ることなのである。

†「論語と算盤」による国民統合

ナショナリズムと言えば、仁斎よりはむしろ徂徠の方が知られている〔吉川一九七五、尾藤二〇一四―一六七～二二二〕。それにもかかわらず、渋沢のナショナリズムの発生源を、徂徠よりは仁斎もしくは仁斎的な儒学に求めるべき理由が、もう一つある。

すでに述べたように、朱子学は、孔子の教えを難解な理論体系に仕立ててしまった。徂徠はそういう朱子学を批判したが、彼が樹立した古文辞学もまた、高度な言語能力と博識を必要とするものであり、常人には容易に近寄りがたいものだった。また、朱子学も徂徠学も支配階級の学問であり、被治者が学ぶことを想定していなかった。要するに、朱子学と徂徠学は特権階級の専有物であって、一般庶民は簡単にはアクセスできなかったのである。

これに対して、仁斎は、孔子の教えは本来「知り易く行い易く平正親切なる者」であり、したがって、誰でも学習することができるものであることを強調した。渋沢も同じである。「論語の教は広く世間に効能があるので、元来解り易いものであるのを、学者が六ケ敷くして了ひ、農工商などの与かり知るべきもので無いといふやうにして了つた、商人や農人は論語を手にすべきもので無いといふやうにして了つた、之は大なる間違である」[論語と算盤―一二二]。

仁斎と渋沢は、支配階級が独占していた儒学を、農工商の被支配階級にも開かれたものとした。言うならば、仁斎と渋沢は、論語を「民主化」したのである。

もっと正確に言えば、仁斎と渋沢にとって、孔子の教えは、もともと、階級の別を越えて共有しうる民主的な規範だった。そこに、孔子の比類なき偉大さがある。「かの墨子の兼愛説、楊子の自愛説や、老荘の無為説のごとき、いかにも面白く感ぜられ、一分の真理を含んでをるに相違ないが、さてこれを提げて実行せんとすれば、どこにかさしつかへを生じ、行き詰りとなるが、孔夫子の教は全くその趣を異にし、上は君王士大夫より、下は田夫野人に至るまで、すべての階級を通じて、実地に行施し得らるるように説かれたのである」[論語講義―一二〇]。

そして、孔子が何を教えたのかと言えば、繰り返しになるが、「常識」の重要性である。「常識」は、地に足のついた生活経験の蓄積さえあれば、階級の別を越えて誰でも持ち得るものである。しかし、理想的な政治も産業の発達も、この「常識」が基礎にあってはじめて実現するのである。「政治の理想的に行はるゝも国民の常識に俟ち、産業の発達進歩も実業家の常識に負ふところが多い」「政治界でも実業界でも深奥なる学識といふよりは、寧ろ健全なる常識ある人に依つて支配され居るを見れば、常識の偉大なることは云ふまでもないことである」〔青淵百話―四七五〕。

論語が説いたのは「王道」であり、基本的に経世論である。その論語が武士階級や儒学者のみならず、農工商階級にも読まれるということは、言わば「政治言語」が階級を越えて人々一般に共有されるということである。人々が身分や階級の別なく政治言語を共有することは、政治的討議への平等な参加を可能とする。要するに「民主化」である。それは同時に、国民（ネイション）の成立を意味する。

自由主義や民主主義といったリベラルな価値観の実現は、ネイションという政治単位を前提とする。リベラリズムは、ナショナリズムを必要とするのである。このように論じる政治哲学は、近年、「リベラル・ナショナリズム」と呼ばれている。

その代表的な論者の一人であるウィル・キムリッカは、『土着語の政治（Politics in the Vernacular）』の中で、民主政治がネイションを必要とする理由について、「一般市民は、母語でなければ政治的争点を満足に議論できない」〔キムリッカ二〇一二―二九九〕からだと論じている。土着語は、民主的参加の基本条件なのであり、それゆえ、土着語を共有するネイションが、民主政治の基本単位となるのだ。

もちろん、日本の土着語は日本語であって、論語はキムリッカの言うところの「土着語」ではない。しかし、論語は、政治的討議に使用する「政治言語」を与えるものである。仁斎や渋沢は、その論語の政治言語を、「人倫日用」(仁斎)あるいは「人間実際の生活」(渋沢)に密着したものとして解釈した。言わば「土着(vernacular)の政治言語」を与えたのである。

論語という土着の政治言語が与えられたことで、農工商階級が政治を論議し、政治に参加する途が拓かれる。ほかならぬ渋沢自身が、農民出身でありながら、「北武・水戸学」によって土着の政治言語を学び、尊王攘夷運動を皮切りに政治参加に向けて飛躍したという経歴をもっている。そして、人々が階級の別を越えて政治を論じ始めることで、真の国民(ネイション)が建設され、強化される。

渋沢は、その「論語と算盤」のモットーの中に、民主化と国民建設(ネイション・ビルディング)の構想を込めていたのである。「去り乍ら実業家とても亦国家の一員、社会の一分子であるとして見れば、同じく政治家学者と共に之に連なつて、その経営に任ずる者であるから、今は独り学者政治家ばかりが吾儘に之を論ずべきに非ず、実業家も亦其の一斑に列して、大に国家社会の為に計をなすの資格がある。同時に又責任もあることゝ思ふ」[青淵百話―二〇]。実際、渋沢は、明治国家の立憲民主政治を高く評価し、それを孔子が善政とみなしたであろうと断言する。

今日の人民は欽定憲法により政治に容喙するを許されたるを以て、恰も政治論議の位にあるものと視ざるべからず。即ちその位にあらずして政治に容喙するにあらずして、その位に在りて政治を論議するものなり。これを極言すれば、政治を論議する権利ありてこれを論議するなり。孔子は固より進歩主義を取らるるを以て、孔子をして日本の進歩を目撃せしめば、下民をして政治を論議せしむるは、寛広の善政と仰せらるるや必然なり。すべて立言はその時とその所とを見てこれを評量せざるべからず。周末春秋の時代にいはれたる言句を把つて、二千五百年後文化普及、人智啓発の時も、依然二千五百年前の所言を固執せらるべしと見る人あらば、それは余りに軽率にして、孔子を頑愚不遷の徒と同視する短見といはざるべからず。[論語講義―四一九、同旨四一〇]

ここで渋沢は、立憲民主政治が孔子の善政に適うと述べるに当たり、孔子の言は、時代と場所という背景を考慮して柔軟に解釈しなければならないと強調している。時勢は変遷するものであり、政治は時勢に対処する技術であるから、本質的に政治論・経世論である孔子の言動も、状況依存的に解釈すべきだというのである。「政治は一種の技術であるから、時勢の変化、社会の進歩に随つて、これを実地に行ふ形式の上には、変化があらねばならぬ。いかに利用厚生を旨とした政治でも、もしその形式が時勢に適応しなければ、善政も遂に善政の実を挙げ得ず、政治の運用を誤つたといふことになる」〔論語講義―三二五〜六〕。

孔子の言動は文脈依存的であり、ゆえに文脈を考慮して柔軟に意味を解釈しなければならない。この言葉の意味を定義する「文脈」のことを「血脈」と呼んで、その重要性を説いたのは、仁斎であった。また、世界は常に変動する動態であることを強調して、それを「活物」と表現したのも仁斎である〔童子問巻の中―一五九、語孟字義巻の上―三〇〜一〕。

例えば、仁斎は儒者として古代中国を理想視していながらも、「古代中国の聖人が敷いた井田法を復活すべきかと」と問われると、これを否定している。もし聖人が現在にいたら、むしろ現在の習俗に合わせ、現在の法制度を用いることで仁義を実現するであろう。仁斎は、そう応じている〔童子問巻の中―一〇九〕。それは、社会を活物とみなす動態的世界観ゆえであった。

正志斎もまた、「伊藤氏、古学を唱へ、天地を以て活物となす」〔下学邇言―三二〇〕と評して、仁斎の動態的世界観を受け入れている。『新論』は、「謂ふに、天地は活物にして、人も亦、活物なり。活物を以て活物の間に行ふ」〔新論下―一八七〕という動態的世界観に立ったうえで、

「其の変に通じて、民をして倦まざらしむ。要は機会に投ずるにあるのみ」〔新論上―五三〕あるいは「事は時を遂うて転じ、機は瞬息にあり。（中略）則ち今日の言ふところ、明日、未だ必ずしも行ふべからず」（新論下―一八八）と、戦略的な臨機応変の必要性を説いている。実際、正志斎は、幕府が異国船打払令を出した一八二五年に書かれた『新論』では攘夷・鎖国を説いたが、ペリー来航後には『時務策』を著して開国を容認するなど、状況の変化に応じた柔軟性をみせたのである。

こうしてみると、渋沢の論語主義は、やはり「仁斎の古学」―「正志斎の水戸学」という古学プラグマティズムの系譜に置いて理解するのがよいと思われるのである。

第三章 算盤とナショナリズム

†政治哲学

『青淵百話』の「第二話」の中で、渋沢栄一は、自らの人生観を披露している。それは、一見すると人生訓や処世訓のようでありながら、実は、かなり緻密な政治哲学となっている。

その「第二話」であるが、「客観的人生観」と「主観的人生観」のいずれを採るかという議論で始まっている。

「客観的人生観」とは、「自己の存在は第二として先づ社会あることを思ひ、社会の為には自己を犠牲にすることも憚らぬという迄に、自我を没却してかゝるもの」とされる。「主観的人生観」とは、「何事も自家本位にし自己あるを知つて然る後に社会あることを認めるといふ方だから、是は寧ろ或る程度迄は自己の為に社会を犠牲にしても構はぬといふのである」〔青淵百話―一二〕。

この「客観的」「主観的」という言葉遣いは、ドイツ観念論哲学を連想させるものがある。

しかし、渋沢が自説を展開する論拠とするのは、あくまでも儒学である。

渋沢は、孔子の教えを根拠にして、国家のため、社会のために力を尽くすべしとする「客観的人生観」を採る。客観的人生観が行き渡るならば、国家社会は理想的なものとなるだろうというのである。なお、渋沢は「国家」について、「余が常識から判断して観れば、国家といひ社会といふとも、要するに形式上の差で、内容に於ては同一義のものであらうと思ふ」と述べているので、いわゆる「国民国家」を念頭に置いていると言ってよい〔青淵百話―二二〕。

ここで渋沢が「主観的人生観」と言っているのは、西洋のいわゆる「個人主義」のことであった。

渋沢は、福沢諭吉が主観的人生観を称揚して、「独立自尊」を唱えたと批判している。福沢は、西洋から個人主義を輸入したというのである〔青淵百話―五三〇～四〕。

このような福沢理解は、『日本思想史新論――プラグマティズムからナショナリズムへ』で明らかにしたように、正しくない〔中野二〇一二―第五章〕。とは言え、福沢の唱えた「独立自尊」が個人主義と解されて広く流布したことは否定できない。それどころか、この個人主義者福沢という誤解は、現在もなお根強く残っている。

個人主義者の中には、「個人主義の方が、個人と個人との競争がおきるので、社会がより進歩する」と唱える者もいる。いわゆる経済自由主義である。[2] この説に対しても、渋沢は、それでは「社会の秩序、国家の安寧は攪乱されて、人は相撃ち相争はねばならぬことゝとなる」と否定する［青淵百話―五三五］。

その一方で、渋沢は、福沢が独立自尊を唱えたことには、旧来の東洋の依存心の強い旧弊を打破する効能があったことは認めている［青淵百話―五三六～七］。

また、渋沢は、「元気」（孟子の言う「浩然（こうぜん）の気」）について語る中で、「福沢先生の頻りに唱へて居つた独立自尊、此の自尊なども或る場合には元気とも言えやう、自ら助け、自ら守り、自ら治め、自ら活きる、是等と同様の自尊なれば宜い」［論語と算盤―二四一～二］と述べることもある。

この福沢理解は、正しい。「独立自尊」を唱えた福沢は、確かに「内既に安寧にして、又外に競争するの資力に乏しからず。尚足らざるものあり。即ち国民、国の為にするの気力、是なり。苟もこの気力あらざるときは、天下太平も祝するに足らず、国土富有も悦ぶに足らず」［時事小言―一六六］と述べ、「国の為にするの気力」を国民に求めていたのである。

前章において、仁斎＝正志斎＝渋沢の連関について論じたが、「気」ないし「元気」は、仁斎や正志斎の思想において、極めて重要な概念であった。例えば、仁斎は「けだし天地の間は、一元気のみ」［語孟字義巻の上―一五］と述べている。正志斎もまた、『新論』を「謹んで按ずるに、神州は太陽の出づる所、元気の始まる所にして」［新論上―二］という口上で始めている。

そして渋沢も、明治維新の原動力は「気力」「元気」「精力」「活力」あるいは「活気」であったと述べ、青年を鼓舞している〔青淵百話―四九九～五〇七、論語と算盤―六二～四〕。世界の列強諸国と競争していかなければならない中で、後発の我が国は「彼等よりも一倍の元気、十倍の奮励が無くては叶はぬ筈」であり、ゆえに「真に憂慮すべきは国民の元気銷磨（しょうま）の一事である」〔青淵百話―五〇〇～五〇一〕。「独立自尊」とは、その「元気」のことであると、渋沢は言ったのである。

したがって、渋沢は、独立自尊の精神という意味における個人主義については、これを必ずしも否定はしていない。それどころか、積極的に評価しているのである。この点は、渋沢の論語主義を理解する上で、極めて重要である。

渋沢は、「個人の自律」という観念を欠いた前近代社会を擁護したわけでもなければ、国家や社会全体の中に個人を埋没させる全体主義を唱えたわけでもないのである。彼が否定したのは、あくまで、公共の利益を無視した利己主義的な個人主義である。

例えば、渋沢は、水戸義公（光圀）の言から「国民として君国あるを知り、人と生れたる以上社会あるを知つてこそ、真に人生の意義に悖らぬ行動が出来るのである」〔青淵百話―一四三〕という教訓を引き出している。さらに、自分の生涯を振り返りながら、「有意味の仕事」すなわち国家社会のためになることのために「自己の学術知識を利用し、相応に愉快な働きをして一生を過ごせば、其の方が遥に有価値な生涯である」〔青淵百話―六〇～一〕とも説いている。国家社会のために自己犠牲も厭わず働くことは、自己実現となり、充実した人生を可能にするというのである。ということは、客観的人生観なるものは、主観的人生観も兼ねているということになる。

要するに、渋沢が支持する「客観的人生観」とは、実のところ、主観的人生観と客観的人生観の弁証法のことだと言うべきなのである。そして、その弁証法もまた、孔子が説いたところであると渋沢は言う。「己立たんと欲して人を立て、己達せんと欲して人を達す」がそれである〔青淵百話―五三四〕。

なぜ、そのような弁証法が可能なのか。

それは、そもそも国民というものが「国家の一員、社会の一分子」であるからにほかならない。国民が国家の一員であるから、国家の利益は、その一員である国民にとっても利益となる。

> 人は世に立つに方(あた)り孤立にては生存が出来ぬものであるといふ事は言ひ換れば協同が必要と云ふ意味である、如何に智恵や、富力など人生に必要なものを具へて居ても協同を欠いては完全に其等の真価を発揮することは出来ない、多数人の集団なる国家社会の幸福利益はその協同の力に依りて初めて獲らるゝものである、而して各人協同して国家社会の福利を図る

といふ事は同時に個々の福利を保護する事になるのである［渋沢栄一伝記資料第四八巻―六一六］

このような渋沢の社会思想のルーツもまた、人間を社会的存在とみなす古学・水戸学に求めることができるだろう。他方で、渋沢は、「国家の一員たる国民」という考え方は欧米からもたらされた民権論のおかげで普及したとも述べており、それを歓迎している［青淵百話―二〇～二］。民権論の普及が、国民意識すなわちナショナリズムの醸成にも貢献したというのである。

今日、ナショナリズムの政治理論家が指摘するように、近代の民主政治はナショナリズムと密接な関係にある。というのも、民主政治すなわち「人民の政治参加」が実現するためには、その前提として、政治に参加する「人民」が誰なのかが確定していなければならない。その人民の範囲を定義する上で、ネイションへの帰属意識は有力な基準となるのである［Canovan 1996: Ch. 3, Baudet 2013］。民権論の台頭が国民意識の醸成を伴ったのは、そのためなのだ。

ところで、主観的人生観と客観的人生観の弁証法について、渋沢は論語を根拠としてはいるが、他方で彼は、これを東洋思想に限定されたものと考えていたわけではない。

例えば、渋沢は、慈善事業で有名なアメリカの大富豪カーネギーを客観論者として挙げている［青淵百話―一六］。また、西洋の学説も、最近では客観的人生観の傾向を帯びているようだとも述べている［青淵百話―五三四］。

最近の西洋の学説とは何を意味するのかは、必ずしも明らかではない。とは言え、十九世紀後半から二十世紀初頭にかけての西洋では、従来の功利主義・個人主義あるいは経済自由主義が行き詰ったのを受けて、これを是正しようとする様々な思想潮流があったことは事実である。

その新思潮については次章において改めて触れるが、例えば、渋沢がアメリカ視察の際に面会したセオドア・ルーズヴェルトは、「ニュー・ナショナリズム」をスローガンに掲げ、アメリカの伝統である個人主義を是正し、それをナショナリズムと両立させようと腐心した政治家である［Rego 2008］。渋沢も、ルーズヴェルトを「渾身これ国家的観念の凝結であるやうに思はれた」［青淵百話―二五五］と絶賛している。

あるいは、個人主義の伝統が色濃いとされるイギリスにおいてすら、十九世紀後半以降、ドイツ観念論の影響を受けて、個人主義を是正しようとする「英国観念論」がオックスフォード大学を中心にして成立していた。その指導的な哲学者の一人であるF・H・ブラッドリーは、一八七六年の著書『倫理学研究』に収められた論文「私の持ち場［station］とその義務」の中で、おおむね、次のように論じている。

そもそも、自己を実現するということは、今の自己を乗り越えてもっと高みへと到達することである。単なる個人の選択や意見よりも高次の目的を目指す善き意志を実現すること、それが自己実現である。

自己実現が、自己を超えた高次の「目的」の実現であるならば、その「目的」は自己を超えているのだから、当然、自己の中にはない。それゆえ「目的」は、個人の選択や意見などといった「主観的」なもののはずはなく、「客観的」なもののはずである。

ただし、その「客観的」な目的は、抽象的なものであってはならないことに注意しなければならない。目的の「実現」というものは、あくまで具体的・個別的な実体を通じて行われるのであって、抽象的な目的のままでは「実現」することはできないからである。

ところで、「自己実現」について改めて確認すると、それは、自己よりも高次にある善に向けて、自己自身を超えていくことである。しかし、ここには矛盾がある。すなわち、自己を実現することが自己を超えるという矛盾であり、自己の中に自己以上の何かがあるという矛盾である。自己を超える何かを実現したら、自己を実現したことになるというのは、いったい、どういうことなのか。

この矛盾は、人間が社会的存在であるということに思い至れば、解消する。

個人は、家族、社会、国民国家を構成している。個人は、そういった社会生活の内部における人間関係の中に自らを位置づけることで存在している。個人が実在するのは、人間関係が実在するからである。社会生活内の人間関係がなくなれば、個人も存在し得なくなる。

個人が、特定の社会に属していなければ存在し得ないということは、個人という存在の中に、個人を超える社会の観念が含まれているということである。例えば、イギリス人が自己を意識するということは、自己の内にあるイギリスというアイデンティティを意識するということである。この場合、イギリス人という個人のアイデンティティは、イギリスという、個人を超えた国民国家の観念を含んでいる。

ということは、自己実現とは、自己の内にある自己を超えた目的、すなわち社会の善を実現するということになる。すなわち、自己が属する社会における自分の「持ち場（station）」を見出し、社会のためにその義務を遂行すること、それこそが自己実現なのである［Bradley 2006: Essay V］。

これが、イギリスのヘーゲル主義者ブラッドリーによる「私の持ち場とその義務」の倫理学である。ここでブラッドリーが説いているのは、渋沢の用語で言えば「客観的人生観」と「主観的人生観」の弁証法と同じ理解であると言えるであろう。

実際、『青淵百話』の中には、このブラッドリーの「私の持ち場とその義務」を思わせるような記述がある。

昔の王道を行うた聖王は、民自ずから其の教化に服して天下の静平を得た者であるから、為政者さへ其の人を得れば、国民は自ら化するものだといへばいへないことはないかも知れぬが、国民だとて必ずしも為政者が宜しくないから、国民たるの本分を全うしないといふのは宜しくない。為政者の如何に拘らず、国民たるものは別に国民としてその義務責任があるから、それに向かつて自ら為すべきを為し、尽すべきを尽さなければならぬ。これ国家に対する国民の権利にして又義務である。［青淵百話―二六］

ここで渋沢は、「国民たるの本分」という言葉を使って、それを国民の「権利義務」の概念と結びつけている。「国民はその権利義務といふものに対する自信を以て国民たるの本分を尽す」［青淵百話―二二］とも言う。

渋沢は、国民がその「本分」を充足することが権利の行使であると同時に義務の遂行であると説いたのだが、この「本分」と、ヘーゲル主義者ブラッドリーの言う「持ち場」とは、ほぼ同じ概念であると言ってよい。

なお、先の引用で渋沢は、「昔であれば、聖王が王道を行えば、国民が化するということもあったろうが」という趣旨を述べているが、これは徂徠の説について批判的に述べたものであろう。経世論を徹底させた徂徠は、被支配者たる人民一般は小人であり、君子たり得ないから、「礼楽刑政」すなわち制度を通じて人民の行動様式を変容させることで、世を統治すべきだと考え、その制度による行動様式の変容を「化する」［弁名上―七〇］と表現している。このように、徂徠の経世論は現実主義的ではあるが、しかし、民主主義の観点からすればエリート主義に過ぎるとも言える。渋沢の徂徠に対する不満の根源も、そこにあった。

国民が、国家に対して受動的に従うのではなく、独立自尊の精神の下、国家のために自主的・自発的に行動しなければ、国家を動かし、大事業を成し遂げる原動力たる「元気」は発生しない。要するに、国民は、国民意識に目醒める必要がある。渋沢はそう考えていた。

言い換えれば、人々が国民意識を主体的に自覚し、「国民たるの本分」を尽すという能動的な行為によって、「国民」というものが成立するということである。ナショナル・アイデンティティとは、国民が何もしないでも国家が与えてくれるといったものではなく、国民が主体的に維持しようとしなければ失われかねないものなのだ。

†権利とは何か

渋沢は、繰り返し「権利義務」について論じているが、権利も義務も、言うまでもなく、西洋から持ち込まれた近代的な概念である。この西洋の権利義務の概念を、渋沢は、その論語主義によって、どのように解釈したのであろうか。

実は、渋沢は、近代的な権利義務の概念を拒絶してはいない。それどころか、彼は「論語には権利思想が欠けている」という議論に反駁し、「己の欲せざる所を人に施す勿れ」「仁に当つては師に譲らず」などを引きつつ、論語にも権利思想が含まれていると強調するのである。渋沢によれば、東洋思想には権利思想がないと誤解されているのは、キリスト教が根底にある西洋思想が権利思想を積極的に説くのに対し、東洋思想は消極的にしか説いていないからである。しかし、キリスト教が説く「愛」と論語が教える「仁」とは、ほとんど同じである。普遍的な道徳の真理に、洋の東西はないのだ。それどころか、奇蹟などという迷信を説くキリスト教とは違い、孔子の教えは世俗的であって、奇蹟のような話は一切出てこないので、個人的には後者の方が望ましいとまで渋沢は言うのである［青淵百話一六一～七］。

では、権利は、どこに由来するのか。天賦人権説は、人間は生来、自然権として、一定の権利をもっているとする。いわゆる普遍的人権の概念である。

これに対して、渋沢は、権利の根拠を「国民（ネイション）」に求める。

総て人は自己の生れて生存しつゝある国に対し、自然と固有の権利義務がある筈である。例へば日本人ならば日本の国に対して自ら権利と義務とを持つ。英国人なら英国に対して必ず国民たるの権利もあれば義務もある。此の権利と義務とは何人が附与し命令する訳でもないが、其の国民として生るれば生れた其の日から身辺に附随して居るものである。従つて国民は自然と国家のことを思ふもので、自国は他国より強大ならんことを欲し、富裕ならんことを希ふは、これ国民が国家に対する自然の情である。是が即ち愛国心といふもので、国民に於ける此の心の強弱厚薄の如何に因つて、亦其の国の強弱貧富も自ら生じて来るものであると謂へるであらう。〔青淵百話一九一二〕

普遍的人権などというものはない。あるのは、日本人の権利やイギリス人の権利といった、歴史的に形成されてきた「ネイション」に由来する権利のみである。このように渋沢が論ずるとき、彼の権利概念は、西洋の保守思想のそれと同じ結論に達している。

例えば保守思想の祖と目されるエドマンド・バークは、『フランス革命の省察』において、イギリスの「権利の請願」に規定されているのは、抽象的な原則としての「人間の権利」ではなく、祖先から継承されてきた「イギリス人の権利」であると唱えた［Burke 1986: 118］。渋沢の権利概念は、このバークの有名な言葉を思い起こさせるものがある。

保守思想に顕著な特徴の一つは、いわゆる社会契約説の否定にあった。社会契約説は、個人と個人が契約によって社会を形成したと論じる。しかし、そのようなことは不可能であると保守思想は考える。なぜなら、人間というものは、個人である以前に、すでに社会の一員だからである。

人間は、本質的に「社会的存在」である。「私」という個人は、いずれかの社会集団に属して存在しているのであり、最初から「我々」という意識をもっている。現代の保守思想家ロジャー・スクルトンが好む表現で言えば、「第一人称は複数形」なのである。

この「我々」というメンバーシップの意識が先んじて存在していなければ、社会というものは成り立たない。「我々」という意識があるからこそ、「我々」の一員である他人の利益やニーズを我が事として考えるのであるし、狭義の自己利益に反するルールや決定にも従うことができる。自分の「権利」という観念も、他人に対する「義務」という観念も、「我々」という意識から生じるものである。この「我々」の意識をもたらすものには、例えば、言語、宗教、あるいは土地といったものがある。いずれも「我々」と「我々以外」との間に線を引くものである。こうした「我々」の境界を確定する有力なものとして、歴史的に形成されてきた「国民(ネイション)」の意識がある[Scruton 1999]。このような論理に立った上で、保守思想は「人間の権利などというものはない。あるのは、我々国民の権利である」と主張するのである。

ただし、こうした権利概念は、保守思想に限ったものではない。

例えば、民主社会主義者のデイヴィッド・ミラーは、普遍的人権論のような「普遍主義(universalism)」に対して、「個別主義(particularism)」の倫理学の観点から、権利概念を論じている。そして、この「個別主義」の倫理学によって、ナショナリズムの政治理論を基礎づけようと試みるのである。その際、ミラーが参照しているのは、もっぱら共和主義(republicanism)

の政治思想である。

「個別主義」の倫理学は、「集団の構成員であることや、その構成員の集団に対する愛着といったものは、倫理的に重要である」という仮定から出発して、次のように論じる。

人間は、自分の家族や地域共同体に対してアイデンティティをもっているがゆえに、その家族や地域共同体の構成員に対しては、人間一般に対するのとはまた違った、特別の義務を負うものと認識するものである。端的に言えば、人は、赤の他人よりも、自分の子供の利益を優先すべきだと思うものであるが、それは、自分がその家族の一員であると感じているからである。

この特定の共同体に対する忠誠心や義務感は、基本的に、互恵的なものとみなされる。つまり、共同体の構成員は、他の構成員の利益のために行動する義務を負うが、他の構成員もまた、自分の利益のために行動する義務を負う。裏を返せば、自分には、他の構成員に奉仕してもらう権利を有し、他の構成員は自分に奉仕される権利を有するのである。

もっとも、この共同体における互恵的関係は、厳密に同等に互恵的であるわけではない。実際には、自分が他の構成員に奉仕するほどに、他の構成員が自分に奉仕してくれるわけではなく、自己利益という観点からは損をする場合すらある。

しかし、共同体の構成員の間であれば、損得計算上、相応な見返りを期待できないとしても、他の構成員の利益のために義務を負うことができる。共同体への忠誠心や愛着が、それを可能にするのである。例えば、親が子を世話するほどに、子は親に孝行してくれないなどということは、ざらにあろう。しかし、それでも世の親というものは、見返りを求めずに子のために奉仕する。それは家族愛が存在するからである。

一般的に、他人への奉仕の義務は、自己利益を犠牲にすることになりがちである。それゆえ、利他的な行為というものは容易にはできないのである。しかし、この利他と利己の衝突は、共同体の内部では大幅に緩和される。共同体の構成員が他の構成員のために奉仕することは、自己利益の追求や自己実現とも両立し得るのである。なぜならば、自己のアイデンティティが、その共同体の一員であることにあるからだ。

このように、共同体というものは、本来、その内部にゆるやかな権利と義務の関係を自然に備えているのである。したがって、この共同体の権利義務関係の構造の上に、法的な権利義務関係を構築すれば、法的な権利義務関係も円滑に実現することができる。フォーマルな権利義務関係は、共同体内部のインフォーマルな権利義務関係に支えられることで、うまく機能するのである。そして、この倫理的そして法的に重要な「共同体」として、国（ナショナリティ）というものがある。ミラーは、そう論じるのである［Miller 1995: Ch. 3］。このミラーの「個別主義」の権利概念と、渋沢が「論語主義」から導き出した権利概念との相似もまた、明らかであろう。

渋沢は、西洋の権利概念に対抗して、権利概念とは違う東洋独自の何かを持ち出しているのではない。渋沢は、「普遍主義」の権利概念に対抗して、「個別主義」の権利概念を擁護しているのであり、その「個別主義」の権利概念は、西洋の思想の伝統にも存在している。

もっとも、渋沢がそのことを意識していたか否かは、定かではない。渋沢は、あくまでも論語を徹底的に読み込み、その結果として、孔子が説いた「仁」の思想の中に「個別主義」の権利概念を確認したということなのかもしれない。

ここで興味深いのは、渋沢が、キリスト教にも論語にも「愛」あるいは「仁」の観念があるが、キリスト教が宗教であるのに対し、論語はあくまでも世俗的であり、それゆえに論語の方が優れていると論じていたことである。

世俗的であるということは、言い換えれば、現実的であるということである。権利の概念も、現実的に考える。すなわち、普遍的な権利を抽象的に観念するのではなく、共同体の一員という人間の実在に即し、共同体における協力関係の中に、具体的な権利や義務の観念が働いているのを見出す。

論語主義は、世俗的・現実的であるがゆえに、個別主義的になるのである。

†市場経済

「忠君愛国」を掲げるナショナリストの渋沢が農工商階級の地位向上を訴えたのは、農工商の事業を営むことも国益に資するという信念からであった。農工商の事業を営むことは、国のために「国民たるの本分を尽す」ことなのである。

ところで、なぜ、農工商という私的な経済活動を営むことが、国益にもつながるのであろうか。それは、個々それぞれの経済活動は、社会の中で、他の経済活動と相互に依存しており、全体として、ひとつの経済社会システムを構成しているからである。

例えば、ある物品の生産者は、その物品の消費者に依存しており、その逆も然りである。この相互依存関係の網の目を通じて、個別の経済活動は全体の一部と化す。これが、いわゆる「市場経済」である。

渋沢は、言う。

元来商業を営むといふことは、自己の為に起る行為に相違なからうが、商業といふ職分を自己一身の為のみと思ふと大なる間違である。道理より考へれば、一方は物品を生産し、一方は其の物品を消費する、此の間に立つて有無相通ずるの職分を全うするのが商業の目的である。而して此の行為は互に相寄り相助けなければ出来ぬことで、如何に己一身だけ孤立してやり度いと焦つても、それは何人にも不可能のことである。故に曰く、商業といふ働きは一身の為であるが、其の事柄は一身の利慾のみにては為し得られぬものだから、此の職分を私することは出来ぬのである。〔青淵百話一一七三〕

ここで言う「働き」は「主観的」であり、「職分」は「客観的」である。私的な商業行為という「働き」は「主観的なもの」に属するが、市場経済の中で営むことで、社会全体のためという「客観的なもの」となる。それが「職分」（あるいは「本分」）なのである。

この議論は、ヘーゲルが『法の哲学』において展開した市場経済論を思い起こさせる。ヘーゲルは、それを「欲求の体系」と呼ぶ。そして、アダム・スミスの名を挙げつつ、政治経済学は、この「欲求の体系」を解明しようとする科学として創始されたと付言している〔Hegel 1991: 227〕。

興味深いことに、渋沢もまた、一九二三年に「東京経済学協会」において演説した際に、アダム・スミスの学説は、道徳経済と利用厚生の調和を説いたものであり、自身の信条と一致するものであると評価している〔見城二〇〇八一六七〕。

アダム・スミスの学説を巡っては、主として十九世紀において、「アダム・スミス」問題と呼ばれる論争があった。「アダム・スミス」問題とは、スミスの主著『国富論』において展開された利己的倫理と、もう一つの主著『道徳情操論』において展開された「同感（sympathy）」の倫理との間に矛盾があるか否か、という問題である［Oncken 1897］。

もっとも、今日、多くのスミス研究者が、スミスが利己的倫理を説いた経済自由主義の祖であるという説を否定しており、もはや「アダム・スミス」問題があるとは考えられてはいない［ウィンチ一九八九―第一章］。スミスは、商業社会の発展が「同感」の原理を通じて人間関係を深め、同朋意識を高めるであろうと考えていたというのが、今日のスミス研究における標準的な解釈である［Hirschman 1982; Silver 1990］。

そのスミスの学説が自身の信条と一致すると述べているということは、渋沢がスミスの商業社会観を正しく理解していたという可能性を示唆している。確かに、スミスの「同感」の倫理は、孔子の説いた「仁」に近いと言えるかもしれない。

強調しておくべきは、渋沢やヘーゲルはもちろん、アダム・スミスの念頭にあった「市場経済」とは、今日の主流派経済学の理論あるいは「新自由主義」と呼ばれるイデオロギーが想定しているような「市場」とは、まったくもって異質なものであったということである。

主流派経済学や新自由主義の市場理論は、自律的な「原子論的」個人が、自己利益を最大化するために合理的な行動をとった結果、市場が自動的に均衡するという抽象論理に基づくものである。これに対して、渋沢＝ヘーゲル＝スミスは、人間を原子論的個人ではなく、社会的・道徳的存在とみなした上で、経済活動の相互依存関係を社会関係とみなすものである。言わば、経済社会学的な市場経済観なのだ。

もっとも、この（経済社会学的に理解された）市場経済をもってしてもなお、私的な経済活動が、常に公共の利益を実現し得るとは限らないであろう。なぜならば、資本主義という経済社会システムは、貧困、格差、疎外、あるいは恐慌など、構造的な矛盾を内在させているからである。渋沢は、この資本主義の構造的な矛盾にも立ち向かおうとした。日本の近代資本主義を作った男は、その矛盾とも戦ったのであるが、それについては次章以降の課題である。その前に、渋沢の経済思想が、ほぼ一貫して、市場原理を信奉する経済自由主義ではなかったということは、再度確認しておく価値がある。

渋沢は実業家になる前、まだ大蔵省に勤務していた頃、株式会社制度（合本制度）の普及啓蒙のため、『立会略則』を著した。この『立会略則』は、「通商の道は政府の威権をもって推し付け、または法制をもって縛るべからず」と述べ、実業家の経済活動の自由と政府の市場不介入を強調したものであったため、（少なくとも初期の）渋沢は経済自由主義者であるとする解釈を招いた。

これに対して、坂本慎一は、『立会略則』において、すでに水戸学の流れを汲む国家思想が現われていることを証明し、また、典型的な経済自由主義者であった田口卯吉と渋沢の思想上の相違を明らかにしている。渋沢は、実業家も「国臣」として、国家意識をもって活動すべきであるという思想の下に『立会略則』を書いていた。その政府不介入を唱える経済自由主義も、あくまで国臣としての主君に対する諫言であり、同時に、そこには、実業家は国家意識をもって活動する限りにおいて自由が許されるという含みがあった。坂本は、そのように論じるのである［坂本二〇〇二―第二章］。

確かに、渋沢は、株式会社制度は商工業の発展により国家を富強にするために必要であるという観点に立って、その普及啓発に努めたとはっきり述べている［青淵百話―一四〇］。株式会社制度は、彼の経済ナショナリズムの理想を実現するための手段だったのである。

もちろん、渋沢は、特に初期のころは、政府の経済介入にしばしば否定的な見解を示したし、均衡財政も主張していた。外資導入にも積極的であった。しかし、こうした経済自由主義的な主張ですら、経済ナショナリズムとは必ずしも矛盾しない。自由放任、自由貿易、均衡財政、外資導入が国民の利益になる場合には、経済ナショナリストはそれらを支持し得るからである(Nakano 2004)。

ただし、経済ナショナリストは、経済自由主義的政策が国益に反すると考えた場合は、それを放棄するのに躊躇しない。これに対して、ナショナリズムを欠いた純粋な経済自由主義者は、いかなる時も、市場原理主義のドグマに固執して、経済自由主義的政策を唱え続けるであろう。渋沢の立場は、前者、すなわち経済ナショナリストである。実際、次章以降において見ていくように、渋沢は日清・日露戦争期のあたりから、次第に保護主義を鮮明にしていき、国家の積極的な役割を求めるようになっていく。それは大蔵省勤務時代に表明されていた経済自由主義的な姿勢からは大きく乖離しているかにみえるだろう。しかし、渋沢の思想は、水戸学を学んで以来、ナショナリズムという一点で首尾一貫している。そして、彼の時勢や状況に応じた変化は、水戸学のプラグマティズムを体現するものである。

水戸学の流れを汲む渋沢が、株式会社を重視したもう一つの理由は、会社経営を「政治」の一種として受け止めていたからであった。いや、会社に限らず、学校であれ家庭であれ、いわゆる「中間組織」(個人と国家の間に存在する組織)の運営は、みな広義の「政治」である。「そもそも為政のこととたる、ただに国家の上に限るにあらず、一会社の経営も一学校の管理も一家の維持もみな政事なり」[論語講義—五〇]。

特に株式会社は、その生み出した利益を衆人で共有するという点に特長がある。株式会社は、本質的に、公益的な制度なのである。渋沢自身、株式会社を起こしてきたのは、「利益は独りで壟断(ろうだん)せず、衆人と共に其の恩恵に均霑(きんてん)する様に」するためであったと述べている[青淵百話—六二]。

興味深いことに、渋沢は会社を説明して、「丁度此の会社は一の共和政体のやうなものである。株主は猶国民のやうなものである」〔青淵百話―一四一〕と述べている。会社を共和政体になぞらえているということは、渋沢が、会社というものを、その経営に参画する者たちが、会社全体のために自発的に行動し、協力行動・集合行為を実現して、その力を発揮する公器として理解しているのだと考えてよい。

共和国が愛国心という「仁」によって統合されているように、会社もまた「仁」によってまとめられる。会社は、仁義道徳を具体的に実践する中間組織たり得る。そのような考えが、渋沢の念頭にあったことが伺える。

さらに重要なことは、渋沢が単に株式会社制度を紹介し、普及させただけではなく、自らその設立や経営といった実践に深く関わったということである。古学が重視するプラグマティズムを、渋沢は身を以て体現したというわけだ。

株式会社の創設に関して渋沢が果たした役割について、宮本又郎は、次のように論じている。

> 明治期の日本は、後発国であったがゆえに英米仏などの先発国の技術や制度を容易に導入できたため、起業の機会は豊富であったが、その一方で、資本や企業者権能といった資源については不足していた。株式会社という仕組みは、この資源不足を解消する上で極めて有効な制度には違いなかった。しかし、有能な経営者・技術者と株式資本を結びつける機能が未成熟であ

った。

そこで、その機能を担うべく、優れた経営能力や技術力を有する人材を集めるとともに、華族・地主・大商人といった大出資者の多数の参加を促し、彼らの出資バランスを調整することができるような、信用度の高い財界リーダーが必要とされた。渋沢は、まさにそのような財界リーダーの代表格であった。

また、明治期の日本のように、急速に近代化を図らなければならない国は、過去の制度や価値観からの逸脱や飛躍が必要となる。そのような逸脱・飛躍を推進する理念は「国家のため」「社会のため」といったナショナリズムや公共精神である。その点においても、渋沢は大きな役割を果たした。

このように、近代日本の資本主義は、市場の「見えざる手」ではなく、渋沢のような財界人たちの「見える手」によって形成されたのである［宮本二〇一四］。特に、渋沢の「見える手」は、五百以上の企業のみならず、六百以上の公益的な団体の設立にも関与したのである。

†中間組織

渋沢が会社や団体の設立のために捧げた驚異的な熱意と行動力は、中間組織を広義の政治ととらえる発想から来ていた。渋沢にとって、中間組織の設立と運営は、儒学が理想とする

「仁」の政治の実践だったのである。

渋沢が中間組織を重視していたということは、日本の近代化を考える上で非常に重要な意味をもっている。

中間組織とは、西洋の社会哲学において極めて重要な位置を占める概念である。西洋近代思想の伝統においては、いわゆる「市民社会（civil society）」というものは、各種の中間組織から構成される社会を指すのである。

この西洋思想の市民社会論の伝統に属する思想家のうち、渋沢と同時代人を挙げるとしたら、社会学の創始者の一人エミール・デュルケイムになるであろう。デュルケイムは、近代経済における職業団体の重要性を次のように論じた。

近代の産業経済は動態的であり、また、前近代までの共同体の境界を超えた経済活動を可能にするようになる。この動態的で急激な変化は社会を不安定化させ、広範に及ぶ経済活動は共同体の紐帯（ちゅうたい）を弱める。

通俗的な近代化論によれば、前近代社会では、個人が共同体に束縛され、共同体が社会秩序の基礎を成していたのに対し、近代社会では、共同体から解放されて自律した個人が、他の個人と契約を結ぶことで社会秩序を維持するものと理解されている。個人主義者たちは、えてして、このような素朴な近代社会観を抱いている。彼らは、近代社会においてもなお残る「共同体的なもの」は、撲滅すべき前近代の遺物とみなすのである。

しかし、こうした単純な二分法を、デュルケイムは否定する。なぜならば、前近代であろうが近代であろうが、およそ人間という存在にとって、共同体なるものは不可欠だからである。共同体には、人間を道徳的に規律するという重大な機能がある。共同体がなければ、道徳というものはあり得ない。「人間が共存したり、定期的に交流したりするためには、一緒になって所属する集団に対する何らかの感情を抱くことが必要であり、また、その集団に愛着をもち、その集団全体の利益に関心を寄せ、それを考慮して行動する必要がある。そして、個人を超越するものへの愛着をもち、個別的利益より一般的利益を優先させることこそが、あらゆる道徳的活動の真の源泉である」[Durkheim 1997: xliii]。

その共同体と個人との紐帯が近代産業経済によって弱められ、切断されるのだとすると、個人が道徳的に活動することは不可能となってしまうだろう。それは、社会を無秩序化し、人間を不安や虚無感へと落ち込ませるであろう。

しかし、近代産業経済には、さまざまな職業団体というものが存在する。この職業団体の機能が、近代化によって弱体化した旧来の共同体が果たしてきた役割を代替することに、デュルケイムは期待をかけた。

職業団体は、人々の相互扶助を可能とし、教育を施すように機能する。そうした職業団体は、旧来の共同体の狭い領域を超えて、広く人々を包摂し、生活を共にすることを可能にする。しかも、職業団体は、家族と同様、変化しつつも長く存続し、継承されることで、安定をもたらす。「かつて家族が家内の道徳と法が機能する環境であったように、会社は、職業の道徳と法を作り上げるべき自然環境だった」[Durkheim 1997: xlvi]。

デュルケイムは、国家が個人と直接対峙することになるような事態を恐れていた。そのような国家こそ、危険極まりない全体主義国家にほかならない。「過剰に強大化した国家が制限・制約しようとする、組織化されていない個人の集合から成る巨大な大衆社会は、正真正銘の社会学的化け物である」[Durkheim 1997: liv]。

国家と個人との間には、分厚い中間組織の層が存在する必要がある。その中間組織の層は、個人を道徳的にすると同時に、国家権力から個人を守り、国家の全体主義化を防ぐであろう。「国家と個人との間に第二次集団が広範に存在しなければ、国民を維持することはできない。第二次集団は、その活動に個人を強く引き付け、そうすることで、個人を社会生活の流れの中に吸収するのに十分なほど、身近なものでなければならない」[Durkheim 1997: lvi]。

この市民社会論において決定的に重要なのは、共同体の制約から自立したはずの個人が、その結果として、国家に従属する羽目となり、かえって自立を失うという逆説である。個人主義の徹底は、全体主義へと至るのだ。

逆に言えば、ある種の共同体や職業団体などの中間組織に帰属していれば、国家への隷従から免れ、国家から自立することができる。フリードリヒ・A・ハイエクが述べたように、「真の個人主義は、家族の価値や小規模の共同体や集団が営むあらゆる共同作業を是認し、地域の自律や自発的結社を信じる」のに対し、「偽の個人主義は、あらゆるこうした小規模の集団を解体し、国家による強制的な規則以外になにも凝集性をもたない原子へと分解する」のである[Hayek 1980: 23]。ハイエクの言う「真の個人主義」とは、あらゆる中間組織の制約からも解放されることではなく、その反対に、中間組織に帰属することによってこそ、かえって実現できるのである。

明治日本が、近代西洋社会を範として近代化を進めた以上、この個人主義にまつわる難題と無縁であったはずがない。近代化を先導した渋沢もまた、この難問に直面していた。

すでに述べたように、渋沢は、株式会社制度を解説した『立会略則』において「通商の道は政府の威権をもって推し付け、または法制をもって縛るべからず」と述べていた。また、大蔵省を辞して実業家を志した動機について、渋沢は、当時の民間事業者が「旧来卑屈の風がまだ一掃せぬから、在官の人に対する時にはただ平身低頭して敬礼を尽すのみで、学問もなければ気象もなく、新規の工夫とか、事物の改良とかいうことなどは毛頭思いもよらぬ有様であるから、自分は慨歎の余り、現職を辞して全力を奮って商工業の発達を謀ろうという志望を起した」〔雨夜譚(あまよがたり)——一八四〕と述懐している。

特に明治前期までの渋沢には、商工業を担う主体は、原則として民間事業者であって、政府ではないという信念があった。そして、その担い手の民間事業者は、「独立自尊」の存在でなければならなかった。この信念は、民間事業者がその任に堪えるほど成熟していなくとも、政府が代替すべきとは考えず、むしろ自らが率先垂範して、「独立自尊」の民間事業者としてその任に当たろうとしたほどに徹底していた。

ここで繰り返し強調しておきたいのは、政府の介入を受けない民間事業者として渋沢の念頭にあったのは、株式会社をはじめとする中間組織の一員としての主体のことであって、孤立した利己的な「原子論的」個人では決してないということである。政府の不介入と民間事業者の主体性を説いたというだけで、(偽の)個人主義者や新自由主義者が渋沢に共感するとしたら、それはまったくのお門違いというものだ。

渋沢は、西洋の市民社会論と同様に、中間組織を非常に重視していたのである。それは、彼の主観的人生観(偽の個人主義)に対する厳しい批判や合本主義の主張、そして何より、数百にも及ぶ中間組織の設立に関与したという比類なき実績が雄弁に物語っている。

渋沢が「論語と算盤」のモットーを掲げて構築しようとしていたのは、今日の社会科学の概念を用いて言えば、「社会関係資本（social capital）」であり、そして社会関係資本の上に成立する「道徳経済（moral economy）」［Thompson 1971］であったと言うことができる。

「社会関係資本」とは、互恵や信頼といった社会的ネットワークから生じる規範のことであり、共和主義の政治哲学が最も重視する「市民的徳（civic virtue）」、すなわち共同体が共有する善のために活動する美徳に近い概念である。ただし、市民的徳と言わずに敢えて「社会関係資本」という用語が充てられているのは、物理的資本や人的資本のように、社会関係とそれが生み出す規範が、個人や集団の生産性に影響を与えるものであり、経済的な価値を生み出すものであることを表現するためである［Putnam 2000］。

ここで、渋沢が会社を共和政体になぞらえていたことを想起されたい。渋沢にとって会社とは、まさに「社会関係資本」の一つだったのだ。

主流派経済学の理論は、市場経済を、合理的な原子論的個人による自己利益追求活動の総計とみなす。そして、合理的な原子論的個人が自己利益を追求するからこそ、市場は価格メカニズムを通じて効率性を実現するのである。このような理論からすれば、「社会関係資本」などというものは、純粋な市場原理が本来であれば達成するであろう効率性を阻害する異物とみなされるであろう。

しかし、社会関係資本は、その形態や程度の差はあれ、どのような経済システムにおいても存在する。むしろ、主流派経済学がイメージするような、社会関係資本が一切存在しない純粋な市場などというものこそ、現実には存在しない。現実の「市場経済」と呼ばれるものは、社会関係資本の上に成り立っているのである。

通俗的な近代社会観は、経済活動が社会関係の規範に律せられていたのは前近代の話であって、近代経済では、自律的な個人が自らの合理的な判断によって活動しているものと想定しがちである。しかし、事実は違う。近代社会においても、経済活動は、社会関係に埋め込まれ、社会が共有する規範に律せられている。それは、マックス・ヴェーバーやエミール・デュルケイムといった社会学の創始者たち、あるいは歴史学派や制度学派が繰り返し強調してきたことではあるが、近年、再び、経済社会学あるいは行動経済学などの研究がこれに光を当てるようになっている [Kahneman, Knetsh and Thaler 1986; Etzioni 1988; Granovetter and Swedberg 1992; Granovetter 2017]。こうした研究から我々が確認すべきは、あらゆる経済が、ある種の「道徳経済」だということである。したがって、問われるべきは、「市場経済か、道徳経済か」ではなく、「どのような道徳経済か」なのである。

フランシス・フクヤマは、社会関係資本の概念を基礎として、「低信頼社会（low-trust society）」と「高信頼社会（high-trust society）」という分類を行っている。

社会であり、「高信頼社会」とは、血縁関係を超えた広範囲に及ぶ社会関係資本を形成できる社会である。したがって、「低信頼社会」では、企業は血縁によって統合された中小企業が多く、他方で「高信頼社会」では、大規模な企業が数多くみられるという［Fukuyama 1995］。渋沢が目指していたのも、まさに「高信頼社会」であったと言ってよいであろう。

宮本又郎が論じたように、明治期の日本は、事業の機会こそ豊富であったが、資本や企業者権能といった資源が不足していた。そうした状況にあって、優れた経営能力や技術力を有する人材を集め、華族・地主・大商人といった大出資者の多数の参加を促すためには、血縁・地縁・階級の境界を超えて彼らを結びつける紐帯――社会関係資本――がある「高信頼社会」が必要だった。そのようにも言うこともできるであろう。

さらに言えば、血縁・地縁・階級あるいは自己利益への執着を超えて、大出資者や経営人材を一つの事業に参加させ、協力させるためには、「国のため」「社会のため」といったナショナリズムによる動員が必要となる。言い換えれば、「高信頼社会」における「信頼」とは、同じネイションの一員であるという意識、すなわちナショナリズムが醸し出す連帯感のことである［Miller 1995: 90-8］。

そう考えると、合本主義を唱え、日本の近代資本主義の父となった渋沢が、忠君愛国を第一に掲げるナショナリストでもあったのは、むしろ当然のことであったと理解できるであろう。忠君愛国が欠落していたら、合本主義も成り立たなかったのである。

渋沢の合本主義にはナショナリズムが色濃く反映されていた。そう解釈できる根拠の一つとして、彼が関与した会社に、日本鉄道、北海道炭礦鉄道、北越鉄道、若松築港、門司築港、磐城炭礦、長門無煙炭礦など、鉄道、港湾、炭鉱といった近代経済のインフラといえる業種が多かったことが挙げられる［島田二〇一一—五九］。特に鉄道について、渋沢は「此鉄道の政策如何に依つては、今日の我経済界が栄えも衰へもすると言つて宜い位である」［渋沢栄一伝記資料第五〇巻—四四五］というほどまでに重視していた。

鉄道をはじめとする交通インフラの整備に強い関心を示すのは、経済ナショナリストに顕著な特徴である。例えば、代表的な経済ナショナリストであるフリードリヒ・リストは、ドイツにおける鉄道建設事業の先駆者であった［諸田二〇〇三—第七章］。

このリストの精力的な活動が功を奏し、一八四〇年代前半以降、プロイセン政府は、民間の鉄道建設に対する規制や経済的支援を積極的に行っていった。一八七八年以降は、鉄道の国有化も進めた。こうして国内に交通インフラが広がった結果、ドイツの国内市場の統合が大きく進展したのである。また、鉄道建設には、鉄鋼の大きな需要を生み出し、重工業の発展を促すという効果もあった［Magnusson 2009: 102-3, 105-6］。

リストのような経済ナショナリストが鉄道建設に積極的である理由の一つは、このように交通インフラが経済発展に大きく貢献し、国の経済力を高めるからである。しかし、それだけではない。

交通インフラの発達とそれによる近代産業社会の成立は、国内各地の人々の間のコミュニケーションを活性化し、人々が同じ経済社会に帰属しているという感覚を強めていく。つまり、ネイションの意識を強化するのである［Gellner 1983］。

国民統合を強め、ネイションの意識を高めたいナショナリストが、鉄道建設に熱を上げるのも当然であろう。渋沢が設立した株式会社の中に鉄道や港湾などのインフラが多かったという事実は、彼が忠君愛国を掲げるナショナリストであったことと実によく符合している。

さらに、渋沢の合本主義には、国家と個人の間に「中間組織」の分厚い層を形成し、「高信頼社会」の道徳経済を形成しようという思想があったが、この「高信頼社会」もまた、ネイションの意識の強化に重要な役割を果たす。すでに述べたように、渋沢は、「一会社の経営も一学校の管理も一家の維持もみな政事なり」と述べ、中間組織において営まれる集団行動を、政治の一種とみなしていた。そう論じる渋沢にとって、株式会社は、単なる経済的利益を増殖させるための組織にとどまるものではなかった。株式会社は、言わば「仁」の政治を実践する訓練学校のようなものでもあり、またそうあるべきだと渋沢は考えていたのである。

株式会社に参加する者は、その集団行動を通じて、ある種の公共精神を育むことになる。言わば、「市民」が養成される。そして、中間組織で公共精神を会得した市民は、利己的な個人主義を克服して、国全体のことにも想いを致すようになるであろう。中間組織を通じて、ネイションの意識が強まるのである。この場合、合本主義は、ナショナリズムの手段として位置づけられるであろう。

しかし、第二次産業革命以降、資本主義が大きく変質し、民間主導の合本主義だけでは、国民統合を促すのに十分ではなくなっていた。産業資本主義が生み出す矛盾を克服するには、自発的に設立される中間組織だけではなく、国家政策というものが必要になってきたのである。

明治後半から大正にかけて、渋沢は、この問題にも直面することとなったのだが、彼がこれにどう処したのかは、次章以降の課題である。

†渋沢の変化

渋沢の思考様式は、「血脈」すなわち個別具体的な状況を重視する古学・水戸学の系譜を継ぐプラグマティズムであった。それゆえ、渋沢の判断は、ドグマにとらわれることなく、状況あるいは状況認識の変化に応じて変わることがままあった。

例えば、女子教育に力を入れ、東京女学館や日本女子大学校にも関与した渋沢だが、当初は儒学の影響により女子教育には消極的であった。しかし、日本女子大学校校長の成瀬仁蔵（じんぞう）に説得され、考えを改めたのである。この成瀬の説得について、「よくよく考えて見ると成程と自分も合点が行き、孔子もあるいはここまでは考え及ばなかったのかな、と段々に考えが成瀬君の方へ牽かれて行きました」などとユーモラスに告白しているところに、渋沢の自由で柔軟な精神と聡明さがよく出ている［見城二〇〇八—一二七～一三〇］。

また、労働問題に関しても態度を変えた。例えば、労働者の年齢や労働時間に制限を加える工場法に対し、渋沢は、当初は消極的な姿勢を示したが、後に賛成するようになった。また、労働組合についても一九一七年時点では不要という立場だったが、一九一八年には労働組合の設立の容認に転じ、さらに第一次世界大戦後に労働運動が活発化すると、一九一九年に設立された「協調会」を通じた労使協調を模索するようになった［見城二〇〇八―一二八―一二七］。

あるいは、渋沢は、政府介入を排した自由競争を是とし、民間企業の主導によるインフラ整備を進めてきたが、日清戦争後からは、保護貿易を支持したり、国家主導のインフラ整備の必要性を認めたりするなど、国家の積極的な介入を是認するようになっていった［島田二〇一一―一五三～一六〇］。

渋沢のこうした見解の変化の背景には、当時、進行中の資本主義の大転換があった。いわゆる第二次産業革命である。

第二次産業革命とは、十九世紀後半から二十世紀初頭にかけての重化学工業の勃興に伴う産業構造の一大変革である。ロバート・ゴードンによれば、この第二次産業革命における技術革新は、十八世紀後半から十九世紀にかけての第一次産業革命に匹敵する巨大なインパクトをもたらした。それは、一八七〇年以降、およそ百年にわたって生産性を向上させ続けたのである［Gordon 2012; Gordon 2016: Ch. 17］。しかも、この第二次産業革命は、世界の勢力図をも塗り替えた。重化学工業化に成功したアメリカやドイツが経済大国として台頭し、逆にこれに乗り遅れたイギリスは地位の低下を余儀なくされたのである。

渋沢は、その生涯のうちに、封建社会から近代社会への移行だけではなく、第二次産業革命という巨大な変革にも直面したのである。経済社会の革命的変化を一度のみならず、二度までも経験するということが、渋沢そして日本にどれだけのストレスを与えたのかは、想像を絶するものがある。当時の日本人あるいは渋沢が、このような激動の時代にあって判断を誤ったとしても、現代日本人の誰にそれを責める資格があるだろうか。

それはともかく、渋沢の思想や言説が変遷した意味を解釈するためには、当時の第二次産業革命がどのような一大変革をもたらしたのかを理解しておかなければならない。

†経営者資本主義

第二次産業革命は、資本主義にどのような大転換をもたらしたのか。経営史研究の第一人者アルフレッド・D・チャンドラーJr.の大著『スケール アンド スコープ——経営力発展の国際比較』を参考に、振り返っておこう。

第二次産業革命以前の資本主義経済においては、所有者が個人的に管理する比較的小規模の企業によって運営されていた。しかし、十九世紀後半以降、この経営形態が大きく変わっていくこととなる。

まず、蒸気船、鉄道、電信といった革新的な輸送・通信手段が出現した。これらの輸送・通信システムは、その建設は大規模な投資を必要とし、また、その運営は極めて複雑であった。このため、鉄道・通信といった分野においては、企業の経営をその所有者（株主）が担うのではなく、その企業の株式をほとんど保有していない俸給経営者が専門的に経営を担うようになった。いわゆる「所有と経営の分離」である。そして、この新たな輸送・通信システムによって、大量生産・大量販売が可能となり、生産量や取引量が爆発的に増加した。大量生産・大量販売を行う企業の経営もまた大規模化・複雑化したため、俸給経営陣が専門的に経営を行うようになった。

さらに十九世紀末から二十世紀初頭にかけて、製鉄、製鋼、銅やアルミニウムの精錬、機械による加工と包装、互換性部品の加工・組立による複雑な機械、産業用機械や化学製品の製造など、新たな製造手法が次々と出現した。これらの新産業は資本集約的であり、規模がより大きいプラントほど、コスト上の優位に立つという、いわゆる「規模の経済」が大きく働くものであった。

また、これらの新産業は、同じ原材料・同工程から多数の製品を製造することができるため、同じ工場で同時に製造される製品数が増加すれば、各製品の単位費用が低下するという「範囲の経済」も大きく働いた。ただし、この「範囲の経済」によるメリットを享受するためには、生産設備を通過する原材料の通量が生産能力を下回らないように維持し、また、中間業者や消費者に至るまでの流れをも調整する必要があった。もし、こうした調整に失敗すれば、現実の流量が生産能力を下回ることとなる。そうなると、固定費用が巨額であるため、とたんに単位費用は急増することになってしまうのである。

このため、「規模の経済」と「範囲の経済」が大きく働く資本集約的産業においては、製品の生産と流通に関する職能上の活動の監督、諸過程を通過する物資の流れの調整、現在の業績と予測される需要を基礎とした生産と流通のための資源の割当、といった複雑なオペレーションを行わなければならない。要するに、生産から流通に至る全行程を管理する組織化された集団の能力を必要とするのである。この組織化された集団の能力をチャンドラーは「組織能力」と呼ぶ。資本集約的産業の競争力は、「組織能力」が握っているのである。

こうして、資本集約的産業においては、高度な「組織能力」を有する統合的な経営階層組織が構築されるようになっていった。その先駆的な例としては、アメリカのスタンダード・オイル・トラストや、ドイツの化学会社バイエル、ヘキスト、ＢＡＳＦがある。他の多くの産業においても、高度な「組織能力」を発揮して「規模の経済」と「範囲の経済」を活かし、著しい費用の低下を実現する企業が、次々と出現するようになった。こうして、第二次産業革命によって、企業形態は、俸給経営者が専門的に意思決定を行い、高度な「組織能力」によって大規模で統合的な経営階層組織を運営するものへと変貌を遂げた。このような資本主義の形態を、チャンドラーは「経営者資本主義」と呼ぶ。

経営者資本主義は、「規模の経済」と「範囲の経済」を活用するものであったがゆえに、その形態やパフォーマンスは、各国の地理的条件の影響を受ける。巨大な地理的規模の国内市場に恵まれたアメリカにおいて、経営者資本主義が最も発達したのも、当然であった。

また、アメリカは、地理的規模のみならず、人口と一人当たりの所得も急速に成長し、消費需要が飛躍的に拡大した。一八七〇年から第一次世界大戦までにアメリカの人口は二・四倍に伸び、一九二〇年代にはイギリスの人口の三倍となったと推計されている。アメリカの企業は、この国内市場の地理的な広さと消費需要の増加によって、世界中のどの国の企業よりも、「規模の経済」と「範囲の経済」を享受することができる条件にあったのである。

また、広大な国内市場を有するアメリカでは、他国と比べても、はるかに広範な鉄道網や電信網を建設しなければならなかった。すでに述べたように、鉄道の能率的な運営には、高度な組織能力を必要とする。このため、アメリカの鉄道会社は、他国に先駆けて、高度な組織能力を有する大規模な経営階層組織を形成した。こうしてアメリカでは、大規模な階層組織をもち、生産から流通までを統合した資本集約的な大企業が著しく成長することとなったのである。

経営者資本主義は、ドイツにおいても独特の発展を遂げた。

まず国内市場の規模の拡大については、ドイツは、一八七一年の統一により、イギリスの二倍以上の国土を有することとなった。人口においても一八七一年時点でアメリカと同規模であり、イギリスを上回っていた。もっとも、ドイツは長い間、西部の工業地帯と東部の農業地帯に分断されており、西部に集中していた消費財市場は、イギリスやアメリカと比べて小規模であった。しかし、十九世紀半ば以降に整備された鉄道網のおかげで、ドイツの企業は、ヨーロッパ大陸の生産財市場にアクセスできるようになり、「規模の経済」と「範囲の経済」を利用した資本集約的で巨大な生産技術を発達させることができたのである。

ただし、ドイツの企業にとっての市場は、多くの国や文化から構成されるヨーロッパ大陸であり、しかも、そこは、すでにイギリスやアメリカの企業によって抑えられていた。このため、ドイツの企業は、ヨーロッパ市場において常に激しい競争に巻き込まれることとなった。その反面として、ドイツ企業同士は、協調を志向するようになり、主要企業が国内外で市場シェアを維持するために互いに協定を結ぶようになった。こうしてドイツの経営者資本主義は、協調的な性格を有するようになったのである。

アメリカやドイツでは経営者資本主義が出現したのに対し、イギリスでは、従前の個人主義的な資本主義が残存し、経営者資本主義の発展が遅れた。アメリカやドイツでは、専門的な俸給経営者が企業経営を一手に担ったが、イギリスでは、創業者の息子や他の親族が企業の所有と支配を引き継ぐ同族企業が一般的であった。イギリスの企業家たちは、この伝統的な個人経営に執着し、経営者資本主義に必要な投資や組織能力の開発にも消極的であった。また、多くの所有者は、大規模で長期的な投資の拡大よりも、現在の所得の増大を好んだため、経営者資本主義に必要な大規模な固定資本や組織能力の形成が進まなかった。こうして経営者資本主義の成立が遅れたイギリスでは、工業力においてアメリカやドイツの後塵を拝するようになったのである。

†国家政策

資本集約型産業が「規模の経済」を享受するには、大規模な市場が必要であり、また「範囲の経済」を享受するためには、原材料の調達、生産、流通そして消費までを結びつける輸送・通信インフラが必要である。この大規模な市場の創出、そして輸送・通信インフラの整備において大きな役割を果たすのが、国家である。それゆえ、第二次産業革命以降の経営者資本主義においては、国家政策が死活的に重要なものとなる。アメリカやドイツにおける産業発展が、まさにそうだった。

そもそも、アメリカという国は、その建国から第二次世界大戦終結前までは、世界で最も保護主義的な国家であった。

建国の父の一人であり、初代財務長官のアレクサンダー・ハミルトンは、一七九一年に『製造業に関する報告書』を書き、高関税と産業政策による製造業の育成を唱えた。ハミルトンが提唱した高関税によって産業を保護する経済体制は「アメリカン・システム」と呼ばれている。特に一八六一年、エイブラハム・リンカーンが大統領に就任し、南北戦争が北軍の勝利によって終わると、アメリカの保護主義は決定的となった。というのも、工業地帯の北部は、保護主義を志向していたからである。一八七五年におけるヨーロッパ大陸における工業製品の関税率は平均で九〜一二%であったが、アメリカでは四〇〜五〇%もあった［Bairoch 1993: 32-8］。

また、連邦政府と州政府は、鉄道の建設に対して積極的な支援を行ったが、鉄道網の整備が国民統合を促し、新市場を開拓し、「規模の経済」と「範囲の経済」の享受を可能にしたことは、すでに述べた通りである。そして、この鉄道建設には、軍事的な輸送手段という目的もあった［Magnusson 2009: 139］。

こうして、南北戦争の終結と鉄道網によって統合された巨大な国内市場が、高関税によって保護されたことで、アメリカの資本集約型産業は規模の経済を享受し、その競争力を飛躍的に高めることができたのである。

ドイツにおいても、国家政策は経営者資本主義の成立において、大きな役割を果たした。

もっとも、十九世紀のドイツは、アメリカと比べれば、それほど保護主義的ではなかった。

統一前のドイツでは、プロイセン王国の主導によりドイツ関税同盟（Zollverein）が形成されたが、その関税率は穏当なものだった。ドイツ統一後、宰相ビスマルクは一八七九年に農業関税を大幅に引き上げたが、鉄鋼業などの工業関税は引き続き低めに抑えられた。ビスマルクの目的は、農業経営を基盤とする貴族層（ユンカー）の不満を抑えて、工業階級と農業階級の利害対立を緩和することにあったのである［Chang 2003: 32-3］。

その一方でプロイセンは、一八四〇年までに、二つの重要な経済政策を実施した。その一つは農民解放であり、これによって農業生産が効率化して余剰労働力が生み出された。そしてもう一つは、一八三三年以降のドイツ関税同盟である。この関税同盟によって、域内における多くの貿易障壁が削減され、それが資本形成と経済成長を促進するとともに、一八七一年のドイツ統一への道を拓いたのである［Chang 2003: 104-5］。

さらにプロイセン政府は、一八四〇年代前半以降、民間の鉄道建設に対する規制や経済的支援を積極的に行い、一八七八年以降は鉄道の国有化も進めた。なお、プロイセンの鉄道建設もまた、経済発展だけではなく、兵士や物資の迅速な輸送という軍事的な目的を含んでいた［Chang 2003: 103, 105-6］。

経営者資本主義においては、社会政策もまた大きな役割を果たす。資本集約的産業がその「範囲の経済」を存分に発揮しようとするならば、生産、流通、消費までの流れを滞りなく調整しなければならない。しかし、労働者のストライキなどがあった場合、その流れが途絶してしまう。そういったことのないように、労働者を保護する社会政策が重要となるのである。実際、第二帝国下のドイツは、労働者災害保険（一八七一年）、健康保険（一八八三年）、公的年金制度（一八八九年）を世界で初めて導入するなど、先駆的な社会政策を推進したが、こうした社会政策もまた、国内社会の安定に寄与し、経済発展に貢献した［Chang 2003: 35, 103］。

経営者資本主義の発展においては、保護主義や輸送インフラの整備といった産業政策や社会政策などの国家政策に加えて、高等教育機関もまた、極めて重要な役割を担うことになる。というのも、資本集約的産業は、複雑な技術的知識と高度な組織能力を必要とすることから、技術分野や経営管理に関する専門知識を有する人材が不可欠となる。そのような人材を供給するという役割が、高等教育機関に期待されたのである。こうしたことから、十九世紀後半以降のアメリカやドイツでは、経営者資本主義にふさわしい技術教育や実業教育を実施する高等教育機関が次々と出現した。

アメリカでは、一八八〇年代には、マサチューセッツ工科大学その他の大学が機械工学部を設置し、一八九〇年代には電気工学部、一九〇〇年代には化学工学部を開設していった。また、一八九九年以後の十年間、主要な大学はカリキュラムに会計、財務、経営管理といったビジネス教育を加えるようになった［チャンドラー 一九九三―六六～七］。

ドイツの高等教育制度もまた、十九世紀末までには、世界最良の科学技術的訓練を提供できるようになっていた。ドイツの大学は、物理学や化学の発展やそれらの産業技術への応用において、主導的な役割を果たした。また、工科大学が各地に設立され、工科大学の学生数も急増した。一九〇〇年前後には、経営教育を提供する商科大学が次々と設立されていった。こうして、工科大学と商科大学は、科学、技術、商業知識そして経営管理者の供給源として、ドイツの経営者資本主義を支えたのである〔チャンドラー 一九九三―三六三～四〕。

ところが同じ頃のイギリスでは、オックスフォード大学やケンブリッジ大学といった高等教育機関は、ジェントルマンの養成所か、あるいは純粋な科学の探究と教育の場であるとみなされており、技術や実業に関心を向けることはほとんどなかった〔チャンドラー 一九九三―二四六〕。この高等教育機関における技術教育・実業教育の立ち遅れもまた、イギリスが、第二次産業革命においてアメリカやドイツの後塵を拝した要因の一つと言えるであろう。

†第二次産業革命の経済学

第二次産業革命がもたらした大規模な資本集約的企業は、チャンドラーが明らかにしたように、「規模の経済」「範囲の経済」を働かせることで、生産量を増やすほどに単位費用の劇的な低下を実現するものだった。この生産量の増加にしたがって単位費用が低下するという現象を

「費用逓減（ていげん）」あるいは「収穫逓増（ていぞう）」と呼ぶ。

古典派経済学から今日の主流派経済学に至る経済自由主義は、市場均衡理論を基礎としているが、実は、この市場均衡理論は、「収穫一定」又は「収穫逓減」を前提として成立する理論であった。要するに、生産量を増やしても単位費用が低下しない、あるいは上昇するので、供給曲線は右肩上がりとなり、右肩下がりの需要曲線との交点で均衡に達するという理論なのである。なお、主流派経済学の自由貿易論（リカードの定理やヘクシャー・オーリンの定理など）もまた、収穫非逓増を前提としている。

しかし、もし収穫逓増を前提とするならば、市場均衡理論は成立しないということになる。すなわち供給を増やせば増やすほど単位費用が低下するのであるならば、供給曲線は右肩下がりとなり、需要曲線との交点で安定的に均衡する保証はなくなる。つまり、収穫逓増が起きる世界では、需要と供給が自動的に均衡して安定するということはなく、市場は常に不均衡化・不安定化するリスクを孕むものとなるということである［村上一九九二―第七章］。

より具体的に言えば、次の通りである。

資本集約的企業は、「規模の経済」による収穫逓増状態を作り出すために、巨額の固定費用を投じなければならないが、その負担を軽減するために、設備の稼働率を出来るだけ高く維持して単位費用を低下させなければならない。しかし、設備稼働率が下がると多大な費用負担が発生してしまう。すなわち、需要の減少に応じて供給量を弾力的に減少させることができないのである。

また、資本集約的企業は、「範囲の経済」による収穫逓増状態を活かすため、取引先との提携、労働者の雇用、あるいは消費者との関係を長期にわたって継続する必要がある。というのも、こうした関係がひとたび断絶すると、それを復旧することは困難であるからだ。このため、例えば原材料費や人件費は、長期の契約によって固定され、需要の変動に応じて柔軟に変更できないようになっている。したがって、需要が減少し、製品価格が下落しても、企業はそれに応じて原材料費や人件費を低下させることができず、必然的に、赤字を抱えざるを得なくなる。赤字が継続すれば企業は解雇に踏み切らざるを得ず、あるいは倒産に至り、その結果、大量の失業が発生することとなる。

しかも、資本集約型産業は、生産するほどに単位当たりの費用が下がるという収穫逓増状態ゆえに供給能力が極めて高いが、その生産量に応じた需要は常に存在するとは限らない。それゆえ、過剰生産すなわち需要不足に陥りやすく、デフレ圧力が発生しやすくなる。

経済自由主義は、過剰生産という問題の存在を認めようとはしない。というのも、自由競争に委ねれば、市場は均衡に至るはずであり、過剰生産などあり得ないと考えているからである。しかし、自由競争が市場均衡をもたらすという理論は、あくまで「収穫非逓増」を前提としている。収穫逓増現象が起きる現実の経済世界では、過剰生産は起こり得るのだ。

こうしたことから、資本集約的企業は、十分な規模の需要が長期にわたって存在するという計画的な見通しがなければ、巨額の固定費用を投じ、あるいは大規模な統合組織や長期的取引関係の構築に踏み切ることはできないのである。

そこで、十分な規模の需要を確保し、また将来の需要の見通しを与えるという国家の役割が期待されることになる。長期的・計画的な投資を必要とする資本集約的産業は、巨大な需要の存在と確実な将来見通しがなければ成立し得ないが、その需要と見通しを与えることは、国家政策にしかできない。このような国家政策の必要性を経済自由主義は認めないが、その理由は、繰り返しになるが、収穫逓増を想定していないため、過剰生産問題を看過しているからだ。

アメリカやドイツが国内市場を統一したことや鉄道網を整備したこと、あるいは国内市場を関税によって保護したことには、自国の資本集約的産業に巨大な需要を提供し、かつ、その需要を将来に向けて確保するという意味があったのである。これこそが、国民統合や国家によるインフラ整備あるいは保護主義を唱える経済ナショナリズムの経済理論的根拠である。ただし、もし国家がその需要を海外市場に求めようとするならば、それは帝国主義ともなり得ることも見逃してはならない。

国家政策が必要となるのは、需要面だけではない。すでに述べたように、資本集約的企業の運営には、高度な技術・技能や経営能力を身に付けた人材が不可欠であり、そのような人材を供給する教育機関の整備という面においても、国家には大きな役割が期待されるようになった。

こうして第二次産業革命がもたらした経営者資本主義においては、財の「需要」と人材の「供給」の両面において、国家政策が積極的に関与することが求められるようになったのである。この第二次産業革命がもたらした新しい現実に対して、自由放任や自由貿易を旨とする古典派経済学（経済自由主義）が全く対応できなかったことは、言うまでもない。

そこから、経済思想の新たな潮流が生まれることとなる。

†経済思想の新潮流

十九世紀後半から二十世紀初頭にかけては、この第二次産業革命による資本主義の構造変化とほぼ並行するかのように、アメリカやドイツにおいて、古典派経済学（経済自由主義）とは大きく異なる新たな経済思想の潮流が生まれていた。

中でも重要なのは、ドイツ歴史学派である。

ドイツ歴史学派は、十九世紀前半のフリードリヒ・リストを先駆者としつつ、ヴィルヘルム・ロッシャーやブルーノ・ヒルデブランド、カール・クニースらに代表される旧歴史学派、一八七〇年代以降にグスタフ・フォン・シュモラーが主導した新歴史学派、さらにヴェルナー・ゾンバルトやマックス・ヴェーバーらに代表される最新歴史学派に分類される。

ドイツ歴史学派は時代や論者によって違いはあるものの、経済制度や社会組織の発展や変化の歴史的研究を重視するという方法論において共通している。それゆえ、ドイツ歴史学派は、抽象論理による演繹的な理論構築を重視する古典派並びに新古典派経済学を激しく批判した。特に新歴史学派のシュモラーは、カール・メンガーとの間で、経済研究の方法論を巡って「方法論論争」として知られる論争を展開した。メンガーは、経済分析に限界効用の概念を導入した「限界革命」の主導者であり、新古典派経済学の創始者の一人とも目される経済学者である。

また、ドイツ歴史学派は、経済自由主義の原子論的な個人主義にも反発し、人間は関係論的・社会的存在であると説いた。トマス・リハは、新歴史学派の思想を要約して、次の点を重視するという特徴を見出している。すなわち、経済活動における道徳的要素、社会と個人との関係の重視、国家による社会目的の実現、そして政治経済学者の研究のみならず政策決定における積極的な役割、の四点である［リハ一九九二―一二九］。

ドイツの経済発展が本格化したのは、一八七一年の国民的統一の実現によってであった。急速な工業の成長は熱狂を生み出し、ブームをもたらしたが、一八七三年にはブームがはじけて恐慌となり、株式相場の急落と多数の破産を生じさせた。しかし、経済自由主義はこの恐慌に対して全く無力であったため、急速に影響力を失っていった［リハ一九九二―一三五〜六］。

これに対して、新歴史学派の支持者たちは、経済の実態を観察・分析することを重視した結果として、工業化の過程で生じる社会問題や富の分配の問題に気づき、強い関心を寄せるようになった。そして、社会問題の研究と社会改良の実践を目指して、一八七二年に「社会政策学会」の設立を決定した。

社会政策学会には、研究者のみならず政府官僚も参加し、また学会指導者と政治家との間には深い関係があった。このため、社会政策学会は、ビスマルクの社会政策に直接あるいは間接の影響力を与えた。社会政策学会は、一九三六年に解散させられるまでの間、膨大かつ高水準の社会調査・経済調査を生み出した。その中には、工場法立法、社会保険、農村調査、移民及び植民政策、住宅問題が含まれ、さらに、恐慌や景気循環のような新しい分野にも先駆的な業績を残した。また、経験的調査のための統計手法や計量技術における発展にも貢献したのである［リハ一九九二─一五一〜六］。

ドイツにおいて歴史学派が隆盛していた十九世紀末から二十世紀初頭にかけて、アメリカにおいても、経済自由主義の自由放任や個人主義に異を唱える独自の思想潮流が勃興した。

当時のアメリカでは、経営者資本主義の形成や重化学工業化を経験する中で、西部農民の反乱や産業都市における労働運動などが起きており、さまざまな社会改良運動が展開されていた。こうした社会改良運動の理念は、革新主義（progressive）と総称された［高二〇〇四］。

革新主義の特徴は、自由放任の拒否、労働問題に対する高い関心、社会的効率や科学的管理（いわゆる「テイラー主義」）の追求、国家政策による社会正義や公共善の実現という目標などにあった。革新主義には、労働問題の重視や社会正義の追求といった側面もあったが、私有財産など資本主義の基本的な制度を否定したわけではなく、社会主義とは一線を画していた。むしろ、社会秩序の維持を重視したという意味では、革新主義は「マルクス的というよりもむしろ、ビスマルク的であった」[Leonard 2009: 116] のである。

また、革新主義は、個人主義に対する懐疑や国家主義的な姿勢に特徴があったが、それはアレクサンダー・ハミルトンに始まり、セオドア・ルーズヴェルトやハーバード・クローリーらに連なる経済ナショナリズムの系譜に位置づけることも可能である [Rego 2008]。さらに、革新主義は、「ネイションは有機体であり、それを構成する諸個人の総計以上の実在である」と考えており、ドイツ歴史学派とも類似していた [Leonard 2009: 116, 133-4]。

革新主義はアメリカ固有の思想潮流であるが、ドイツ歴史学派と問題意識を共有することから、当時のアメリカでは、ドイツ留学熱やドイツ思想の流行といった現象が起きた [高二〇〇四—三七]。中でも、ヘンリー・C・アダムス、ジョン・B・クラーク、リチャード・T・イーリー、エドウィン・R・A・セリグマンの四人は一八七〇年代、ドイツで研究生活を過ごし、クラーク、イーリー、セリグマンはドイツ歴史学派のカール・クニースに師事した。そして、アダムス、クラーク、イーリーは、一八八五年、ドイツの社会政策学会をモデルにして、「アメリカ経済学会」を設立した。このように、アメリカにおける経済学は、その草創期においては、ドイツ歴史学派の強い影響を受けていたのである［Hodgson 2001: 137-9; Herbst 1965］。そのアメリカ経済学会の設立趣意書には、次のように書かれている。「われわれは産業生活における個人的創意の必要性を十分承認しているが、自由放任の学説は政治的には危険であり、道徳的には不健全であると考える。それは国家と市民との関係について、充分な説明を与えていない」［高二〇〇四―四〇～一］。

同時代のイギリスにおける経済思想の潮流も概観しておこう。

第一次産業革命をいち早く実現したイギリスは、十九世紀半ばまでに「世界の工場」としての地位を確立し、自由貿易政策を推進していた。その政策を支えた経済思想が経済自由主義である。しかし、十九世紀後半から二十世紀初頭にかけて、イギリスの地位は、ドイツやアメリカといった後発国の追い上げによって脅かされていた。また、この時期には、労働者階級の貧困が大きな社会問題となった。こうして、経済自由主義や個人主義に代わる思想が求められるようになり、さまざまな新しい経済思想の潮流が生まれた。

例えば、シドニー・ウェッブは、妻ビアトリスとともに、フェビアン協会を率いて社会主義運動を展開した。いわゆる「フェビアン社会主義」である。フェビアン社会主義者たちは、従来の自由放任主義や個人主義を厳しく批判し、最低賃金、労働時間、衛生・安全基準、義務教育といった国家規制により社会改良を目指そうとした。

あるいは、T・H・グリーン、J・A・ホブスン、L・T・ホブハウスらは、自由の概念を、従来の「国家からの自由」から「国家による自由」へと転換することを提唱し、所得再配分政策を通じた社会改良を主張した。彼らの思想は「ニュー・リベラリズム」と呼ばれている。

これに対して、アルフレッド・マーシャルやフランシス・エッジワースなど、経済自由主義の流れを汲む「新古典派経済学」の理論家たちは、国家介入を警戒し、自由貿易の堅持を主張したが、他方で、社会改良の必要性については認めていた。

また、イギリスでも、ドイツのような「歴史学派」の運動が起きていた。アーノルド・トインビー、ウィリアム・J・アシュリー、ウィリアム・ヒュインズ、ウィリアム・カニンガムといった「イギリス歴史学派」である。イギリス歴史学派は、ドイツ歴史学派との共通点が多く、かつその影響も受けたが、他方で、イギリスには固有の歴史主義的な経済研究の伝統もあった。イギリス歴史学派の論者の中には、アダム・スミスやロバート・マルサスに歴史主義を再発見する者もいたし、またエッジワースは、十九世紀前半の経済学者リチャード・ジョーンズをイギリス歴史学派の祖と評していた〔Koot 1987: 37-9〕。

イギリス歴史学派は、実学教育など社会改良の推進、帝国特恵関税による大英帝国の統合、国内産業の振興を唱え、経済自由主義と鋭く対立した。特に、保護主義を巡る議論は、思想上の論争に止まらず、政争にまで発展した。一九〇三年、保守党のジョセフ・チェンバレンが、自由貿易政策から決別し、帝国特恵関税を創設することを提唱する「関税改革」運動を開始したのである。この「関税改革」運動を理論武装したのが、イギリス歴史学派である。

当時のイギリスには、もう一つ、重要な思想的及び政治的運動があった。「国民的効率」の運動である。

「国民的効率」運動の契機となったのは、一八九九年から一九〇二年にかけての第二次ボーア戦争の失敗であった。この失敗は、当時のイギリス社会に大英帝国の衰退を強く印象付け、イギリス国民の能力の向上が求められた。こうした時代背景の下、ウェッブ夫妻が「国民的効率」運動を開始したのである。

ウェッブ夫妻は、この「国民的効率」運動の一環として、一八九五年にロンドン大学経済政治学院(LSE)を設立した。LSE設立の背景には、ドイツやアメリカといった後発国が台頭する中でのイギリスの立ち遅れに対するウェッブ夫妻の危機感があった［江里口二〇〇八―三〇〜一］。すでに述べたように、経営者資本主義は、高度な組織能力を要することから、技術分野や経営管理に関する専門知識を有する人材が不可欠となる。アメリカやドイツでは、大学がそうした人材を供給する役割を担った。ところが、イギリスの高等教育機関は、技術や実業への関心が疎く、産業界との連携も希薄なままであった。そこで、ウェッブ夫妻は、実学重視の高等教育機関としてLSEを創設したのである。

なお、興味深いことに、この「国民的効率」には、モデルとなった国が二つあった。一つはビスマルク時代のドイツであり、もう一つは、日露戦争に勝利した日本であった。両国とも、政府による合理的な規制や規律ある集団行動によって国力を強化した先例とされ、自由放任政策や個人主義を乗り越える国家モデルとみなされたのである [Searle 1971—54-60]。

以上のように、第二次産業革命が進展した十九世紀後半から二十世紀初頭にかけては、アメリカやドイツのみならず、イギリスにおいてさえ、国家による経済介入、社会改良、貧困対策あるいは実学教育の推進を提唱する新たな経済思想が勃興し、活発な論争が行われていた。これらの新思潮は、例えば保護主義に対する距離感など、学派や論者によって違いはあるとは言え、自由放任を理想とする経済自由主義や個人主義に対する懐疑という点を共有していた。

後発国の日本は、先進国の欧米をモデルとして、近代国家の建設を進めてきたと言われてきたし、それは確かに事実である。しかし、実際には、その当時の欧米において、従来の経済システムも経済思想のパラダイムも、大きく動揺していたのである。つまり、目指すべきモデル自体が、不安定化していたのだ。

†第二次産業革命と日本

幕末・明治日本が直面していたのは、単なる近代化ではなかった。前近代社会であったところから、いきなり、近代資本主義が大きく変質していく第二次産業革命の中へと巻き込まれていったのである。

渋沢も、大規模な計画的投資を必要とする経営者資本主義の時代の到来を感じていた。維新以前の産業は手工業が中心で、経済システムも単純であったが、「所が維新以降世運の向上進歩するに伴ひ、国家の経済組織も自ら複雑を加へ、商業にまれ工業にまれ、大資本を投じて雄大なる計画を為すべき時代に推移して来た」〔青淵百話―二七四〕。

資本集約的企業は、十分な規模の需要が長期にわたって存在するという見通しの下、計画的な投資を行わなければ、過剰生産問題に巻き込まれることとなる。そして、過剰生産を回避すべく、社会全体の「需要」を想定する時、国家社会全体という観念もまた、同時に想起される。それゆえ、実業家は国家を意識すべきであると渋沢は説いた。

眼中国家も社会もなく、事業の前途をも考慮せず、唯現在に儲かりさへすればといふやうな、浅薄な思案から企業すれば、忽(たちま)ち生産過剰を来し、旧来の事業も新興の事業も、相共に倒れなければならぬ運命になる。故に若し仮に製造工業のごときものを起すとするならば、先ず第一に社会の需用から算当して掛らねばならぬ。［青淵百話―二四〇］

渋沢のモットーは、「論語（忠君愛国）」と「算盤（経済）」の弁証法であるが、第二次産業革命以降の資本主義において、この弁証法はいよいよもって重要性を帯びる。収穫逓増が顕著となる資本主義は、国家が積極的に経済に介入しなければ、需給を均衡させられないからである。

こうしたことから、欧米においては、第二次産業革命による資本主義の変質と並行して、国家の積極的な役割を認める新たな経済思想の潮流が生まれた。渋沢の「論語と算盤」の経済ナショナリズムは、この新たな思潮に合致し得るものだったのである。

渋沢は、一九〇二年、一九〇九年、一九一五〜六年、一九二一年と四度にわたって渡米しており、アメリカにおける経営者資本主義を目の当たりにしている。その彼がアメリカにおいて印象深かった点として記したのは、豊富な天然資源と広大な国土、交通機関の発達、そして実用的な学問を尊重する気風であった［青淵百話―六七四〜六八二］。これらは、チャンドラーが分析したとおり、いずれも、アメリカが大規模な資本集約的産業を発展させる条件となったものである。渋沢もそこに着目したのである。

大規模な資本集約的産業は、「規模の経済」と「範囲の経済」を存分に享受するために垂直統合を形成したが、それは高度な「組織能力」を必要とした。高度な「組織能力」を形成するには、技術分野や経営管理に関する専門知識を有する人材の供給が決定的に重要となる。こうしたことから、十九世紀後半以降のアメリカやドイツでは、技術教育や実業教育を実施する高等教育機関が次々と出現したことはすでに述べた。渋沢もまた、全国の商業学校を支援し、現在の一橋大学や東京経済大学の原型を整えるなど、実業教育の発展にも大きく貢献したことで知られている。渋沢が関与した実業教育事業の数は四三にも上った［島田二〇一一―一六二〜九］。

渋沢は、実業教育に関して、次のように述べている。明治新政府は当初より近代教育の確立には熱心であったが、その分野はもっぱら政治、法律、軍事等、統治者が修めるべき学問に限られており、実業教育を欠いていた。また、当時は、官尊民卑の風が強く、優れた人材は官職を希望しがちであった。渋沢が局長を務めた東京瓦斯局（後の東京瓦斯株式会社）でも、ある技術者が、東京瓦斯局が民営化されることを知り、渋沢の招聘を断るということがあった。こうしたことから、渋沢は、実業教育の必要性を痛感するに至ったと回想している［青淵百話―三五三〜三六八］。

渋沢にとって実業教育の普及は、官尊民卑や賤商思想の弊を打破するという目的があったわけであるが、それは同時に、来るべき経営者資本主義に必要な人材を供給するという意義をもったはずである。渋沢が視察した時のアメリカは、社会的効率や科学的管理を追求する革新主義の運動の只中にあった。そのアメリカについて、渋沢は「教育及び制度が悉く実利主義より割り出されて居る」〔青淵百話―六八八〕と感銘を受けている。また、「能率増進法」（「テイラー主義」）に注目しつつ、アメリカ人が、工場のみならず、日常生活のレベルにおいても効率性や合理性を徹底していることに強く印象付けられている〔論語と算盤―三三〇～六〕。渋沢は、アメリカの革新主義に触れて、実業教育の必要性をいよいよ強く確信したことであろう。

アメリカの製鉄会社を視察した際には、その高度な「組織能力」に目を見張っている。「彼の製鉄場の組織を見て、米国人の事業経営法の進歩せる一特長として認めた点は、総ての事に出来得る限り統一的方針を採つて居る。斯くの如きは大に学ばねばならぬ所であらうと思ふ。事業の一面では勉めて分業を奨めて行くけれども、経営の上からは成るべく大きく統一して行くことは、社会進歩上当然の趨勢であらう」。こうなると、自由競争を是とするだけでは、もはや通用しない。それを痛感した渋沢は、「他国と対抗して事業を拡張して行く場合の方法としては、箇々別々に蝸牛角上の争いをしては居られない」〔青淵百話―六八四～五〕と結論するに至った。これは、言わば、ドイツのような協調的経営者資本主義の発想である。

渋沢は、「規模の経済」を飽くことなく追求するアメリカの経営者資本主義に脅威を感じ、アメリカ企業のアジア進出、そして日米の経済戦争を予感した。アメリカの大企業は、「種々なる方法を以て他邦に向かつて猛進するに相違ない。それに就いて先ず第一に目を着けるのは東洋で、殊に日本を如何せん敵として商戦を挑んで来る」〔青淵百話─六九一〕であろう。

しかし、日米では、国土その他の彼我の差が大き過ぎた。アメリカ企業のような大規模生産を日本で実現することは困難である。いたずらにアメリカの真似をしても、できるものではない。日本は「自己の力量の許す範囲に於て歩一歩と堅実に進み、漸次に向上発展することを期し度いと希ふのである」〔青淵百話─六八六〕。

とは言いながら、来るべき日米経済戦争に対する渋沢の危機感は尋常ではなく、次のような警告を発したほどであった。「由来米国民は猛烈なる活動力を有すると共に、一面又緻密な思考力を持つて居るから、苟も商備に少々の間隙でもあらうものなら、一撃の下に敗残の悲運を観なければならぬ。我が国民は此の際宜しく熟慮考察し、来るべき米国の商戦に勝利を得らるゝやう、今より努力して貰ひ度い」〔青淵百話─六九三〕。

アメリカ視察は、渋沢の経済ナショナリズムをいっそう強めたのである。

†保護主義

渋沢に衝撃を与えた新興経済大国アメリカは、すでに述べたように、最も保護主義的な国家でもあった。渋沢は保護主義については、どのような見解を抱いていたのだろうか。

渋沢は、日清戦争前の一八九二年には、すでに保護主義を唱えていた。この時の論理は、

「相当の範囲に於て海関税を重くし内地の産物をして発達の猶予を与へしむること海関税問題に付て最も重要とする所なるべし」というものであった［渋沢栄一伝記資料第二〇巻―一〇六〜七］。いわゆる「幼稚産業保護論」である。

もっとも、一九〇〇年には、保護主義に対して、むしろやや慎重な姿勢を見せている。確かに、アメリカは高関税政策をとり、かつ産業が発展を遂げているが、我が国が保護主義を採るべきか否かは、よくよく吟味する必要がある。なぜなら、日米では国情が異なるからである。「米国か保護の結果商工業が繁栄すると云へばとて、米国なればこそ出来て他の国には出来ぬかも知れぬ、米国の鉄がずんずん輸出せらるゝ様になりしには特別の事情がありはせぬか、即ち米国は学理の原則に反する方針を採りても国力に余裕があるから打勝てるかも知れぬ」［渋沢栄一伝記資料第二一巻―六一九］。ここで言う「学理の原則」とは、言うまでもなく、古典派経済学における自由貿易の原則のことである。

ところが、その二年後の一九〇二年一月には、渋沢は、この自由貿易という「学理の原則」を逆に懐疑し、「而して日本の今日はそれで適当であるか、不利益てはないかといふことを、よく考へて見ねばならぬと思ふ」と言うようになる。そして、アメリカの産業が保護主義によって強大化し、我が国の産業が不利な競争を強いられている中では、「将来ドウしても国家の力を以て、工業に充分なる奨励若くは保護を与へるといふ必要が、大にありはせぬかと思ふ」

［渋沢栄一伝記資料第二六巻―二八四～五］と言う。さらに一九〇四年には、イギリスでチェンバレンが帝国特恵関税を主張しているとの報に触れつつ、自由放任主義を旨としてきたイギリスですら転じたように、保護主義は世界の趨勢であるとして、保護政策の確立を訴えるに至る［渋沢栄一伝記資料第二一巻―八五七］。

一九〇六年にも、貿易不均衡の是正の観点から、保護主義を唱えている。「矢張自国の産物を成たけ多く外国に輸出すると同時に成たけ輸入を防ぐと云ふ政策が、論より証拠現に両国の富を造りつゝある所を見れば、英吉利の如き国柄のみを我々が手本にして其他の国は手本にせぬと云ふ考は蓋し思案の到らぬものではないか、現に今日の日本の状態は決して英国を模範とすべき時機ではなからうと思ふ」［渋沢栄一伝記資料第九巻―五八四］。

ただし、日本が関税自主権を回復した一九一一年には、保護主義の必要性を認めつつも、「併し又保護政策は自国の品物の製造費を高める道理になつて来る虞（おそれ）があるから、是には又余程注意せねばならぬ」と指摘しつつ、「唯々保護政策ばかりを本位として、自国の製造品を無闇に高めると云ふことは、悪くすると我手を以て我身を毀損すると云ふ結果に陥りはせぬか」［渋沢栄一伝記資料第五〇巻―四四五］と警鐘を鳴らしたのである。

保護政策は、自国産業の発展を促す場合もあれば、その逆に、むしろ自国産業の競争力を低下させてしまう場合もある。渋沢は、そのことを熟知していた。

しかし、渋沢は、保護主義には失敗する可能性もあるからと言って、自由貿易を原則とすべしと唱えるようなドグマティズムとは無縁である。保護主義は、時と状況によって、有効となる場合もあれば、そうでない場合もある。その時と状況を判断しつつ、有効な保護政策を講じるプラグマティズムを渋沢は採っている。そして、そのプラグマティズムは、「学理の原則」や欧米先進国の政策を懐疑できるほどに強かったのである。

†戦後経営

渋沢の企業家活動の最盛期は日清・日露戦争の前後であるが、当時は、日本の政治経済環境の転換期でもあった。この転換に応じて、渋沢の主張も変化していった。

日清・日露戦争前後の政治経済状況の変化とは、要約すれば、次のようなものであった。

日清戦争以前における明治政府の経済政策は、基本的に「安価な政府」であった。すなわち、財政は常に黒字であり、外債への依存を避け、既発債の償還を順調に進めていたのである。もっとも、それは、政府が意図的に行った結果というよりは、一八九〇年の国会開設以降、藩閥政府の政策提案が、「民力休養」を唱える民党によってことごとく阻止されるという政治状況の帰結であった。

しかし、日清戦争の勝利により、三億五千万円余の賠償金を手に入れた上、政府と民党の連携関係が成立すると、政府の行動様式は一変することとなる。

日清戦争後の政府は、三国干渉の後、「臥薪嘗胆（がしんしょうたん）」をスローガンに軍備の拡張を行うとともに、海運業・造船業の振興、官営製鉄所の設置、河川、鉄道、道路などの公共事業の推進など、戦前とは打って変わって積極主義に転じた。この「戦後経営」によって、財政支出は増加したが、賠償金のおかげで、税負担率は逆に低下した。つまり、実質的な減税である。財政支出の拡大と実質的な減税はケインズ主義的な効果によって景気を刺激し、その結果、企業勃興のブームが起きたのである。もっとも、このブームは、一八九八年と一九〇〇年に崩壊して、恐慌を引き起こした。

日露戦争の場合は、賠償金は得られなかったため、日露戦後経営は日清戦後ほどの放漫財政はできなかった。また、日露戦後期の政治は、官僚と貴族院を後ろ盾とする桂太郎と政友会総裁西園寺公望が交互に政権を担う「桂園時代」であった。桂は財政整理を進めようとしたのに対し、政友会は土木事業の拡充、高等教育機関の整備、産業奨励を実現しようとする積極財政を志向した。消極主義と積極主義の対立である。とはいえ、この桂園の対立のうちにも相当規模の積極財政が行われたのである。また、陸軍の強い要望により、鉄道が国有化されたが、その結果として、鉄道会社の株主に約五億円の交付公債が支払われたことも、景気を刺激した。

その結果、日露戦争後も、一九〇八年と一九一四年の不況を除けば、おおむね活発な経済活動がみられた。しかも、繊維などの軽工業だけではなく、電力事業、製鉄業、非鉄金属業、機械工業など新しい産業の成長も顕著であった。日露戦後経営は、産業構造の変化をも引き起こしたのである。また、日清・日露の戦後経営による経済規模の拡大は、経常収支赤字をもたらしたが、金本位制に移行したことによって、外債依存が可能になっていた。この外債依存の限界はやがては表面化するはずだったが、第一次世界大戦の勃発により大量の外貨収入が得られるという幸運によって、破綻は回避されたのである。

こうして、日清戦争以前は「安価な政府」であった明治政府は、日清・日露の戦後経営を経て、「高価な政府」へと変貌した。数字によって比較すると、名目GNE（国民総支出）に占める中央・地方財政支出の比率は、日清戦前（一八九〇〜一八九三年平均）は九・八パーセントであったが、日清戦後（一八九七〜一九〇〇年平均）には一七・三パーセントへと拡大し、日露戦後（一九〇七〜一九一〇年平均）には二五・六パーセントにまで膨れ上がった。これにともなって経済も大きく成長し、特に日露戦後は、第二次産業革命的な産業構造の転換も進んだ［中村一九八五―第四章］。

この日清・日露戦争前後の大変革期にあたって、渋沢は、何を考えていたのであろうか。彼は、一九〇六年に「今後の財政経済政策」［渋沢栄一伝記資料第二三巻―六六六〜六七三］と題して、日露戦争後の「戦後経営」を論じているので、まずはそれを見てみよう。

渋沢は、日清戦争後の不況について、国家財政の資金配分が軍事に偏重し、産業振興へと向かわなかったのが原因であると批判する。そして、軍備の拡張よりも、まずは軍備を支える国力の充実を図るべきであるとして、財政資金の産業発展への投入を要求している。具体的には、「国家の力にあらざれば施設経営の行はれずして実業上極めて重要なるもの」〔渋沢栄一伝記資料第二三巻―六六九〕、すなわち、港湾や鉄道など、民間資本のみでは担うことのできない大規模な交通インフラの整備である。

日露戦争を経て、政府の歳入は大幅に増加したが、渋沢は、平時に戻ったので政府の財政規模も戦前に戻すべきだとは主張しなかった。無駄な経費の削減は要求しつつも、歳出はむしろ拡大し、産業の発展へと充てるべきだと論じたのである。「之を生産的に使用し経済力の増進を計り以て国力の充実を期するに於ては、歳出増加は決して憂ふるに足らざるべし。妄りに歳出の減少を期して収入を不生産的に使用するが如くんば、国民の負担は軽きを得べきが如くして、実は経済の萎靡を招き国力の不足を来たさずんばあらず」〔渋沢栄一伝記資料第二三巻―六六九〕。

第六章において改めて議論するが、渋沢は、大蔵省勤務時代は、「入るを量りて出るを為す」の健全財政をモットーとする「安価な政府」論者であった。また、民間資本による鉄道や港湾などのインフラ整備の先頭に立っていたのも渋沢である。その渋沢が、日露戦後経営を論ずる際には、積極主義者へと変貌しているのである［島田二〇一一—第四章］。

それだけではない。渋沢は、日露戦争中、政府が、挙国一致の名の下に、国債の円滑な応募のために実業界と協定を結んだことを引き合いに出しながら、戦後の経済運営においても、政府は実業界の意見を聴きつつ産業発展のためのインフラを整備する「挙国一致」体制が必要であると主張した。さらに、貿易収支の悪化と正金の流出を懸念して、関税による輸入防遏と国内製品の優遇、すなわち保護主義を明確に唱えた。また、外資導入については、渋沢は従来は積極的であったが、日露戦争後はやや慎重な姿勢に転じ、外資導入により資金調達が容易になり、不要な事業が安易に計画されるのを警戒するようになっている。要するに、外資の流入による過剰流動性がもたらすバブルを懸念したのである。

このように論じた上で、「今後の財政経済政策」は、以上の諸施策に加えて、朝鮮半島と満州の開発も求めた上で、最後に念を押すかのように、再び積極財政を提言するのである。

而して就中関係の最も重大なるものを財政問題とす。経済夫れ自身が自己の力のみを以て盛なる能はざるが如く、財政も亦其根底に於て発達したる経済を有するにあらざれば鞏固なりと云ふべからず、財政と経済とは相俟発達すべきものたり、而して今や財政は戦争の為めに大変革を受け、延て影響を経済界に及さんとす。経済界の変調を避け其基礎を鞏固にし大に発展せしめんと欲せば、第一に財政問題に於て経済に助力を与ふる所なかるべからず、是に於てか吾人は財政上資金の配給を誤ることなく、以て国力充実の根本に培ふことに遺算なきを望まざるべからず。此方針を持し而して進むにあらざれば戦後経営は決して其実を挙ぐる能はざるなり。［渋沢栄一伝記資料第二三巻―六七三］

渋沢は、事業の成功には、時機を見定める必要があると説く中で、日露戦争時における好況とその後の不況を例に挙げつつ、「而して事業上に於ける時機の適不適とは、専ら経済界の調子の好悪を指したもので、如何にそれが有益有利の事業であるにせよ、国家の経済が不振で世間一般に不景気の時代には先ず其の成立は望み難いと言ふのである」［青淵百話―二二〇］と述べている。

経済環境が不調の時には、個々の企業の努力では如何ともしがたい。そう認識する渋沢には、一実業家でありながら経済全体を俯瞰できるマクロの視点があった。そして、「経済界の変調を避け其基礎を鞏固にし大に発展せしめんと欲せば、第一に財政問題に於て経済に助力を与ふる所なかるべからず」とも言っているわけであるから、渋沢は、財政出動による景気対策というケインズ主義的な発想に相当接近していると言ってよいのではないか。

†戦争と経済

日清・日露戦争の「戦後経営」によって、日本経済は成長を遂げた。とりわけ日露戦後経営は、日本の第二次産業革命（重化学工業化）を促したという意味で画期的であった。渋沢の経済思想もまた、日露戦争を契機として、積極主義の方向へと大きく転換している。

では、その日露戦争については、渋沢はどのような姿勢をとっていたのであろうか。

渋沢は、元来「戦は避けられるだけ避けると云ふ主義」であり、「国家が常に戦争をして其為めに版図を増し、国力を伸ばして行かねばならぬと云ふ考へは間違つてゐると思ふから戦争に反対する」という立場であった。しかし、日露開戦直前、児玉源太郎に直接説得されて、主戦論に転じた（渋沢栄一伝記資料第二八巻─四七四〜六）。

そして渋沢は、日露戦争中の一九〇五年三月、実業界を鼓舞するべく、「戦争と経済」と題する演説を行った。この演説の主題は、「国の進歩は戦争に依つて大に勃興するものである」ということであった。戦争によって国が経済的に発展したという歴史上の例証として、渋沢は、イギリス（ナポレオン戦争）、プロシア及びフランス（普仏戦争）、アメリカ（独立戦争・南北戦争）、中国の歴代王朝を挙げ、日本についても、戦国時代の後の豊臣秀吉や徳川家康の繁栄に言及している。また、明治新政府は、幕末・維新期の内戦を経てその基礎を確立したのであるし、銀行業が飛躍的に発展したのは、西南戦争の後であった。

さらに、日清戦争後の経済発展について、渋沢は、具体的な数字を挙げて論証してみせる。例えば、一八九四年から約十年間で、船舶のトン数は三・六倍、鉄道のキロ数は二倍以上、貿易額は三倍増、銀行の資本金額の総計は四倍以上、銀行以外の企業の資本金の総計も二倍以上、銀行預金の総額は五・三倍、商業手形の交換高に至っては十六倍の増加となったのである。

ただし、渋沢は、戦争が経済発展に資するからという理由で主戦論を唱えているわけではなく、あくまで「道理正しい義戦」であれば国家は繁栄するのだと主張している。しかし、なぜ「道理正しい義戦」であれば、経済発展につながるのであろうか。

その理由については、第一次世界大戦の勃発（一九一四年）に際して、再び戦争と経済の関係を論じた「欧州大乱の影響」という論考の中で、明らかとなる。

ただし、この論考は、日露戦争時の「戦争と経済」演説とは多少ニュアンスが変わっている。例えば、戦国時代の戦争は、経済の発達を阻害した例として挙げられている。また、日清戦争は戦後の経済発展を促したが、日露戦争に関しては、戦後、紡績糸の中国への輸出が増えるという恩恵があった一方で、外債への依存や輸出入品の物価の騰貴などの弊害をもたらしたのであり、「要是戦争と経済との関係は戦争は経済を妨害するものなれども、又是れを発達せしむる事もありと断言し得る次第なり」と述べている。

では、その違いはどのようにもたらされるのか。渋沢は、次のように説明する。「其戦争が道義に合ひ国家として立たざるべからざる所謂義軍なりし時には、其戦争に要する経費は前と同一なるも一般国民の気力が相違するもの故、其戦後に必ず国運の発展を見るものなり」。

要するに、戦争が道義に合っていれば、国民が鼓舞され、気力が高まるので、これによって戦争に伴う困難は克服できるし、国家はかえって繁栄するというのである。義戦のもつ道義がナショナリズムを刺激し、国民の一致団結を生み、国力を増大させるのだ。

したがって、戦争は「物貨の沈滞、為替の不円滑、海運の危険等」の悪影響を経済にもたらすだろうが、第一次世界大戦への参戦は義戦であるがゆえに、これらの困難は克服できるはずである。「若し是れをして国民全体が真に之を利導し従来の奢侈放漫の風習を挙国一致注意し、日常の使用品は凡て国産により之れを便じ、各々産業の発達を勉励して以て海外輸出に努むる時には、是等此戦乱に因る困難は容易に打勝ち得て益々国家産業の発達を見るに至るべきなり」。

いや、経済上の困難を克服するばかりではない。世界大戦によってヨーロッパの機械産業や化学産業はその競争力を低下させ、政治的・軍事的な勢力図が変わるのに伴って、経済的な勢力図も変わることとなろう。これは、日本の産業が飛躍する好機である。「此戦後世界地図の上に変化を与ふると共に商業地図の上にも亦変化を来たすべきは必然たり、斯る時代に我が国は貿易の発展を計り他国に代わつて世界の商権を把握するの大覚悟を持たざるべからず、而して此大戦乱後の経済は大いに発展すべきは誠に明かなり」［渋沢栄一伝記資料第四八巻―四九三〜六］。

これは世界大戦が勃発した一九一四年時の渋沢の認識であるが、大戦後の日本は、実際に、渋沢の見通しのとおりとなった。

戦時中、日本は、欧米が手を引いたアジアやアフリカの軽工業製品市場をほぼ独占した。その結果、大戦前の一九一三年の日本の輸出額は約八億円であった。これが一九一八年には三十億円となり、輸出超過となった。その結果、日本は、大戦前後の六年間で、一〇・九億円の債務国から二七・七億円の債権国へと変わったのである。

また、大戦以前の日本では重化学工業が未発達であり、機械類や鉄鋼等の大部分を輸入に依存していたが、その輸入が大戦によって突然停止したため、生産拡大と国産化の動きが活発となった。一九一三年から一九年まで、金属、機械器具、化学工業は飛躍的な成長を遂げた。一九二〇年代に欧米の国際競争力が回復すると、ブームは去って不況となり、多くの企業は倒産したが、それでも鉄鋼や化学等の生産は着実に伸びた。第一次世界大戦は、日本の産業構造に重化学工業化という大変革を引き起こしたのである［中村一九九三―九三〜一〇二］。

渋沢は、大戦中の一九一六年に刊行された『論語と算盤』の中でも、大戦が世界の政治的・経済的な地殻変動を引き起こすことを予感し、「今後地図の変化に伴ふ商工業勢力範囲の変化に就て適切なる準備と実行の責任とは、未来の当事者に在るのである」「青年たる者は今日よりして審思熟慮、之に対する策を講ずべきである」［論語と算盤―三一四］と呼びかけている。まず、西洋列強においては、国家が、海外市場の獲得や領土の拡大など、様々な政策を積極的に講じて、自国の産業の繁栄に努めているという時代認識が示される。いわゆる「帝国主義」である。

何れの国家に於ても、自国の商工業を発達せしめんとするには、海外に我が国産の販路を求め、人口の増殖するに於ては領土を拡むることを講ずるのみならず、様々なる策略を以て自己の勢力の増大を図るのである。現に欧州列強が五大州に雄飛して居る所以は、全く是等の事情に由るものであつて、優越なる位地を占むるものは、特に優越なる国家と称せらるゝのである［論語と算盤―三一四〜五］。

欧州列強の中でも、渋沢が特に注目するのは、ドイツであった。ドイツでは、官民協調の政治経済体制を整え、産業、金融のみならず軍事、学術研究など、あらゆる政策を総動員して、経済の発展に努めている。協調的経営者資本主義である。それは、渋沢が日露戦後経営として求めた「挙国一致」の経済体制を実現したものであった。

例へば、英仏に対する商工業の競争は勿論、日露戦後、日本雑貨が各地に歓迎さるゝを見れば、直ちにこれを模造する、総じて学術技芸には能ふ限りの保護と便利を与へ、商工業は常に政治兵備と相聯絡し、中央銀行の如きも力を尽して商工業の便宜、資金の融通を計るといふやうに、如何に彼等上下一致して富国に従事して居るかが窺知し得られる、又その学問に於ても化学、発明、技術、精妙、実に行届くことは一通りではない（中略）、故に自国の拡大のみを企図する貪戻心は実に厭ふべきであるが、官民一致その国の富強に勉むるの努力は感服の外はないのである〔論語と算盤―三一五〕。

渋沢は「独逸の政治経済機関が統一して密接な関係を保つて居る」と高く評価し、「何うか今日の青年諸氏に斯る所に注目して力を入れて貰ひたいのである」〔論語と算盤―三一七〜八〕とまで述べる。日本も、ドイツのような平時における「挙国一致」の政治経済体制の構築を目指すべきだというのである。

他方で、渋沢は、ドイツが政治的・経済的勢力圏の拡張へと向かったことが世界大戦の原因であるとして非難している。もっとも、渋沢自身も、ヨーロッパの混乱と変動に乗じて「我が国は貿易の発展を計り他国に代わつて世界の商権を把握するの大覚悟を持たざるべからず」と唱えていたのだから、ドイツの「自国の拡大のみを企図する貪戻心」を批判できる義理でもないのだが。

†国際道徳

戦争と経済の関係についての渋沢の議論を追っていくと、彼が非常に好戦的な国家主義者であるかのような印象を受けるかもしれない。しかし、それは間違いである。

渋沢は「戦争と経済」演説の中で、自分は「戦は避けられるだけ避けると云ふ主義」「国家が常に戦争をして其為めに版図を増し、国力を伸ばして行かねばならぬと云ふ考へは間違つてゐると思ふから戦争に反対する」という立場だと述べていた。この言葉に偽りはない。

例えば、一九一二年、渋沢は、民力休養の観点から、二個師団の増設に反対している。日露戦争の結果、財政が膨張してインフレとなり、国民に負担がかかっている中で、さらなる軍拡は、国民生活をいっそう疲弊させるからである〔渋沢栄一伝記資料第四八巻一六七七〕。

渋沢は、第一次世界大戦中の一九一五年においても再び軍拡に異を唱え、「富国弱兵の厭ふべきと共に貧国強兵も亦惧れざる可らず、偏武政策を以て起つの国は必ず武のために滅亡せん」と訴えた。この時、渋沢は、ベルンハルディの『独逸の主戦論』に影響されて軍国主義を理想視する者がいることを深く憂慮している〔渋沢栄一伝記資料第四八巻一六八二〜三〕。

さらに、渋沢は、単なる経済的な理由だけではなく、道徳的な理由からも、軍国主義に反対していた。特に、第一次世界大戦は、渋沢に大きな衝撃を与えた。彼は、世界大戦の勃発を全く予想できていなかった。というのも、「文明の世に有り得べからざるものとの想像が過誤の観察となったのである」〔論語と算盤─三一三〕。今日の世界は、物質文明は進歩しても、それに精神文明の進歩が伴っていないのではないか。ロシア革命、ドイツの帝国主義的拡張、アメリカにおける日本人排斥、そして第一次世界大戦を契機に、渋沢は、そう考えるようになった〔論語講義─一二三八〜九〕。

渋沢は、一九一五年の「時局に対する国民の覚悟」という講演においても、「蓋し私は仁義道徳といふものは世の進歩に随つて進化すべきものであると思つて居りましたが、唯其の進化は仁義道徳をして普遍的ならしむるのではなくして、局遍的に止るのではないかといふ疑ひが生じて参つた」と吐露している。「一国内の社会では、仁義道徳に基いて交際するのでも、国際になると其信義が武器と変ずる故に、一国内の信義と、国際間の信義とは其意義が全く違ふといふことになる」というのである〔渋沢栄一伝記資料第四六巻─五八二〜六〕。

忠君愛国は、一国内においては仁義道徳である。しかし、国際社会では、その忠君愛国の下に団結した国家同士が、互いに衝突して戦争を引き起こす。一国内の仁義道徳が、むしろ野蛮な戦争を正当化する論理となる。

渋沢は、世界大戦を引き起こしたヨーロッパ、とくにドイツを見て、国内道徳と国際道徳の矛盾を痛感した。そして、老骨に鞭打って、国際道徳のために、いっそう精力的に活動するようになった。

渋沢は、一九二〇年四月に「日本国際連盟協会」の初代会長に就任し、世界の恒久平和の実現を訴えた［見城二〇〇八―一三七～一四七］。第一次世界大戦後、欧米各国では、一九二〇年一月の国際連盟発足に先立って、民間団体として「国際連盟協会」が結成され、団結しつつあった。こうした中で、日本でも「国際連盟協会」を発足すべしという運動が起き、その会長として、すでに数々の国際交流団体に関わり、民間外交を推し進めていた渋沢に白羽の矢が立ったのである［池井一九九五］。これら一連の活動によって、渋沢は、一九二六年度とその翌年度の二度にわたって、ノーベル平和賞候補に推薦されている［見城二〇〇八―一四七］。

この他にも、渋沢は、日本移民排斥運動や満州利権の対立などによって日米関係が悪化すると、関係改善に向けた活動を積極的に行った［見城二〇〇八―一四一～五］。かつてアメリカ視察を通じて、日米経済戦争を予感し、それに備えるよう警告した渋沢であるが、彼の解決策は、対米民間外交だったのである。また、中国に対しても、「対華二一カ条要求」以後、日中関係が悪化していく中、これを憂いた渋沢は二一カ条要求を批判し、日中関係の改善に心血を注いでいる［見城二〇〇八―第六章］。

渋沢の「国際道徳」という理念の基礎にあったのもまた、論語主義であった。渋沢は、国際道徳を、孔孟の「王道」と解していた。講演「時局に対する国民の覚悟」の中で、渋沢が国民に求めた「覚悟」とは、王道の実践のことであった。「国民全体の希望に依つて、自我をのみ主張することを罷め、単に国内の道徳のみならず、国際間に於て真の王道を行ふといふことを思ふたならば、今日の惨害を免れしめることが出来やうと信ずる」〔渋沢栄一伝記資料第四六巻―五八六〕。

†資本主義の構造的矛盾

第二次産業革命は、大規模な資本集約的産業が台頭する経営者資本主義の時代をもたらした。資本集約的産業は、高度な組織能力を要することから、優れた技術者、経営者あるいは労働者を育成・供給できる国家の役割が不可欠となる。また、資本集約的産業は「規模の経済」と「範囲の経済」を十分に享受するため、大きな消費市場と整備された交通インフラを必要とするが、それらを用意するのも国家の役割である。加えて、収穫逓増現象が顕著な資本集約的産業は、過剰生産を引き起こしやすいため、国家が需要を確保しなければ、経済社会が安定しない。こうして経営者資本主義は、国家による経済管理を強めていかざるを得なくなる。

さらに、資本集約的産業は、常に、より大きな需要を求め続け、必然的に、海外市場の獲得へと乗り出す。国家もまた、自国の産業の優位を獲得するため、国内市場を保護するのみならず、海外市場の確保を目指して、帝国主義的に勢力圏を拡大しようとする。

このように、第二次産業革命以後の経営者資本主義は、驚異的な生産能力を発揮して、かつてない物質的な豊かさを実現したが、その一方で、国家と経済との関係はいっそう密接不可分のものとなり、経済上の競争が、国家間の戦争へと転化しやすくなったのである。

かくして国家間の帝国主義的な市場獲得競争が激化した結果が、第一次世界大戦である。第二次産業革命以後の資本主義は、物質的には大いなる進歩を実現したが、精神的には、世界大戦という野蛮をもたらした。

十九世紀末から二十世紀初頭にかけては、資本主義の構造的な矛盾が拡大し、噴出した時代であり、そのような極めて困難な時代を渋沢は生きた。日清戦争から第一次世界大戦までの渋沢の主張の変遷を追っていくと、彼が、この資本主義が矛盾を露呈していく過程を直に体験していたということが、はっきりと分かるであろう。

世界大戦を目撃した渋沢は、それが資本主義の内的・構造的矛盾の露呈であることを理解した。そして、この矛盾を克服すべく渋沢が頼ったのは、やはり論語であった。

孔孟の王道を説かれたのは即ち国際道徳を説かれたのであつて、武装平和は野蛮の遺法なり。国際道徳を修むれば、世界の平和は維持せらるるといふが孔孟の教訓なり。一国が産業を発達せしめ、その結果、その国が繁昌富貴となり、その余力を以て傍近の国の怠惰衰亡したるを収拾うのは決して悪いことでない。恰も隣家の破産したるを買収するに異ならず。これ人類あひ互の救済法に過ぎず。然れども殖産興業に力を入れ、その富力を以て武備を拡張し、他国を侵略併呑するのは、国際道徳を無視したる野蛮の行為である。［論語講義―二三九］

この一節は、『論語講義』の中で、次の文句について付せられた解釈の中にある。

子曰く、已ぬるかな、吾未だ能くその過ちを見て内に自ら訟むる者を見ざるなり。

これは、資本主義に内在する構造的矛盾に気づかず、世界大戦をまったく予想していなかったことについての渋沢の反省を示唆している。私には、そのように思われる。

なお、この資本主義の構造的矛盾に対する解決策が定着したのは、第二次世界大戦後のことである。それについては、第十一章において、下村治の解釈を通じて議論されるだろう。

第五章 社会政策の起源

†社会政策学会

資本主義の発達がもたらした構造的矛盾の一つは過剰生産とデフレ不況であるが、もう一つ深刻な矛盾があった。それは、格差の拡大である。渋沢は、格差問題にも重大な関心を寄せた。「これ要するに生存競争の結果であつて世が文明に進めば進む程、貧富の懸隔に愈々等差を生ずるは蓋し数の免れ難き所である」[青淵百話―二七四〜五]。渋沢は、貧富の格差が広がるのは、競争がもたらした不可避の結果であると述べている。しかし、それを放置してよいとはまったく考えていなかった。

一八九六年、近代化に伴って日本にも発生しつつあった社会問題を研究すべく、社会政策学会が創設された。飯田鼎（いいだかなえ）は、この社会政策学会について、「わが国最古の学術研究団体であると同時に、その活動が、学会の名称であるところの社会政策学の研究そのものにとどまらず、経済学の全領域にまたがる研究者を網羅するものであったことが特徴的である。すなわちその会員は、全国の主要な経済学者から成り、明治三〇年代からほぼ大正末期まで、わが国の経済学研究にたいしてきわめて大きな貢献をしたことが注目されなければならない」と述べている［飯田一九八四—五一］。渋沢は、この社会政策学会の趣旨に賛同したのである［青淵百話—二七五〜六］。

ここで社会政策学会の設立に至る経緯、そしてその中心的人物の一人である金井延（かないのぶる）の思想について、概観しておこう。というのも、それは、社会政策学会に賛同した渋沢の思想を知る上で、有力な手掛かりとなるからである。

社会政策学会は、ドイツの社会政策学会を範として設立された学会である。その背景には、日本におけるドイツ歴史学派の思想の本格的な導入があった。

一八八〇〜九〇年代の日本において、経済学を主導していたのは、慶應義塾や東京専門学校（後の早稲田大学）などの私立大学であり、しかも、イギリスの古典派経済学の系譜に属する経済自由主義が支配的であった。また、田口卯吉は、『東京経済雑誌』を中心に、経済自由主義的な評論を旺盛に発表していた。これに対して、大島貞益は、フリードリヒ・リストの『政治経済学の国民的体系』を翻訳して紹介するとともに、経済自由主義を批判して、保護貿易論を唱えたが、こうした動きは少数派にとどまっていた。

しかし、ドイツに三年間留学し、アドルフ・ワグナーやグスタフ・フォン・シュモラーに学んだ金井延が一八九〇年に東京帝国大学教授に就任したことを契機に、ドイツ歴史学派の経済学の本格的な導入が始まった。

藤井隆至によれば、ドイツ歴史学派の社会政策学が流入した背景には次のような事情があった［藤井一九九九］。

第一に、政府が近代化の範をドイツにとったことがある。明治維新の後、日本政府の指導者の間では、近代化の手本をイギリスとすべきか、ドイツとすべきかで対立があったが、一八八一年にはドイツを模範とする路線で決着した。後発国として工業化を目ざす日本には、イギリスの工業力を猛追するドイツを模範とするのが適切であるという意見が優位を占めたのである。

第二に、社会問題の発生である。日本でも工業化が進んだ結果、日清戦争の頃から、当時の代表的な輸出産業である繊維産業において、労働問題が萌芽的にではあるが発生しつつあった。さらに日露戦争の頃には重工業が発達したが、重工業においても労働問題が発生し、労働争議が起きるようになった。片山潜や幸徳秋水が社会主義思想を発表したり、日本最初の社会主義政党である社会民主党が結成されたりするなど、社会主義の思想や運動も広がり始めたのも、この頃である。

第三に、日本の学問的伝統がある。徳川時代の学問である儒学は、基本的に統治者の立場からの経世論であったが、社会政策学もまた、国家が国民を統治するための政策学という性格を強くもっていた。そのため、幼少期に儒学の教育を受けていた明治の知識人には馴染みやすかったのであろうと藤井は指摘している。この点は、論語主義者渋沢が社会政策に関心を寄せたことにも関連しているように思われる。

こうした歴史的背景の下、一八九六年に社会政策学会が創設された。その主要な会員には、金井の他、桑田熊蔵、高野岩三郎などがいた。彼らに共通するのは、いずれも理論的研究のみならず、社会政策の実践に深い関心をもって、行動したことである［飯田一九八四］。彼らは学究の徒であると同時に、現実社会に参入する実践家でもあった。社会政策学会は、労働問題の深刻化に伴って学界・官界の支持者を増やし、やがて日本最大規模の学会となった。同学会は、年に一度、全国大会を開催し、一九〇七年を第一回目として、合計十八回、開催された。しかし、一九二〇年代に社会主義が支持者を増やしていくと、社会政策学会は次第に支持者を失い、一九二四年に自然消滅した。その理由の一つには、学会が社会主義者とその批判者とに内部分裂したことがある［藤井一九九九；飯田一九七八］。

†金井延

この社会政策学会を主導した知識人の一人が金井延である。その金井の思想とは、どのようなものであったのか。河合栄治郎が編纂した彼の遺稿集に目を通しておこう。

一読して目を見張るのは、欧米の経済思想の動向、とりわけ歴史学派の台頭に関する金井の博識である。金井は、経済自由主義を「旧派」と断じ、その旧派が依然として主流を占める日本の経済学界を「恰も田舎娘が三四年前に東京に流行した束髪を得意として居ると同じこと」と辛辣に批判し、歴史学派を「最新の経済学派」と位置づけた［河合一九三九―四一四］。

その上で、金井はヨーロッパの歴史学派の動向を概説していく。まずイギリスについては、レスリー、トインビー、カニンガムを特に強調する。また、最近、注目すべき経済学者として、フォックスウェルとマーシャルの名を挙げ、「仁愛慈恵の主義」「歴史的の研究」「科学的の研究」の三点から経済学を改良しようとした学者として紹介している。

レスリー、トインビー、カニンガム、フォックスウェルは、いずれも歴史主義的な立場から経済を研究した人物である。マーシャルは新古典派経済学の創設者のひとりとして知られるが、その一方で、ドイツ歴史学派の影響も受けており、『産業と貿易』など、歴史主義的な研究も残している［Koot 1987］。マーシャルは、社会問題にも熱心であり、また経済ナショナリストとしての側面もあった［Nakano 2007］。なお、金井は、マーシャルと実際に会ってはいるが、彼の主著『経済学原理』についてはあまり評価していない。

さらに金井は、アメリカではイーリーやセリグマン、イタリアではコッサなどの名を挙げ、フランスについては他の大国に比べて劣るとした上で、ドイツを最も高く評価する。ドイツの最新歴史学派（講壇社会党）として金井が名を挙げるのは、ワグナー、シェフレ、ショーンベルグ、シュモラー、フォン・シェールなどである。金井は、最新歴史学派は、自由放任を是とする経済自由主義（自由貿易派）と、抜本的な社会改革を希求する社会主義（独逸民主主義社会党）の中間に位置づけられるものとして紹介している〔河合一九三九―四二五〜四四〇〕。

その上で金井は、経済自由主義という「旧派の経済学は最早全く衰退して僅に息の音が通ひて居る位な話で早晩全く死に絶えるに相違ない」という見通しを示し、「日本のことを研究するのは必要であるから日本の経済上のことを研究する人は何処までも日本の歴史事実を研究するが宜いが西洋の経済学を併せて研究するには宜しく経済学の新たなる最も進歩したものを研究したいものである」と説くのである〔河合一九三九―四四〇〕。

このように、社会政策学会は、金井が最先端の経済学派とみなすドイツ歴史学派の思想を基礎にしていた。学問的なことは論語しか知らないと自認する渋沢が、この社会政策学会のどこに共鳴したのか。それを知るためには、金井の思想を、渋沢の論語主義と比較しつつ、掘り下げる必要がある。

金井は、ドイツ歴史学派の流れを汲む自らの主義主張を「社会政策主義」と呼び、経済自由主義とも社会主義とも異なる思想であるとする。社会政策主義は「社会改良主義」とも呼ばれ、「個人の自由に任せて出来得る事柄に就ては、成るべく個人をして自己の責任に於て之を自ら処せしむべしと云ふ主義を取る、然れども個人の力では到底及ばざる者である、又は個人の力であつては不備不完全の所がありますす事柄に就ては国家が立入つて保護すべきは保護し、賠償すべきは賠償すべしと云ふ主義である」〔河合一九三九―五七五〕。

金井が強調するのは、社会政策主義と社会主義との差異である。それは、「改良」と「革命」の差異である。すなわち、社会政策主義は、原則として既存の経済社会の基本構造（例えば、私有財産権）を承認しつつ、そこに不都合があるならば漸次的に「改良」を施すものである。これに対して、社会主義は、既存の経済社会を根本的に改革する「革命」に期待する〔河合一九三九―五七五〜九〕。

要するに、事の進め方の相違である。社会政策主義は漸進主義であり、社会主義は急進主義である。金井は漸進主義を採り、急進主義を排する。

金井が漸進的な社会改良を選択するのは、その人間観・社会観とも関係している。人間というものは、本質的に「自個の能力の自由発展を要求する個人性」と「他人に依り他人と共同連結するの必要を感ぜざるを得ざる社会性」の両性を具有する。それゆえ、国家政策の要諦は、個人主義の第一義である「自由、進歩、遠心力」と、社会主義の第一義である「節制、秩序、求心力」の間のバランスを保つということになる。自由放任主義（個人主義）と社会主義のいずれかに偏重してはならないのである。「社会国家の経営何れの時か第一義の個人主義及社会主義の両者を要せざらむや、要は唯両者の時勢の必要に応じて適宜に按排され其の強弱多少相当の割合を保つに在るのみ、二者の中其の一を全く欠くが如きは経国済民の要道上到底なし能はざる所なり」〔河合一九三九―六三一〕。

さらに金井は、歴史的にみて、太古の未開社会、中世の封建社会、近世の専制君主社会、そして今日に至るまで、社会というものは、個人主義と社会主義の両方がそれぞれ一定割合で存在してきたという見方を示し、その両面が必要であるという認識こそが経綸の基礎であると述べる〔河合一九三九―六三一～二〕。社会というものは、言わば、個人の自由の「遠心力」と社会の規律の「求心力」との間の運動である。金井は、そういう社会学的・動態的な社会観を抱いていると言ってよい。

個人の自由と社会の規律との間のバランスを保つのが経綸の基本である。それは、人類普遍の真理である。そうであるならば、孔子が説く王道の統治術も、今日の社会政策主義も、基本的には同じ原理に基づくものだという見方も可能となろう。ほかならぬ金井自身が、そう認めている。「社会政策の大義名分は古聖賢の王道仁政と克く相合致するものなり、之に関し言説の新奇を衒ふの必要は之を認めずと雖も其の根本要義は之を世間一般に向ひて再三再四説明するも亦決して必要ならずとせず」〔河合一九三九―六二九〕。

確かに、個人の自由と社会の規律、個人主義と社会主義のバランスを保とうとする思考様式は、孔子が説いた「中庸」を必要とするものであろう。このように解釈するならば、金井が当時最先端の経済思想と認めてドイツから持ち込んだ社会政策主義に、渋沢の論語主義が共鳴することは、何ら不自然なことではないということになる。

また、第三章で見てきたように、渋沢は西洋由来の（偽の）個人主義を強く警戒したが、その点に関しても、金井は、渋沢に勝るとも劣るものではなかった。

確かに、どんな社会にも、ある種の個人主義と社会主義が普遍的に同居している。そのような意味における個人主義と社会主義を、金井はそれぞれ「第一義の個人主義」あるいは「第一義の社会主義」と呼ぶ。ところが、この個人主義と社会主義の並存を否定し、個人主義あるいは社会主義の一方に純化した世界を構築すべきであるというイデオロギーがある。そのようなイデオロギーを指して、金井は、「第二義の個人主義」あるいは「第二義の社会主義」と呼ぶ。金井は、個人主義も社会主義も批判したが、それはいずれも「第一義」ではなく、「第二義」のものである。そして、渋沢が批判したのも、第二義の個人主義であることは、第三章で論じた通りである。

以下、特段の断りがない限り、「個人主義」「社会主義」は金井の言う「第二義」の意味で用いることとしよう。

個人主義が、自由放任の経済自由主義のことであるのは言うまでもない。しかし、金井が再三強調したのは、社会主義もまた、個人主義の上に成り立っているという逆説であった。「個人主義に正反対のものは固より社会主義なれども茲に一面より見れば頗る奇々怪々の事実あり、社会主義は必ずしも其の名称より推測さるるが如く常に社会本位に非ずして却て多くは個人本位なること即ち是なり」〔河合一九三九─六五三～四〕。

経済自由主義も社会主義も、ともに個人主義を淵源とする。これを説明するために、金井は、近代西洋思想の系譜をたどっていく。個人主義、すなわち「国家は個人のために存在する」という思想の起源は自然法学説にあり、グロティウス、スピノザ、ホッブス、ロックの思想にさかのぼる。このうち、ホッブスとスピノザは、競争を通じて勝ち残った強者が国家を形成し、個人を保護するものと考えた。これに対して、グロティウスやロックは、全ての人類に、身体の自由権と財産権といった自然法に基づく天賦人権があり、国家には、個人の天賦人権を保護する義務があるという「自由主義」を説いた。

この個人主義ないしは自由主義が最も顕著に表れたのは、経済の分野においてである。経済自由主義は、身体の自由、財産権、移動の自由、職業の自由といった個人の権利を絶対視し、国家による介入を否認する。ただし、金井は、この経済自由主義の開祖を、必ずしもアダム・スミスとはしない。彼は、極端な経済自由主義のイデオロギーを唱え、それを流布したのは、スミスよりデイヴィッド・リカードであり、マンチェスター学派であったと指摘する〔河合一九三九―六四六〜六五二」。ちなみに、このスミスと経済自由主義の系譜に関する金井の理解は、今日のスミス研究の見解とも合致している［Winch 1983］。

†反合理主義

十七世紀の自然法学説にさかのぼる個人主義について、金井はこれを「合理主義」であるとしている。

合理主義は、「世界を支配する根本原理を発見できる理性の力を信じ、その理性が発見した（とされる）原理に基づいて、現実の世界を理想的なものへと改造できる」と考える思考様式である。合理主義者が、個人主義こそが理性が発見した根本原理だと信じれば、その信念に基づいて、社会や国家を設計、建設し、そして運営しようとする。現実の国家が、その根本原理に基づいていないのであれば、それを破壊し、いったん白紙に戻してから、根本原理に基づく国家を新たに建設すればよい。合理主義者は、このように考えるのである。

しかし、このような合理主義者の企ては、必ず失敗に終わるであろう。なぜならば、合理主義者が根本原理と信じた個人主義の人間観が、現実の人間像とはかけ離れているからだ。

現実の人間は、特定の社会や国家の中に生まれ落ち、生まれながらにして社会的な存在である。しかし、合理主義者は「現実の人類の生ながらにして初めより組織系統ある有機体たる社会国家（仮令尚ほ幼稚にして不完全のものたるにもせよ）に隷属し且つ隷属せざる可からざるものたるを知らず、自由と紀律との相並び不羈独立と秩序節制との相両立して共に初めより存在し先天的に定まり且つ同等の価値ある正当の二大主義原則たるを認めざるものなり、否な認むるの見識雅量を有せざるものなり」〔河合一九三九―六七五〕。

金井によれば、社会主義もまた、この合理主義から流れ出ている。社会主義者は「天賦人権の思想を根拠として立論し各個人の権利を以て国家其のものの権利よりも上位に在りと為すものなり、其の謂ふ所に拠れば曰く国家は各個人の其の労力に対する報酬の全部を要求する権利を認めて之れが保護に任ぜざる可からず、方今の経済組織に於ては個人をして此の目的を貫徹せしむること能はず、之を貫徹せしめむが為め必要あるが故に国家社会の根本組織は躊躇なく全然之を改造せざる可からず」〔河合一九三九―六七八〕。

要するに、経済自由主義も社会主義も、個人主義と合理主義に立脚しているのである。経済自由主義は、自由な個人による自由競争を理想とし、その理想を実現すべく、現実の国家社会を破壊し、改造しようとする。他方、社会主義は、自由競争の結果、虐げられた労働者に目を向けるが、その労働者の個人としての権利を実現するために、やはり現実の国家社会を破壊し、改造しようとする。合理主義とは、理想の国家社会を実現すべく、現実の国家社会を理性の力で抜本的に改革すべしというイデオロギーである。経済自由主義と社会主義は、一見、対立しているようでありながら、実は合理主義という点で同根なのだ。

これに対して、金井の社会政策主義は、国家社会を有機体的なものとみなし、人間をその有機体的な社会の一員であって、社会から離れて自律的に存在する個人ではあり得ないという人間観に立つ。

社会政策主義は、労働問題の解決を目指すという意味では、確かに社会主義に近い。しかし、社会主義が、労働者の不利益にのみ目を向け、労働者と資本家を対立的にとらえるのに対し、社会政策主義は、労働問題を社会全体の不利益とみなす。つまり、社会は有機体的であり、資本家も労働者もその社会の一員であるという全体論的な視点に立つのである。

このように社会を有機体のメタファーでとらえる全体論は、クニースやロッシャーなど、ドイツ歴史学派の論者たちにも顕著に見られる特徴の一つである［Hodgson 2001: 63-4］。社会のメタファーが有機体であるならば、労働問題のメタファーは病となる。労働問題は「有機体たる社会の一部に生ずる病は局部的の病でなくして結局全部の病である」のであり、「社会全体の上に病的影響を及ぼし全社会の安寧秩序を危くする」だろう［河合一九三九―五八〇～一］。有機体のメタファーは、病を治癒するには肉体の健康を回復する必要があるように、労働問題を解決するには社会全体の改良が必要であるという構造的な政策論へと導くのである。

ただし、有機体的社会観とは、その社会の構成要素が相互に関係し、作用しているような姿である。このような有機体的な社会観からは、社会を抜本的に改革しようとか、国家を白紙に戻してから新たに建設しようとかいった合理主義は、決して導き出せない。現実の社会や国家は、そうするにはあまりに複雑で動態的であり、理性の力で意のままにできるようなものではないからだ。したがって、社会の改革は、合理主義者のような抜本的・急進的なものではなく、漸進的に進めるべきだという結論におのずと至る。それが、金井の社会政策主義である。社会主義が合理主義であるのに対し、社会政策主義は反合理主義なのである。

この反合理主義という点においても、社会政策主義と渋沢の論語主義は、共鳴しあっている。というのも、渋沢の論語主義は古学・水戸学の学統の上にあるが、その古学の思考様式もまた、反合理主義であった。朱子学が「理」という根本原理によって自然現象も社会規範も一貫して説明しようという合理主義に立っていたのに対し、これを拒否することで打ち立てられたのが古学なのだ。そして、関係論的・全体論的な人間観という点についても、古学は社会政策主義・歴史学派と共通する［中野二〇一二］。

さらに金井は、一九一二年の論文「社会政策と個人主義」において、社会政策の目的は国民統合を強化し、以て富国強兵の基礎を確立することにあると明言する。

社会政策の最高目的は畢竟近世に至り互に相遠ざかり目を逐ふて懸隔の益々甚しきを加へ

る各社会階級をして再び相近接せしめ彼等の間に其の互に相倚り相助け密着離る可からざる関係に立ちて社会的共同生活を為すものたるを否な為す可きものたるを明かに認識し且〔ママ〕此認識の下に行動せしむるに在り、斯くして各社会階級衷心喜び進みて互に相提携するに至らば茲に始めて真に克く全国民の精神的統一をも得べく戦時たると平時たるとを問はず挙国一致して国家社会全体の安寧幸福と進歩発展とを来たす可く富国強兵の基礎茲に確立す可し、富国強兵の基礎確立し挙国一致事に従はば対外政策上の成功疑なく二十世紀の必要たる帝国主義の発展期して之を待つ可し、然らば則ち内政上の最大要務たる社会政策は其の自身に現代の必要にして高尚なる人道倫理の目的を有するのみならず同時に外政上の成功を期す可き有力なる手段なりと謂ふ可し〔河合一九三九—六五六〜七〕

この国民統合による富国強兵こそ、水戸学から受け継がれた渋沢の信念であることは、第二章で明らかにした通りである。

なお、この引用の中で、金井は「二十世紀の必要たる帝国主義の発展期して之を待つ可し」と述べているように、帝国主義と社会政策を結びつけていることに注意が必要である。

当時のヨーロッパには「社会帝国主義（social imperialism）」という思想潮流があった。バーナード・センメルによれば、「社会帝国主義は、あらゆる階級を国民と帝国の防衛のために糾合するために設計され、最下層階級の利益すらも国民全体の利益と不可分であると証明することを目指すものだった。その目的は、社会主義者の議論を退け、マルクス主義者の主張とは逆に、労働者には自らを縛る鎖以外に失うものがないなどということはないと示すことにあった」[Semmel 1960: 24]。

第二帝国下のドイツの宰相ビスマルクは、典型的な社会帝国主義者であった。ビスマルクは、労働者災害保険、健康保険、公的年金制度の導入をはじめとする社会政策を推進したが、それは労働者階級を懐柔し、社会主義の運動を予防することで、国内の分裂とそれによる国家の弱体化を回避するためであった。ビスマルクは社会政策を推進しながら、社会主義者を厳しく弾圧したが、彼はそれに何の矛盾も感じなかったであろう。ドイツでは、ビスマルクのほか、金井が留学中に師事したシュモラー率いるドイツ歴史学派もまた、同様の思想に基づき、社会政策を唱道した。

社会帝国主義は、フランス、イタリア、イギリスにも広がった。なかでもイギリスでは、ボーア戦争の失敗により大英帝国の衰退に対する危機感が高まる中、ジョセフ・チェンバレンらが保護主義を唱える関税改革運動を開始したが、それは社会帝国主義的な発想に基づくものであった。この関税改革運動には、ウィリアム・J・アシュリーやウィリアム・カニンガムも協力したが、彼らは、アーノルド・トインビーに始まるイギリス歴史学派に属する経済史家である［Semmel 1960］。金井の思想は、こうしたヨーロッパの社会帝国主義という新潮流に呼応するものであった。

もっとも、この「帝国主義」という禍々しい呼称が招く誤解を避けるために付言すると、金井の念頭にある「帝国主義」とは、政治的・経済的な侵略と支配による版図の拡大というよりはむしろ、列強が競合する中での「国防」という意味合いが強かった。「外敵に対する安全こそ国民生活の根本要件なれ（中略）、国防の必要に超過して徒らに膨大を来たすのみの軍備拡張は固より不可なり世界列国の大勢四隣圧迫の状況に顧みて欠く可からざる国防の充実拡張は漫然財政の不如意を以て否認す可からず、況や財政の不如意なるもの必ずしも常に国民経済の負担力微弱なるを意味せざるに於てをや」［河合一九三九―六八五］と金井は論じた。

ここで金井が国防を国家の最優先課題として強調するのは、社会主義者による世界市民主義的・ユートピア的な国際平和の理想を否認する文脈においてである。金井の思想は、列強各国が勢力圏の拡大にしのぎを削っている二十世紀初頭の世界の現実を直視して、安全保障を国家の最優先課題に据えるものであった。それは帝国主義というよりはむしろ、現代の国際政治学で言う「現実主義（realism）」に立脚したナショナリズムとみなすべきであろう。

†渋沢と社会問題

社会政策学会は、金井延が展開した社会政策主義＝経済ナショナリズムの理念の下に発足した。それは、経済自由主義とも社会主義とも異なる道を目指すものであった。

そのことは、「社会政策学会趣意書」にも表明されている。

> 余輩は放任主義に反対す、何となれば極端なる利己心の発動と制限なき自由競争とは貧富の懸隔を甚たしくすればなり、余輩は又社会主義に反対す、何となれば現在の経済組織を破壊し資本家の絶滅を図るは国運の進歩に害あればなり、余輩の主義とするところは現在の私有的経済組織を維持し、其範囲内に於て箇人の活動と国家の権力とに依て階級の軋轢を防ぎ、社会の調和を期するに在り、此主義に基きて内外の事例に徴し、学理に照し、社会問題を講究するは実に是れ本会の目的なり〔社会政策学会編一九〇八〕

渋沢は、一九〇七年に開催された社会政策学会第一回大会に来賓として招かれて講演した際、その冒頭において「其趣意書を拝見致して頗る同情を表します次第」〔同前一四四〕と賛意を表明している。

この渋沢の講演は、彼の論語主義が社会問題という新しい問題にいかに処したかを、よく表している。この講演の中で、渋沢は、最新の経済学派を自負する学者たちを前にして、「私は今時の学問を致した者ではありませぬ、学問と云へば僅に漢学に止まつておる」が、「私は茲に社会政策の問題に極く古い論語によつて愚見を申して見やうと思ふ」と述べる〔同前―四四～五〕。

続けて「若し今の実業界に於ける人々が真正なる孔孟の道を以て王道を行ふと云ふ観念で世の事業に処して行きましたならば、貧富共に其宜しきを得て決して社会政策学会の御厄介を蒙らずに平和に治まつて行くと私は思ふのであります」〔同前―四六〕と表明する。

渋沢は、この社会問題という近代がもたらした新たな難題に、論語主義をもって対峙することを宣言しているのである。もっとも、社会政策やその研究が不必要だと言うのではないが、と断りは入れてはいるのだが。

この講演の中で、渋沢は、一八八七～九年頃に工場法の議論が起きた際には、その導入は時期尚早と判断して反対したが、それから二十年後には、賛成へと転じたことに触れている。

なぜ、かつては、工場法に反対したのか。これについて、渋沢は「唯々単に衛生とか、教育とか云ふ海外の有様だけに比較して、其法を設けるのは、独り工場の事業を妨げるのみならず、職工其者に寧ろ迷惑を与へはせぬか、其辺は余程講究あれかしと云ふのが、最も私共の反対した点であつた」〔同前―五〇〕と述べている。

当時の渋沢の状況判断では、「其時分の紡績事業の有様は、英国は千九百年代であつても、日本はまだ千八百年の風が吹いている」〔同前―五〇〕というように、日英の紡績業の発展段階には違いがあった。しかし、それから二十年後には、日本の紡績業も発達し、夜間の労働時間を規制しても支障を来さないと判断し得たので、工場法の賛成に至ったというのだ。

この渋沢の状況判断の是非は、ここでは問わない。重要なのは、渋沢が、この経済学者たちを前にした講演において、ただ徒に海外の理論や制度の輸入に走るのではなく、実務家による実態に即したプラグマティックな判断を尊重するよう注意を促しているということである。「唯々学理又は他国の例のみに依つて立てた法度が、其国に十分に適応せぬが為に種々の面倒を生ずることがある、もし生じたならそれから直せば宜いぢやないかと言ひ得るが、扨て初めに一歩を誤まると、直すに大層困難であるから（中略）願くは実際の模様を紡績業に就て、或は他の鉄工場、其他の業に就て、之を定めるには斯ることが実地に大なる衝突を生じはせぬかと云ふことだけは努めて御講究あれかしと申すのであります」〔同前―五〇〕。

さらに渋沢は、工場法の制定に賛意を示した後もなお、労働問題は法律の力や法的な権利義務関係によってのみ解決し得る問題ではなく、労使間の情愛もまた必要であるとも力説した。富豪も貧民も、それぞれの「本分」を守って社会的責任を果たし、相互に思いやるという「真摯敦厚の気風」があれば、社会問題を防ぐことができるというのだ［青淵百話―三二～三］。

渋沢は、やはり「王道」による解決を最も重視しているのである。興味深いことに、渋沢は、欧米視察の際に見学したドイツのクルップ社やアメリカのウォルサム時計会社が共同体的経営によって労使協調を実現していたことに言及しつつ、これを王道による社会問題の解決が可能であることの例証としている［青淵百話―二七七～二八一、論語と算盤―二九二～七］。

第三章で論じたように、渋沢が「論語と算盤」という標語に込めた理想は、互助的な社会関係とそれが生み出す規範によって支えられた「道徳経済」である。道徳経済が構築でき、労使が協調関係にある共同体的な企業経営を実現できれば、社会問題は予防できる。

経済自由主義者は、自由競争を最大限に認め、資本主義の矛盾を放置しておきながら、社会問題が生じたら、政府が社会政策によって事後的に解決すればよいと主張する。このような「セーフティネット」の発想を、渋沢はもたない。まずは社会問題の根本原因である資本主義の矛盾を是正するよう努める。その上で、なお社会問題が生ずるのであれば、社会政策によって対処するのもやむを得ない。渋沢は、そのように考えているのである。

実は、金井の念頭にあった「社会政策」もまた、国家による政策や制度に限定されるものではなかった。民間主体が自発的に形成した互助的な中間組織なども、社会政策には含まれる。前者をフォーマルな社会政策とすれば、後者はインフォーマルな社会政策であると言える。そもそもヨーロッパの「ポリチック」であれ、日本語の「政策」であれ、その言葉の意味には、国家権力によるフォーマルなものと、非国家権力によるインフォーマルなものが含まれていると金井は説く〔河合一九三九—五七九〕。

金井の社会政策主義は、民間主体によるインフォーマルな社会政策をも射程に収めている。それゆえ、社会政策を研究する視点も、単に国家政策とその影響という行政学にとどまらず、経済社会そのものを研究する社会学的なものとなる。

その金井の社会学が有機体的な社会観に立つものであることは、すでに述べた。社会問題とは、有機体たる社会全体の病の症状なのであり、それゆえ、社会全体の病を治療することが社会問題の解決となるのである。

金井と同様、渋沢もまた、社会問題を有機体の病というアナロジーでとらえている。渋沢は、天皇暗殺を計画したとして社会主義者や無政府主義者が逮捕された「大逆事件」に戦慄したが、彼は思想の過激化を社会全体の病理の一症状とみなしている。日本社会の現実は、実業家が利己主義に立って、道徳なく自己利益の追求に走り、貧富の格差を生み出している。貧富の格差それ自体は完全にはなくならないとは言え、実業界の利己主義的な風潮を放置すれば、貧富の格差はますます拡大し、社会は不健全化し、危険思想が蔓延することになる。大逆事件も、これによる。しかし、義利合一に基づいた道徳経済であれば、「如何に獰悪（どうあく）なるバクテリアが此の間に侵入しても、毫も意に介するには足らぬことゝなるであらう」。したがって、肝心なのは道徳経済を構築し、「出来るだけ身体諸機関を強壮ならしめて、仮令病毒の侵染に遭ふとも、立ち所に殺菌し得るだけの素質を養成して置くこと」［青淵百話―二六六〜二七四］である。

危険思想をバクテリアのアナロジーで表現するという有機体的な社会観からは、危険思想を弾圧するという警察的な対応ではなく、危険思想が蔓延しないような健全な経済社会を構築するというマクロ的・構造的な政策が導き出される。これが、渋沢が論語から学び、そして金井がドイツ歴史学派から得た社会政策の哲学なのである。

渋沢は、資本主義の発展に伴う弊害として、貧富の格差と共に、地方の衰退をも懸念していた。彼は、地方振興策については、地方ごとに実態を調査する必要があるとして具体的な提案を避けつつも、地方の衰退が「国家の元気を損するやうなことになりはせぬか」と深く憂慮している。都市への人口集中と地方の過疎化により、国全体としてはかえって生産力が落ちる恐れがあるというのである［青淵百話―二九八〜三〇五］。

弱体化の恐れがあるのは、生産力だけではない。ナショナリズムも、である。というのも、愛国心は、家族愛、愛郷心というように身近なところから広がって、やがて愛国心、ひいては人類博愛の精神にまで及ぶものである［論語講義―一四五］。ならば、地方の衰退による故郷喪失は、愛国心をも失わせるということになろう。

病と有機体のアナロジーによって、労働問題や貧困問題を社会全体の構造的な問題とみなした渋沢は、地方の衰退についても、当該地域のみならず、国全体の問題としてとらえていた。ドイツ歴史学派であれ、イギリス歴史学派であれ、経済ナショナリズムは、社会問題の解決に強い関心を示す。社会問題の深刻化は、社会の分裂や思想の過激化を招き、国を弱体化させるからである。忠君愛国や富国強兵をモットーとする経済ナショナリストの渋沢も、同じ理由から、社会問題や地域間格差の問題を捨て置けなかったのである。

だが、渋沢に関しては、看過できない点がひとつある。

一八八〇年代前半、大蔵卿松方正義(まつかたまさよし)は、正貨(銀)兌換(だかん)制度の確立を目指して、厳格な緊縮財政(「松方財政」)を行った。その結果、「松方デフレ」と呼ばれる恐慌が引き起こされ、特に地方の農民層は深刻な打撃を蒙った。ところが、実は、この貧困や地方経済の疲弊といった問題を引き起こした松方財政について、渋沢は高い評価を与えていたのである。

これに対して、この松方の緊縮財政路線と対立し、地方における在来産業の振興に生涯を捧げた経済ナショナリストがいた。前田正名(まさな)である。

なぜ同じ経済ナショナリストでありながら、渋沢は松方を支持し、前田は対立したのであろうか。何が、二人の政策評価の違いをもたらしたのであろうか。

この問題は、続く二章における考察の対象となろう。

第六章　明治の通貨論争

†貨幣という難問

渋沢栄一は、明治二年から六年までの四年間、大蔵省に奉職したが、その間、貨幣制度、銀行制度、公債制度など、近代資本主義の根幹とも言うべき制度の立案・施行に関与した。また、実業家へと転身した後も、第一国立銀行をはじめとする銀行設立や銀行条例の改正に尽力し、金本位制の導入に際しては政府の貨幣制度調査会に委員として加わった。このように、渋沢の経済思想を理解する上では、彼が深く関わった財政・金融、就中、その間にある貨幣についての彼の見解を避けては通れないはずである。

しかし、渋沢の貨幣観を解釈し、評価を下すのは、必ずしも容易な作業ではない。なぜならば、そもそも「貨幣とは何か」については、今日もなお多くの誤解があり、しかも現代の主流派経済学者ですら、貨幣を正確に理解しているとは言い難い状況にあるからだ。

我々が、貨幣について正確に理解できていなければ、渋沢の業績や思想について正しく評価することは、到底おぼつかないであろう。実際、それゆえに、渋沢の貨幣観や財政観は、これまで正当に評価されてこなかったように思われる。そこで、まずは、我々自身が、貨幣についてて正確に理解するという準備作業が不可欠となる。

主流派経済学の標準的な教科書は、貨幣について、次のように説明している。

原始的な社会では、物々交換が行われていたが、そのうちに、何らかの価値をもった「商品」が、便利な交換手段（つまり貨幣）として使われるようになった。その代表的な「商品」が貴金属、とくに金である。これが、貨幣の起源である。

しかし、金そのものを貨幣とすると、純度や重量など貨幣の価値の確認に手間がかかるので、政府が一定の純度と重量をもった金貨を鋳造するようになる。次の段階では、金との交換を義務付けた兌換紙幣を発行するようになる。こうして、政府発行の紙幣が標準的な貨幣となる。最終的には、金との交換による価値の保証も不要になり、紙幣は、不換紙幣となる。それでも、交換の際に皆が受け取り続ける限り、紙幣には価値があり、貨幣としての役割を果たす［マンキュー二〇一一―一一〇〜二］。

このような貨幣論を「金属主義」あるいは「商品貨幣論」と言う。これは、主流派経済学のみならず、通俗的にも共有されている貨幣観であろう。

ところが、この「商品貨幣論」は、実は、誤りなのである。

第一に、貨幣が物々交換から発展したという証拠は、未だ発見されていない。それどころか、金属貨幣が発明されるより数千年も前のメソポタミア文明やエジプト文明においては、国家が税の徴収や支払いなどを計算するための単位として、貨幣が使われていたことが判明している。このため、歴史学や人類学における貨幣研究は、軒並み、商品貨幣論を否定している。

第二に、一九七一年にドルと金の兌換が廃止されて以降、世界のほとんどの国が、貴金属による裏付けのない不換通貨を発行している。しかし、なぜ、そのような不換通貨が流通しているのかについて、商品貨幣論では納得できる説明ができないのである。

では、商品貨幣論が間違っているのであるならば、正しい貨幣論とは、どのようなものであろうか。

商品貨幣論が、貴金属などの「実物的」な価値を重視するのに対して、貨幣の価値を「名目的」なもの、すなわち財・サービスなどの「計算単位」として取り扱い、貨幣の実物的な価値とのつながりを否定する立場がある。この立場を「名目主義」と言う。

名目主義の貨幣論は、さらに二つの学説に分かれる。

そのうちの一つは、表券主義である。表券主義によれば、国家が財・サービスなどの支払いのための「計算単位」を法定することによって貨幣（国家貨幣）が生み出される。そして、国家は、その国家貨幣を「税の支払い手段」とする。貨幣は、国家が税の支払い手段として受領することで、その価値を担保されるというのである。

もう一つの学説は、信用貨幣論である。信用貨幣論によれば、貨幣は、負債の一種である。ただし、負債には、デフォルト（債務不履行）のリスクが付きまとうため、誰の負債であっても、貨幣として受け取られるというわけにはいかない。貨幣として受け取られるのは、信用度の高い（デフォルトのリスクが低い）主体の負債に限られる。そのような特殊な負債を発行するのは、通常は、銀行である。

銀行は、借り手に貸出しを行うことによって、銀行の負債としての「銀行預金」を借り手の口座に創出する。よく誤解されているように、銀行は集めた預金を元手に貸出しを行っているのではない。その反対に、貸出しを行うことで預金を創造するのである。これを「信用創造」と言う。こうして創造された銀行預金が、借り手が他の主体と取引を行う際に受け取られ、「貨幣」として通用するのである。

この信用貨幣論によれば、貨幣は、借り手の需要に応じて供給される。借り手の需要がなければ、貨幣の供給は増えないのである。このような貨幣供給の理論を「内生的貨幣供給理論」と言う。貨幣が民間取引の中から発生するから「内生」なのである。

これに対して、商品貨幣論は、貨幣は民間取引の外から与えられるものと想定する「外生的貨幣供給理論」である。つまり、商品貨幣論は、貨幣の発行量を増やせば、貨幣供給量は増えると考えるのである。対照的に、信用貨幣論は、借り手の需要がなければ、貨幣供給量が増えることはないと主張するのである。

さて、表券主義と信用貨幣論は、金属主義・商品貨幣論を否定し、名目主義を採るという点では共通しているものの、それぞれ別の学説ではある。しかし、近年、この表券主義と信用貨幣論を統合した新たな学説が提唱されている。それは、その提唱者たちによって「現代貨幣理論」と呼ばれている。

現代貨幣理論によれば、表券主義は、国家貨幣を「税の支払い手段」として位置づけているが、税とは納税者に課せられた「負債」であると考えれば、国家貨幣もまた「負債の一種」すなわち信用貨幣とみなすことができる。また、多くの国家において、銀行預金（信用貨幣）は「税の支払い手段」として認められており、その意味でも国家貨幣と変わりない。

また、銀行預金は、信用度の高い特殊な負債、すなわち貨幣（信用貨幣）として使われているが、銀行と銀行の間の決済においては、中央銀行が供給する準備（中央銀行預金）が用いられる。この中央銀行預金は、国家の負債である。国家は最も信用度の高い主体なので、国家の負債が信用貨幣の頂点に位置づけられるのである。そして、国家の負債を供給する存在である中央銀行は、政府の一部として統合的に理解することができる［内藤二〇一九］。

これが、表券主義と信用貨幣論を統合した現代貨幣理論の基本的な貨幣理解である。この現代貨幣理論は、今日、最も説得力ある貨幣理解であるように思われる。
この現代貨幣理論が提唱する貨幣理論は、表券主義と信用貨幣論を統合したものであり、主流派経済学の貨幣理論が立脚する金属主義・商品貨幣論とはまったく相いれない。それゆえ、現代貨幣理論から導き出される財政の解釈も、主流派経済学とは著しく異なるものとなる。

改めて、現代貨幣理論の骨子を確認しておこう。

まず、政府は、債務などの計算尺度として通貨単位（円、ドル、ポンドなど）を法定する。次に、国民に対して、その通貨単位で計算された納税義務を課す。そして、政府は、通貨単位で価値を表示した「通貨」を発行し、租税の支払い手段として定める。

これにより、通貨には、納税義務の解消手段としての需要が生じる。その結果、人々は、通貨に額面通りの価値を認めるようになり、その通貨を、民間取引の支払いや貯蓄などの手段としても利用するようになる。こうして、通貨が流通するようになる。

通貨の価値を裏付けているのは、貴金属などのように実物的な価値のある「商品」ではない。通貨を法定し、その通貨による納税義務を法定する権力をもつ「政府」である。人々が不換紙幣に通貨としての価値を見出すのも、それによって税金が払えるからなのだ。

さて、政府が、国民から税を徴収するためには、国民が事前に通貨を保有していなければならない。では、国民は、その通貨をどこから手に入れたのであろうか。言うまでもなく、通貨を発行する政府からである。

ということは、論理的に言って、政府は徴税する前に支出して、国民に通貨を渡していなければならないということになる。政府支出の前に、徴税することは不可能だ。政府支出が先にありきで、徴税が後なのである。

このようにして、現代貨幣理論は、「政府は、支出のための財源として、事前に税を徴収する必要はない」という、論理的かつ事実だが、通俗観念をくつがえす結論を導き出す。

主流派経済学、そして通俗的な財政論は、健全財政（財政の収支均衡）が望ましい姿であると考え、財政赤字に原則として否定的である。しかし、現代貨幣理論によれば、政府が財政赤字であることそれ自体には、何の問題もない。そもそも、政府は自国通貨を発行できるのであるから、当然の帰結として、財政破綻（債務不履行）に陥ることはあり得ない。したがって、税を徴収して財源を確保する必要もない。

では、政府は、何のために税を徴収するのか。

すでに述べた通り、政府が納税義務を法定すると、その支払い手段である通貨に対する需要が生み出される。徴税のおかげで、通貨に相応の経済的価値がもたらされるのである。そして、その結果として、政府は通貨を支払うことで、政策目的の達成に必要な財・サービスを民間部門から調達できるようになる。政府が特定の仕事の対価として通貨を支払うことで、雇用を創出し、失業や貧困を減らすこともできる。

租税は、物価調整の手段でもある。例えば、租税が重ければ、納税のための需要が増えて通貨の価値が上がることから、人々はモノよりもカネを欲しがるようになって物価が下がる。増税は、デフレ圧力が発生させるのだ。逆に、租税を軽くすれば、今度は、納税のための需要が減って通貨の価値は下がり、インフレ圧力が発生する。このようにして、政府は、税負担を操作することで、物価を上下させることができる。

他にも、租税は、さまざまな政策目的の達成手段として機能する。例えば、累進所得税によって、富裕層により重い税負担を課すことで、所得格差が是正される。この場合、租税は、格差是正の手段である。あるいは、温室効果ガスの排出に対して炭素税を課すと、温室効果ガスが抑制される。抑制させるべきものや減少させるべきものに課税することで、それが可能となるのである。

このように、租税とは、財源確保のための手段ではなく、国民経済を望ましい姿へと調整するための手段なのである。

なお、現代貨幣理論によれば、政府は、民間主体とは異なり、財源を必要とせずに支出を行うことができるので、国債を事前に発行する必要は必ずしもない。国債もまた、税と同様に、財源確保の手段ではないのである。では、国債の意義は、どこにあるのか。

例えば、政府が財政支出を行うと、その代金と同額だけ、民間主体の銀行預金が増えると同時に、中央銀行預金も増えて、超過準備となる。超過準備を放置すると、インターバンク市場で利子率が低下するため、中央銀行は利子率を目標値に維持するために国債の売りオペレーションを行って、過剰な資金を吸い上げる（逆に、利子率が上昇する場合には、国債の買いオペレーションによって中央銀行預金を供給する）。要するに、国債は、利子率を操作するための手段であり、金融政策の手段なのである。

さて、現代貨幣理論に基づいて、このように理解すると、政府の財政支出は、財源という制約から解放されることになる。ただし、財政支出の拡大は総需要の増大をもたらし、総需要が総供給に対して過剰となれば、高インフレが引き起こされる。言い換えれば、政府の財政支出の制約は、財源ではなく、インフレだということになる。

ただし、政府の財政支出に対して、為替相場制度もまた制約となる場合があることに注意しなければならない。例えば、固定為替相場制度を採用している政府においては、通貨を固定レートで交換する約束を守るために、外貨準備を維持しなければならない。もし、輸入超過が続いて外貨準備が枯渇した場合、政府は、自国通貨を切り下げるか、外貨準備を借りるのでなければ、緊縮財政を断行して経済を減速させ、輸入を減らすしかない。

しかし、変動為替相場制度を採用している政府であれば、このような国際収支の制約からも解放される。もちろん、外貨準備を保有しはするが、それは自国の金融機関の利便性のためであって、為替相場を一定に保つためではないのである。

さて、非常に簡単ではあるが、以上が、現代貨幣理論に基づく貨幣や財政金融政策についての理解である［レイ二〇一九］。この現代貨幣理論を念頭に置いた上で、次に、渋沢が生きた明治期における貨幣制度や財政・金融制度の成立過程を概観しておこう。

†明治期における近代財政・金融制度の成立史

明治期の財政・金融問題の淵源は、幕末期にさかのぼる。

従来、幕府財政の支出は将軍家の家産的性格が強いものだったが、一八五三年のペリー来航以降、対外関係費や国防費などの公共的支出が急激に膨張した。この巨額の支出を賄うためには、従来の年貢収入や上納金・御用金では足りず、幕府は貨幣を悪鋳し、その益金に依存せざるを得なくなったのである。そこで幕府は、本位金貨の「万延小判（まんえん）」に代えて、金属の価値にして本位小判の七〇％程度しかない劣位の「万延二分金」を定位貨幣として定め、しかも大量に発行した。しかし、この貨幣改鋳益金でも十分ではなく、幕府はついに「幕府金札（きんさつ）」すなわち紙幣の発行に踏み切った。幕府同様、諸藩も財政に困窮し、藩札を大量に発行した。こうして、公共的支出の急増によって膨張した需要に応じて大量の通貨が供給された結果、激しいインフレが引き起こされることとなった。

一八六七年、王政復古の大号令によって徳川幕府が崩壊し、明治政府が成立した。しかし、発足当初の新政府は、幕府財政の脆弱な構造を引き継がざるを得なかった。新政府の徴士参与・会計事務掛の三岡八郎（由利公正）は、会計基立金三百両の募集と太政官札（明治金札）三千両の発行を計画した（「由利財政」）。会計基立金は、幕末の御用金と同じ性格をもつものであり、また太政官札も、幕府金札を継承するものとみなすことができる。ただし、幕府金札が御用金に対する幕府債券としての性格をもっていたのに対し、明治金札ははじめから不換紙幣と公示された。

しかし、明治新政府の政権基盤は未だ不安定で、不換紙幣を平価流通させるのには十分ではなかった。加えて、外国からは、金札と正貨（金や銀に裏付けされた貨幣）の交換を要求する強い外圧があった。その結果、由利は退場を余儀なくされ、明治二年より、大隈重信が財政を主導することとなった（「第一次大隈財政」）。

第一次大隈財政は、明治二年五月、金札を明治五年までの四か年間に新正貨と引き換えられるべきものとし、金札の発行上限を定めるなどの太政官布告を出して、金札の基盤の立て直しを図った。さらに政府は、版籍奉還に並行して、府藩県から正金を上納させて金札と交換する政策を強行した。その結果、太政官金札が流通するようになり、明治政府の財政基盤を支えた。

また、太政官金札を準備金とした藩札発行が行われたため、藩金札と太政官金札が流通し、後の新紙幣「円」への移行を準備することとなった。

明治四年七月、明治政府は、廃藩置県により、全国の租税を一手に収める中央集権体制を成立させた。しかし、これによって、全国規模の財政金融制度の確立という新たな課題が生じた。この課題に取り組んだのが、岩倉使節団が出発した後に留守政府の財政を委ねられた大蔵大輔・井上馨である（「井上財政」）。

当時、最重要課題は、貨幣制度の確立であると考えられていた。新貨幣は、明治二年三月に大隈重信の建議により「円」とされていたが、その本位貨幣は未定であった。当時の国際金融体制は、先進欧米列強が金本位制を採用していたのに対し、後進アジア地域は銀本位制であった。そこで、当初は、銀本位制の採用が検討されていた。

ところが、明治四年五月十日に確定された「新貨条例」は、米ドル一ドルに相当する純金量を含有する「一円金貨」を本位原貨とする「金本位制」を採用したのである。この性急な決定が、後に、輸入超過による正貨の流出という問題を引き起こすこととなる。

また、明治二年五月の布告は、明治五年までに金札と正貨との兌換が完了することを約束していた。ところが、明治四年、新貨条例の公布後の十二月の布告によって、政府は金札との交換を「円」で表示される「新紙幣」をもってすることとし、しかも、新紙幣と新貨幣との交換を認めなかった。つまり、紙幣と正貨との交換という当初の約束を破り、紙幣と紙幣の交換にしてしまったのである。それにもかかわらず、金札から新紙幣への転換は順調に進み、紙幣統一は円滑に行われた。これについて、山本有造は、第一次大隈財政下の太政官札と藩札の流通によって、国民が紙幣に慣れていたからであろうと指摘している［山本一九九四―一二一、二六］。とは言え、諸外国からは、紙幣と正貨との交換を強く迫られていたこともあり、いずれ兌換紙幣制度を確立しなければならなかった。

明治五年十一月、「国立銀行条例」が公布され、アメリカのナショナル・バンクを模範にした分散設置型の発券銀行制度が発足した。その仕組みは、次のようなものであった。まず、国立銀行を設立しようとする者は、資本金の六〇％を金札で政府に上納し、同額の金札引換公債証書の交付を受ける。次に、銀行は同証書を政府に抵当として預託することで、同額の銀行券発行権を得る。ただし、資本金の四〇％は正貨とし、銀行券の兌換準備としなければならない。

この仕組みには、発効銀行券の運用による地方産業の資金融通の道を拓くとともに、各地に設立される銀行の金札（不換紙幣）を兌換銀行券に置き換えていくという狙いがあった。しかし、一八七五年（明治八年）までに設立された国立銀行はわずか四行であり、しかもその業績は著しく不調であった。発行された銀行券はすぐに正貨と交換されて銀行に還流し、市場にはほとんど流通しなかったのである。

さらに、世界市場において金高銀安が進み、また我が国の輸入超過ゆえに、正貨が流出するという事態となった。このため、一八七四年には「新貨条例」の金本位制は崩壊し、対外的には銀を基準とし、対内的には紙幣が流通するという管理通貨体制への移行を余儀なくされた。

それにもかかわらず、紙幣の正貨兌換を急いだ井上は、紙幣の新規発行には消極的である一方で、正貨準備の増加に努め、「量入為出（入るを量りて出るを為す）」を原則とした厳しい緊縮財政を断行していた。これは、開港以来のインフレを収束させるという意義をもったが、他方で、通貨収縮によるデフレを引き起こした。この井上財政によるデフレは、廃藩置県に伴う旧藩の債務の切り捨てが引き起こした信用収縮とあいまって激しいものとなり、一八六九年から一八七二年までの四年間で物価が四四％も下落した［中村一九八五—二四〜五］。また、緊縮財政は政府内部の不満を爆発させ、孤立した井上は、一八七三年五月、渋沢と共に辞任した。

井上の後の大蔵省の実権は、再び大隈重信に委ねられた（「第二次大隈財政」）。大隈は、経済財政の根本問題は、国際収支の不均衡とそれによる正貨の流出にあると考えていた。大隈は、紙幣の正貨兌換を否定したわけではなかったが、それを短期間のうちに強行することの危険性を認識していた［岡田一九七五—五二］。そこで大隈は、国際収支の不均衡の是正を優先し、輸出産業の振興を軸とする「殖産興業」政策を推し進めた。そして、道路・橋梁・海港などの社会インフラの整備と産業資金の円滑な供給を実現するため、積極財政に転じ、政府紙幣を増発させたのである。

また、一八七六年には、国立銀行条例の改正を行った。改正国立銀行条例の下では、銀行設立者は資本金の八〇%を四分利付以上の公債証書をもって政府に預託することで、同額の銀行券の発行権を得ることができるものとされた。そして、資本金の二〇%は政府紙幣をもって準備金とすることとされた。つまり、銀行券は、正貨との兌換義務を免れた上、発行額も資本金の六〇%から八〇%へと増え、さらに預託公債の選択の幅も広がったのである。その結果、銀行設立がブームとなり、一八七九年までに百五十三行もの国立銀行が設立されるにいたった。

こうして、大隈財政は、通貨膨張をもたらしたが、それにもかかわらず、一八七四年から七七年の間の紙幣価値は安定的に推移した。なぜ、大量の紙幣発行にもかかわらず、通貨の価値は安定し得たのか。その理由の一つとして考えられるのは、大隈の目論見通り、「殖産興業」政策によって供給力が順調に増加したということである。需要が増大し、それに見合って通貨供給量が増加しても、大きくなった需要を満たすだけの供給の増加があれば、インフレは抑制されるからである。

そして、もう一つの理由として考えられるのは、地租改正である。明治政府は、一八七三年に地租改正条例を発布し、地租の全国的金納化を目ざして地租改正事業を推し進め、一八七九年には地租の定額金納化を達成した。現代貨幣理論が説くように、通貨は、租税の支払い手段として法定されることで、その価値を下支えする。大隈財政による紙幣の大量発行は、それと並行して進められた地租の金納化によって、納税という確実な需要を生み出し、紙幣の価値を安定させた。そのようにも考えられるのである。

しかし、一八七七年に西南戦争が勃発すると、その巨額の戦費支出がもたらした乗数効果が総需要を大幅に拡大させたため、一八七九年から一八八一年にかけて、激しいインフレが起きることとなった。大隈は、一八八〇年九月以降、増税と経費節減による緊縮財政路線へと転じざるを得なくなった。

さらに、一八八一年のいわゆる「明治十四年の政変」によって大隈が失脚し、松方正義が大蔵卿に就任すると、松方はいっそう厳格な緊縮財政路線を推進するとともに、紙幣（政府紙幣と国立銀行券）の消却と正貨蓄積による兌換制度の確立を目指した（「松方財政」）。

一八八二年には日本銀行が設立され、一八八三年、国立銀行は発券銀行から普通銀行へと改組された。そして、一八八四年に「兌換銀行券条例」が公布され、翌年五月から兌換日銀券の発行が開始された。こうして、我が国に、中央銀行制度と銀本位制から成る近代的な財政・金融制度が確立され、その後の日本経済の発展を支える基盤となった。この日本銀行を頂点とする近代的な銀行システムの成立は、金利の安定をもたらした。

ただし、松方財政は、「松方デフレ」と呼ばれる深刻なデフレ不況を引き起こし、特に地方の農民層に深刻な打撃を与えたことを看過してはならない。松方財政は、兌換紙幣制度の確立という目的のみを性急に追求したがために、恐慌を引き起こし、社会的混乱を招いたのである。

これに対して、松方財政に先立つ大隈財政は、短期的な通貨価値安定策の強行を避け、長期的な視点から、経済発展を促進するために必要な紙幣を供給し、国際収支を均衡せしめ、正貨の流出を防止することで、政府紙幣の価値を安定化させようというものだった。大隈財政は、西南戦争や「明治十四年の政変」という特殊な政治的事情によって頓挫していなければ、松方財政よりも優れた結果を残していたと思われる。

一八八〇年代前半の「松方デフレ」の後、一八八〇年代後半以降になると、紡績、鉄道、石炭、銅などの近代産業のみならず、製糸、織物、雑貨類などの在来産業も飛躍的に発展した。会社数は、一八八五年の一二七九社から一九〇〇年の四二九六社に増え、資本金も五千万円余から二億二千万円余に増加した。ただし、この「企業勃興期」をもたらした大きな要因は、銀本位制の下での銀価の下落（為替相場の下落）による輸出増であった。松方による幣制整理が「企業勃興期」をもたらしたとする説は、この銀価の下落という国際的要因を過小評価していると中村隆英は指摘している［中村 一九八五―五三～四］。

一八九三年、銀価がさらに下落すると、松方正義の勧告により、渡辺国武蔵相の下、貨幣制度調査会が設けられた。同調査会の委員の大勢は、銀本位制の維持に傾いていたが、一八九五年、松方が蔵相に就任した頃から議事が紛糾し始め、最終的に、同委員会は金本位制への改正必要論で決した。この異様な審議過程と強引な結論の背景には、原理主義的な金本位制論者であった松方の強い意向の反映があった。ただし、松方が金本位制に固執した主な動機は、経済的なものというよりはむしろ、金本位制の導入によって欧米列強と肩を並べたいという政治的なものであった。こうして、一八九七年の貨幣法により、金本位制が採用されるに至った［中村一九八五—第三章］。

金本位制の導入には、本来、物価の安定をもたらす効果が期待されていた。ところが、金本位制下の一九〇〇年代、日本の物価は国際水準から乖離して、かえって上昇するという現象が起きた。その主な原因は、日清戦争から日露戦争そして第一次世界大戦に至るまでの間、軍事費が膨張し、続いて鉄道、土木事業、電話設備などのインフラの整備が進められるなど、財政規模が大幅に拡張して、経済成長がもたらされたことにあった。しかも、皮肉なことに、金本位制の導入によって外債を発行しやすくなり、財政赤字の補塡が容易になったことが、この財政拡張を助長したのである［中村一九八五—第四章］。

以上、幕末から明治期の財政・金融制度・政策の成立過程を概観してきたが、この歴史は、財政収支と国際収支の均衡を重視する「消極主義」と、国内の産業発展や社会インフラの整備を重視する「積極主義」の対立としても描くことができる。しかも、この積極主義と消極主義の対立は、由利公正対井上馨、大隈重信対松方正義にとどまらず、星亨・原敬の政友会対大蔵官僚、さらには政友会対憲政会・民政党の対立へと続き、まさに「あざなえる縄のように、明治から現代に至るまでの政策史を貫いている」〔中村一九八五—六〕のである。

　そして、この財政を巡る積極主義と消極主義の間の対立は、通貨を巡る対立とほぼ重なり合っていた。次は、その通貨を巡る対立について、概観しよう。

†二つの学派

　明治政府は、近代的な通貨制度を確立するにあたっても、西洋を範とした。しかし、その西洋においても、通貨とは何かについては、見解が割れていたのである。

　通貨観を巡る対立で特に有名なのは、十九世紀のイギリスにおける二度にわたる論争である。

　その一度目は、「地金論争」と呼ばれる。契機となったのは、イギリスが、フランスとの戦争を遂行するために、一七九七年から一八二一年にかけて、紙幣と金の兌換を停止し、イングランド銀行券を増発させたことだった。その頃、穀物価格や金価格が高騰するという現象が起きたため、このインフレの原因を巡って論争が巻き起こったのである。

　いわゆる「地金主義者」は、金属主義の原則に忠実な立場から、金の裏付けのない不換紙幣の過剰発行がインフレの原因であるとして、金兌換の速やかな再開を求めた。紙幣が金によって裏付けられれば、物価は安定するはずだというのである。これに対して、「反地金主義者」は、インフレの原因は戦争など、不換紙幣の過剰発行以外にあると主張した。

結局、地金主義者が優勢となり、一八二一年、金兌換は再開された。しかし、その後、約十年ごとに金融恐慌が発生することとなった。金兌換は、地金主義者の期待を裏切り、経済を安定させなかったのである。

二度目の大論争（「通貨論争」）は、一八四四年ピール銀行法成立の前に勃発した。「通貨学派」と呼ばれる論者たちは、かつての地金主義を引き継ぎ、インフレの原因を通貨の増発に求めた。これに対して「銀行学派」と呼ばれる論者たちは、通貨は需要に応じて発行されるのであって、通貨の過剰発行がインフレをもたらすことはないと主張した。この時、「銀行学派」を代表した論客は、実業家のトーマス・トゥックであった。トゥックは、銀行券は、金との兌換が保証されている限り、過剰に発行されることはないと論じた。なぜなら、過剰に発行された銀行券は、取引に必要ないので、銀行に還流されるからだというのである。(3)

しかしながら、この論争もまた、結局、金属主義に立つ「通貨学派」の勝利に終わり、一八四四年ピール銀行法が成立した。同法は、一定額を超える銀行券の発行については、すべて金の裏付けを必要とする厳格な兌換制度であった。ところが、その後も金融危機が繰り返し起こったため、イングランド銀行は、ピール銀行法成立以降の二十二年間で、三度も同法を停止せざるを得なくなったのである〔平山二〇〇六〕。

この「通貨論争」は、貨幣に対する本質的な理解への道を拓く、実に意義深い論争であった。通貨の発行量が価格を決定すると考える「通貨学派」は、後の貨幣数量説（外生的貨幣供給理論）と同じ立場に立っている。他方、需要が価格を決定し、その価格に応じて通貨の発行量が決まるとする「銀行学派」は、後の内生的貨幣供給理論につながるものと言える。

もっとも、トゥックがそうであったように、「銀行学派」といえども、通貨の金兌換そのものを否定したわけではなかった。十九世紀のイギリスでは、金本位制はまるで宗教のような固い信念として存在しており、両学派ともにこれを共有していた。にもかかわらず、貨幣数量説に異議を唱えた「銀行学派」は、内生的貨幣供給理論の先駆として高く評価されてよい。

そして、まことに興味深いことに、この「通貨論争」とほぼ同じ論争が、明治期の日本における財政・金融制度を巡る紆余曲折においても再現されていたのである。

第一次大隈財政は、明治二年五月の布告によって、明治五年までに金札と正貨との兌換が完了することを約束していた。発足当初の明治政府は、「通貨学派」的な見解に立っていたのである。ところが、明治二年五月の布告は実行されず、むしろ明治四年十二月の布告によって、金札は不換紙幣化してしまった。それにもかかわらず、新紙幣による統一は円滑に進んだのである。

第一次大隈財政を継いだ井上財政は、紙幣と正貨の兌換を急ぎ、緊縮財政を断行した。井上は、「通貨学派」的な見解により忠実だったと言える。これに対して、第二次大隈財政は、「殖産興業」のための積極財政へと舵を切ったが、大隈の通貨論は、どのようなものであったのか。

大隈は、通貨の価値を安定させるためには、いずれ、紙幣の正貨兌換が必要になると考えてはいた。それにもかかわらず、大隈は、紙幣の発行高は正貨の保有量によって規制されるべきであるという「通貨学派」的な立場はとらなかった。むしろ、紙幣発行高は資金需要額に応じて決定されるという「銀行学派」に近い見解を抱いていた。また、その政策も、「殖産興業」により国内産業を振興し、政府紙幣による税収入を増やし、その政府紙幣を再び社会資本の形成や輸出産業振興のために投融資するというものだった。これをもって、国際収支を改善し、正貨の流出を防止しようというのである〔岡田一九七五—五四〜五、六二〕。

要するに、大隈は、国内流通は管理された不換紙幣に委ね、貴重な正貨は外貨準備として用いるという、紙幣と正貨の分業体制を考えていたのである〔山本一九九四—四二〕。国内通貨（紙幣）と正貨とを切り離しておけば、仮に国際収支が悪化して正貨が減少しても、それが直ちに国内通貨の減少（すなわちデフレ）を引き起こすという事態は避けられる。国内通貨の順調な供給によって輸出産業を振興し、国際収支を改善すればよいのである。この大隈のアイディアは、当時、採りうる政策の中では、最も適切であったように思われる。

しかし、一八七八年以降、西南戦争の戦費支出がもたらした乗数効果によって需要過多となり、インフレが激しくなってくると、その原因を紙幣発行高の過剰に求める意見と、正貨の流出に求める意見との間で、論争が勃発することとなった。これは、対仏戦争に伴うインフレを契機に勃発したイギリスの地金論争と非常によく似た構図である。「銀行学派」的な大隈は、一八七九年の建議書の中で、インフレの原因は紙幣の増発ではなく、米作の不良と中国の凶作による対中米穀輸出による米価の高騰であると主張した。その際、大隈は、興味深いことに、銀行学派のトゥックの意見に言及して自説を補強したのである［岡田一九七五―一四三～四］。

しかしながら、結果は「通貨学派」的な見解が優勢を占め、大隈の後を継いだ松方正義は、通貨供給の収縮を優先させる典型的な「通貨学派」的デフレ政策を断行し、銀本位制の確立を優先させた。さらに松方は、一八九七年に悲願の金本位制への移行を実現したのである。

このように見てみると、消極主義の井上馨や松方正義は「通貨学派」的立場であり、積極主義の大隈重信は「銀行学派」的立場であったと言える。

†渋沢の財政・金融論

では、渋沢栄一はどうであったか。

まず、渋沢は、貨幣を論じて、「太古は物々交換であつたが、今は貨幣さへあればどんなものでも心に任せて購ふことが出来る。此の代表的価値のある所が貴いのである、だから貨幣の第一の要件として、貨幣その物の実価と物品の値とが等しくなければならない、若し称呼のみ同一にして其の貨幣の実価が減少すると、反対に物価は騰貴する」〔論語と算盤―一七九～八〇〕と、典型的な金属主義・商品貨幣論を表明している。

渋沢の金属主義的貨幣観の形成に影響を与えたのは、一つは、フランス留学である。当時のフランスの紙幣は、厳格な金兌換制度であり、渋沢はこれに感銘し、「かくの如くしたならば融通というものは良いだろうということは、仮令完全なる学理を修めぬでも事実において了解した」〔雨夜譚―二一八〕と述べている。

また、青年期の渋沢の師であった尾高惇忠（藍香）の影響もあった。幕末期、尾高は幕府による貨幣悪鋳がインフレの原因であると批判し、幕府の衰亡を予言していたという。渋沢は、その尾高を回想して、次のように述べている。

成る程先頃尾高兄が、この節のように貨幣を粗悪にすると物価は次第に騰貴して、終には一国が解体する基になるであろう。と云われたが、世間の情況はその通りになって来る。先見の明、恐れ入ったものである。と私はじめ、亡父なども非常に敬服して居た。その当時は、翁の貨幣論が果たして、西欧の学理に適しているものかどうかは、考えも及ばなかったが、明治二年になって、私は大蔵省に出仕して、上司の命により、維新後の貨幣を改良する役目になった。（中略）そこで前に申した、ケリー氏の貨幣原論に目を通した。すると驚いたことに、米国の大経済学者の論じている事と、経済学などと云う言葉もなかった武州榛沢郡下手計村の農家の青年が言っていた事と、精粗の差こそあれ、その根本論理は一致していることに気が付き、私はひどく敬服し、翁にそのことを話して、共に手を拍って喜んだものです。
［塚原一九七九―一七七～八］(4)

このように、渋沢は、尾高の影響もあって金属主義・商品貨幣論という誤った貨幣観を抱いてはいた。

ただし、インフレの原因についてはともかく、幕末のインフレが幕藩体制を動揺させたという尾高の理解は正しい。山本七平は、この幕末のインフレが渋沢に与えた影響を重視している。インフレによって固定給のみの俸給生活者である武士階級が被害を受け、逆に町人階級はインフレ利得者となり、新しい購買者層として勃興した。この新しい購買者層の台頭によって、絹や藍等の需要が拡大したが、尾高家や渋沢家は、まさに養蚕と藍のビジネスによって富を蓄えた豪農であった［山本一九八七―第二章］。こうして台頭した豪農層から幕末の志士が生まれ、明治維新を準備していくこととなる。ほかならぬ渋沢がそうした志士のうちの一人である。インフレは、明治維新、近代化、そして資本主義を成立させる経済的な主要因であったのだ。

本論に戻ろう。商品貨幣論の立場に立つならば、財政赤字は、正貨の流出を招くものであり、貨幣の信認が失われる原因とみなされることとなる。実際、渋沢は、井上大蔵大輔の下で大蔵少輔事務取扱を務め、井上とともに「量入為出」を原則とする緊縮財政の断行に尽力した。また、財政を巡る政府内の対立の結果、井上が辞任した際には、井上と行動を共にしている。それどころか、渋沢は井上と共に、「財政改革ニ関スル奏議」を公表し、政府を批判して財政破綻の警鐘を鳴らすという挙にまで出たのである。

さらに、松方財政が深刻なデフレを伴いつつも、正貨(銀)兌換制度を完遂したことについて、渋沢は「国家に対する偉大の勲功」と高く評価している〔論語講義―三五七〕。また、一八九七年、松方正義の主導によって導入された金本位制について、渋沢は時期尚早として導入反対の論陣を張ったが、後に「これは松方侯の先見の明で私は恐縮せざるを得ぬのであります」〔雨夜譚―二二九〕と反省の弁を述べている。もっとも、松方が銀兌換制度を確立した後の経済発展は、銀価の下落によってもたらされたものであり、金本位制導入後の経済発展もまた、日清戦争以降の軍事費をはじめとする財政規模の拡大が原因なのであって、貨幣制度に関する松方の先見の明を証するものでは必ずしもないのだが。

以上から察するならば、渋沢は、典型的な「通貨学派」であったと言える。しかし、単純な二分法によって断言する前に、もう少し細かく精査してみる必要があるようにも思われる。

確かに渋沢は「財政改革ニ関スル奏議」において、「夫レ政治ノ要其端固ヨリ多シト雖ドモ渙号ノ今日ニ際セル須ラク理財ヲ以テ第一義トスベシ」［青淵百話―九四五］と宣言し、財政を最重要視する姿勢を表明してはいる。

しかし、その一方で、渋沢は、「政理民力相背カザルヲ以テ後来ノ標準トナスベキナリ」［青淵百話―九四八］、すなわち、税を負担し得る「民力」の有無を財政政策の基準にすべきだとも述べている。財政と国民経済とを切り離し、国民経済の状況を無視して財政のやりくりにのみ拘泥するような姿勢は、「今政府意ヲ民力上ニ注ガズシテ力ヲ政理上ニ専ラニシ百官又事ヲ作シ功ヲ為スニ急ナレバ勢ヒ実用ヲ捨テ空理ニ馳ルノ弊ナキ能ハズ」［青淵百話―九四四］として却下されるのである。

あるいは、渋沢は、次のようにも論じる。欧米諸国の財政運営は、「出ルヲ量リテ入ルヲ制ス」という発想に基づいている。必要な歳出を先に確定させた上で、それに見合うように歳入を決定するというのである。しかし、「蓋シ物各其量アリ国各其力アリテ政治ノ要ハ時勢ニ適スルヲ貴シトス」というプラグマティズムをモットーとする渋沢は、当時の我が国には、欧米とは異なり、巨額の出費を支えるのに十分な民力はないと判断した。そして、日本の場合は、欧米の財政運営に倣うのではなく、従来通り、「入ルヲ量リテ出ルヲ制スノ旧」、すなわち、現実的に可能な歳入を基礎として、それを超えないように経費を決定するべきだと論じている〔青淵百話―九四七〜八〕。

もっとも、「出ルヲ量リテ入ルヲ制ス」であれ、「入ルヲ量リテ出ルヲ制ス」であれ、均衡財政を目指しているという点では同じである。政府の歳出（「出ル」）が国民所得を増加させるものである以上、それを抑制（「制ス」）するのは、税収（「入ル」）を増やすのと同様に、国民所得を減らすことになる。とは言え、渋沢が一貫して「民力」を基準として財政を考えていたということは、強調しておいてよい。民力を超えてでも軍拡を行うような軍事的積極主義はもちろん、財政健全化を優先して国民に増税を強いるような原理主義的な財政均衡論は、渋沢とは無縁である。

渋沢が「蓋シ物各其量アリ国各其力アリテ政治ノ要ハ時勢ニ適スルヲ貴シトス」と述べていることから察するに、彼の消極主義は、少なくとも一八七〇年代前半までの時点の日本の「民力」をプラグマティックに判断した上でのことだとも言える。ということは、時勢が変わり、民力が十分となったら、積極主義に転じ得る余地はある。

実際、渋沢は、日露戦後経営を論じた際には、「経済界の変調を避け其基礎を鞏固にし大に発展せしめんと欲せば、第一に財政問題に於て経済に助力を与ふる所なかるべからず」と論じたのは、第四章で指摘した通りである。また、晩年の渋沢は、「経費を節約することは勿論必要であるが、これと同時に国家として重要な意義を有する各種事業に対しては、大いに積極的でなければならぬと思ふ」と述べ、開墾や農業助成、工業振興、科学の発展のための積極主義を唱えている［論語講義―一八五］。この渋沢の財政論は、井上や松方の消極主義よりも、大隈や政友会の積極主義に近いようにすらみえる。

また、渋沢は、商品貨幣論を固く信じていたことから、正貨兌換制度に固執してはいたが、状況に応じて原則から逸脱する柔軟性も見せた。

例えば、明治五年の銀行条例に基づき、第一国立銀行など四銀行が設立され、兌換の銀行紙幣の発行が始まったが、すでに述べたように、銀行紙幣は次々と金貨と引き換えられてしまい、流通しなかった。そこで、渋沢は、銀行条例を改正して、兌換義務を停止し、銀行紙幣の引き換えは政府紙幣（不換紙幣）または銀貨でよいこととするよう、政府に働きかけている［論語講義―二六四〜六］。

さらに、一八九三年、金本位制の導入の是非を審議する貨幣制度調査会が設置された際、渋沢は委員として参加し、金本位制の導入に反対する論陣を張った。渋沢は、金本位制そのものを否定したわけではなかったが、当時の情勢から判断して、金準備不足に陥ることを懸念し、これに反対したのである［渋沢栄一伝記資料第二三巻―六四九］。一八九七年には、渋沢は、金本位制導入の目的が外債募集の円滑化へとすり替わったことを指摘し、外債募集による放漫財政を懸念し、反対運動を展開した〔島田二〇一一―一三三～四〕。もっとも、すでに述べたように、後の渋沢は、金本位制を導入した松方正義の先見を称え、自らの不明を恥じたのだが。

以上の経緯から察するに、渋沢は、確かに、商品貨幣論の呪縛からは逃れられず、金本位制を理想あるいは最終目標と考えていた。特に、大蔵省時代はそうであった。

しかし、大蔵省を辞して実業家となった後の渋沢は、「国立銀行条例」の改正時や金本位制導入時に見せたように、産業経済の現実を優先するプラグマティックな姿勢をとり、「通貨学派」的な原則から逸脱することがあった。

財政についても、井上馨とともに均衡財政論に殉じて大蔵省を辞し、「財政改革ニ関スル奏議」を公表して政府批判まで展開した。しかし、その「奏議」の中ですら、民力を最も重視していたのであり、財政均衡を最優先とするような頑迷なドグマティズムにとらわれてはいなかった。また、後年、日露戦争後の戦後経営を論じた際には、積極財政によるインフラ整備を説き、農商工業の発展や科学の振興といった政策についても積極主義的な姿勢を見せた。

とはいうものの、後に、経済社会を犠牲にして近代通貨制度の確立を断行した松方正義を高く評価したことからも分かるように、渋沢は、商品貨幣論を疑うことはなかったのはもちろんのこと、大隈のような「銀行学派」的な立場にも至らなかった。

渋沢は、当時の「金の足枷」（金本位制という制度的あるいは観念的な呪縛）の限界の中にありながら、現実的・実用的な解を模索しようとプラグマティズムを発揮してはいた。しかし、そのプラグマティズムをもってしても「金の足枷」からは逃れられなかったのである。

†金井延の貨幣論

もっとも、渋沢に、「金の足枷」を克服することまで要求するのは、酷かもしれない。なぜなら、当時、世界的に見ても、金本位制は近代文明に不可欠の根幹的な制度とみなされていたからである。経済人類学者カール・ポラニーはこう言っている。「金本位制の信仰は、時代の信念であった。それはあるものにとっては、素朴な信仰であり、あるものにとっては意識的な信仰であり、また他のものにとっては肉体では受け容れるが精神では拒否するという悪魔的な信条であった。しかし、信仰そのものはまったく同一であった。すなわち、銀行券は、それが金を代表するがゆえに価値をもっているのだ」［ポラニー一九七五―三二］。

例えば、一九三三年にアメリカが金本位制から離脱した際、当時の予算局長ルイス・ダグラスは「これは、西洋文明の終わりである」という言葉を残し、数名の政府幹部と共に辞職してしまった。当時の金本位制は、近代文明の基盤をなす制度として、これほどまでに絶対視されていたのである。それに渋沢が疑いを抱かなかったのも、当然であろう。仮に金本位制を懐疑したとしても、西洋各国が金本位制を採用している以上、小国の日本だけがそれを無視して、当時の国際経済システムに参入し、国際社会に文明国として承認されることは、政治的にも経済的にも不可能であったろう。

しかし、実は、渋沢とほぼ同時代を生き、しかも渋沢に比較的近い人物の中に、観念的な「金の足枷」から逃れつつあった者がいた。

金井延である。

金井は、渋沢と共に貨幣制度調査会の委員を務め、金本位制の採用に反対した論者のうちの一人であった。彼の貨幣論は、貨幣制度調査会委員在職中の一八九四年に発表した論文「銀貨問題の一端」によって明らかとなる。

学究の徒であった金井は、この論文の中で、貨幣問題をマクロ経済学的に分析している。まず、金価格の上昇が金本位制国にもたらす利益は、国費の減少と金利の下落である。他方、損害としては、物価の下落（デフレ）、債務者や定額納税者の負担増、商工業の不振、農業者の苦境、税収減、賃銀労働者の苦境、労働需要の減少、銀本位制国からの輸入増が挙げられる。債権者の利益や銀本位制国からの輸入品の価格下落については、利害相半ばするものである。

このように、デフレの影響は、部門や階級によって、利得者と損失者とに分かれる。しかしながら、「社会全体の利益」という観点から見るならば、デフレはマイナスであると金井は結論した。

以上陳述するが如く、近時に於ける金銀比価の変動金貨国に取りて利害得失種々なりと雖も、其利益や或は単に国庫の財政にのみ限り、或は僅かに社会の一小部分にのみ留まるが如し、之に反して其弊害は延て社会全体に及び、農商工為めに大に衰頽す、試に之を英国近来の衰頽に徴せむか、四五年以来は世界に跋扈せる大英国の商業も殆んど停滞したるのみならず、漸く衰退せるが如し〔河合一九三九―八三二～三〕

一八八〇年代の松方正義から一九二〇～三〇年代初頭の浜口雄幸・井上準之助に至るまで、金本位制論者はインフレを恐れてはいたが、デフレの危険性については看過していた。これに対して金井は、デフレが国民経済全体に及ぼす悪影響を論じ、それを以て金本位制を拒否したのである。

金井は、一八九七年の論文「貨幣制度の改革を論ず」においても再度、デフレの害悪を論じている。そこで金井は、「デフレは生産者には不利益かもしれないが、消費者の利益になる」という議論を槍玉にあげて、こう論じている。

そもそも、生産者利益と消費者利益に分類すること自体が馬鹿げている。なぜならば、消費者というものは、殆どの場合、生産者でもあるからだ。デフレによって生産者が打撃を受け、労働者が失業し、産業が衰退すれば、国民全体が不利益を被るのである。

抑も物価の下落は産業萎靡の結果を来すべし、金論者は往々物価下落の利益を享くるものは消費者としての一般人民なりと説けども一般人民は大抵消費者たると同時に生産者なりとす（中略）、既に生産者なる以上は物価下落の際一般人民は損失を受け社会は為に不景気に陥るものと謂ふ可くして物価下落は一般の利益なりとは強ちに謂ふ可らず、現に二三年前に於ける英独伊等の実況亜米利加の現況は十分之を証明するに足るべし、況や貨幣騰貴の為め物価下落し産業萎靡すれば社会の多数を占むる労働者は職を失ふて困難するに於ておや［河合一九三九―八六五］。

このように、インフレ・デフレの影響を部門や階級ごとに分けた上で、国民経済全体から見ればインフレが望ましいと結論する分析は、かのジョン・メイナード・ケインズが金井の論文からおよそ四半世紀後に『貨幣改革論』で披露したものと同じである［Keynes 2008: 39-40］。

金井の経済学的視野は、財政論という狭いものではなく、あくまでマクロの国民経済論であり、経済政策論であった。「蓋し財政（狭義）が国の大事たるは勿論なりと雖も、未だ国家経済政策全体の重大なるには若かざるなり」［河合一九三九―八三九］。

では、国家経済政策の目的とは、何か。それは、農商工の発達である。金高銀低がもたらすインフレは、産業の発達を促し、経済発展を促進する。銀本位制国にとって、銀の下落はそのインフレの好機である。「若し此機会に乗じ我が農工商の発達を謀り、我が経済政策をして時の宜しきに依らしめば、東洋の貿易を我に独占し一転して太平洋中の英国たり、再変して之を凌駕する決して難きにあらざるなり」〔河合一九三九―八三七〜八〕。

松方正義をはじめとする金本位制論者は、日清戦争で得た賠償金を元手に金準備を設け、金本位制へと移行しようと企てていた。金井は、これを批判して、賠償によって得た資金はむしろ軍拡に充てるべきだと主張した。ただし、その軍拡の目的は、帝国主義的な勢力拡大ではなく、あくまで抑止力としての軍備の充実であった〔河合一九三九―八四三〕。

金井は「貨幣制度の改革を論ず」において、さらに徹底したマクロ経済学的な分析を展開した。

金本位制論者は、当時のインフレを銀価格の下落に帰していた。銀価値の下落に伴う紙幣発行量の増大がインフレを引き起こしたという「通貨学派」的発想・貨幣数量説に立っていた。これに対して、金井は、日清戦争後の好況がインフレの原因であるという「銀行学派」的な論陣を張ったのである。

なお、ドイツ歴史学派のロッシャーとクニースもまた、「銀行学派」と同様、価格が貨幣発行量を決めるのであって、その逆ではないという反貨幣数量説を唱えていた。さらに、金井の「貨幣制度の改革を論ず」より若干後の時代になるが、一九〇五年には、クナップが名目主義の代表的著作『貨幣国定説』を世に問うている［Ingham 2004: 47-9］。金井は、ドイツ歴史学派を学び、その多大な影響を受けているから、彼の貨幣論もまた、ドイツ歴史学派に由来するのであろう。

金井は、商品貨幣論の呪縛から完全ではないにせよ、ほぼ脱しつゝあったのである。次の議論は、金井の貨幣観が「名目主義」であったことを示している。「抑も貨幣の価たるや貨幣の原料それ自身に備はる所の性質が直ちに其の価値を現はすものにあらず、或物品が貨幣たるの性質を具備することを人が認めて始めて其の価が生ずるなり」［河合一九三九―八五八］。

名目主義の貨幣論である表券主義と信用貨幣論は、マクロ経済における貨幣を「循環」として描く。表券主義の貨幣循環であれば、貨幣は、国家の財政支出を起点として民間部門を流通し、最終的には租税として支払われることで消滅する。信用貨幣論の貨幣循環であれば、企業が銀行から借り入れることで貨幣（預金）が生まれ、それが流通し、最終的には銀行への返済によって消滅する［内藤二〇一九―二二］。ケインズも『貨幣論』において、貨幣的循環理論を論じた［Keynes 2011: Ch. 15］。金井もまた、貨幣的循環理論へと近づいていく。「即ち貨幣の循環に依て社会の栄養物は社会全体に運転せらるゝなり、故に営養物たる財貨を運転する所の道具たる貨幣騰貴すれば其の原因は常に主として貨幣の欠乏に在れば社会は貨幣の不足を感ずるに依り勢経済上の活動財貨の運転に渋滞を来すに至らむ」［河合一九三九―八六六］。

金本位制論者の中には、金本位制を確立すれば資本の流入が進み、それが金利を下げて経済発展を促進すると論じる者がいた。経済自由主義に典型的な議論である。これに対し、金井は、英独米など金本位制国の間で金利に違いがあることや、銀本位制国のインドに巨額の資本が流入しているといった事実を挙げつつ、次のように反論する。

> 彼の英国派経済学の教科書抔（など）に掲げられたるが如き単純なる理論の上よりのみ推せば資本増加すれば金利直ちに低落すべく外資続々輸入し来らば現今日本に於けるが如き高き金利も大に低落して世界の平均を得べしと予想するは一応尤なれども経済社会の実際は斯く数学的に又は機械的に行くものにあらず、金利の高低は決して資本の多少のみに因るにあらず、仮令資本増加するも之れが需要多きときは其の低落を見ることなし、好し需要に関係なしとするも風俗慣習等種々複雑なる事情のあるあれば単に資本の増加のみに依て金利の低落を望むべきにあらず［河合一九三九―八六八］

このように、実際の事例を挙げつつ、自由主義経済学の数理モデルからの演繹的推論を批判するあたりは、歴史学派の面目躍如といったところであろう。

金井は、資本を得ただけで産業が発達するわけではないとも指摘する。日本の場合は、例えば鉄道事業に関して言えば、技術が不足しているのであるが、技師の育成は一朝一夕でできるものではなく、また資本を投ずれば解消するというわけでもない〔河合一九三九―八七〇〕。経済自由主義者が考えるように、資本移動を自由化しさえすれば、市場原理が働いて経済が発展するなどというほど、現実は単純ではないのだ。

さらに、国際情勢に目を転ずれば、欧米各国は金本位制に苦しんでおり、金銀複本位制を支持する議論も出ている。金井は、近い将来、万国郵便連合や万国電信連合のように、貨幣についても金銀複本位制にするための国際通貨体制（「万国複本位同盟」）が実現すると予想していた。実際、一八九二年に、アメリカの提唱によって第三回国際貨幣会議がブリュッセルで開催され、国際複本位制の採用が議論されていた。なお、「貨幣制度調査会」において、銀本位制の維持を主張した七名の委員のうち五名が、将来、万国複本位同盟が成立した場合はこれに加盟すべきと主張したが、その五名の中には金井と渋沢が含まれていた〔岡田一九七五―二六五～六〕。

もちろん、金銀複本位制への移行という予想が外れ、金銀価格が変動して、金本位制が我が国にとって有利になる場合もあるかもしれない。しかし、そうなったら、その時に金本位制に移行すればよいではないか、というのが金井の論理であった。その論理の根底にあるのは、貨幣とは社会的人工物であり、歴史的産物であるという制度学派的・歴史学派的な大前提であった。「貨幣制度は必ずしも性質上先天的に何れを最も適当なりと為すの理なし、唯々本位貨幣の価格に高低なくして物価の変動を起さざるものを最も適当なりとするに過ぎず、（中略）畢竟貨幣制度も亦国民経済の全体と分離す可らざる歴史的産物の一たるに過ぎざるなり」［河合一九三九－八七四～五］。

金本位制下においては、通貨を固定レートで金と交換する約束を守るために、金準備を維持しなければならない。もし、輸入超過が続いて金準備が枯渇した場合、政府は、輸入を減らすべく、緊縮財政を断行して経済を減速させなければならない。金本位制を守るために、国民生活が犠牲になるのである。そのような国民の犠牲が、どうして正当化されるのか。それは、金本位制が絶対視されていたからにほかならない。

これに対して、歴史学派の思考訓練を受けていた金井は、金本位制を相対化することができた。金本位制など、しょせんは「歴史的産物の一たる」に過ぎない。金本位制を維持しようとすると国民生活が犠牲になるというならば、金本位制を放棄して、別の貨幣制度を採用すればよいではないか。金井は、金本位制のドグマから逃れ、プラグマティックに判断することができた。それを可能にしたのは、経済を歴史的に形成された「制度」として見る歴史学派の制度主義である。

渋沢は、当時の経済情勢では金準備不足を招くという理由で、金本位制への移行に反対したが、金属主義・商品貨幣論それ自体を疑うところまでには至らなかった。これに対して、より貨幣の本質に迫った金井は、名目主義的な貨幣観に到達し、金本位制を相対化することができたのである。

さらに金井は、一九〇三年の論文「日露開戦論」において、いっそう踏み込んだ議論を展開した。金井は熱心な主戦論者の一人であり、この「日露開戦論」は、対ロシア戦のための戦費調達が可能であることを論証しようとした論文であった。

その中で金井は、戦争遂行のために、一時的に金兌換を停止し、管理通貨制度に移行する可能性を示唆した。「且つ夫れ万々一の場合には日本銀行の兌換を停止して政府の直に処分し得る多額の資金を運転するの方法も亦之あるにあらずや」「不換紙幣の国民経済は誠に寒心すべきものあれども其の唯短日月にのみ限られ得る今回の場合に於てすら尚ほ且つ其の害毒を恐れて断乎たる活動をなすこと能はざるは是れ唯姑息の経済思想に拘泥するのみ」［河合一九三九―九二九］

金井が、戦時中の緊急避難的措置とは言え、金兌換の停止を示唆しているのは、重要である。世界恐慌時、各国は次々と金本位制から離脱したが、その際の先例となったのは、第一次世界大戦時の金本位制停止の経験であった。恐慌という緊急事態は、世界大戦という緊急事態を連想させたのである［中野二〇一六―第十二章］。金井もまた、日露戦争時に金兌換停止の可能性を示唆した。そのような判断が可能であったのは、金井が貨幣の本質を名目主義的かつ制度主義的にとらえていたからである。

経済ナショナリストにして歴史学派の金井は、渋沢をしてもなお超えられなかった商品貨幣論のドグマを超えて、次の時代の扉に手をかけていた。このことは、もっと高く評価されてよいのではないだろうか。

第七章　経済ナショナリスト・高橋是清

†前田正名と高橋是清

「日本資本主義の父」渋沢栄一が九二歳の大往生を遂げたのは一九三一年、奇しくも日本資本主義最大の危機と言うべき昭和恐慌・世界恐慌の只中であった。

同じ年、高橋是清（一八五四〜一九三六）は五度目となる大蔵大臣に就任し、この危機に処した。その際、高橋がケインズ主義的な財政金融政策を実行し、世界に先駆けて恐慌からの脱出に成功したことは、あまりにも有名である。「日本のケインズ」とも称された高橋の主な政策について、要約すれば、金本位制からの離脱と金兌換の停止、金利の引き下げ、日本銀行券の発行限度の引き上げ、そして日本銀行による国債の直接引き受けと財政支出の拡大である。

その高橋の政策が挙げた成果は、まさに劇的なものであった。例えば一九三一年から三六年にかけて、国民所得は六〇パーセント増加し、一九三六年には完全雇用の状態を達成したが、消費者物価は一八パーセントしか上昇しなかった。日本は、アメリカよりも五年も前に世界恐慌からの回復を果たしたのである［スメサースト二〇一〇—三三一〜二］。

高橋の政策は、金本位制や健全財政など、当時の正統教義であった経済自由主義から大幅に逸脱するものであると同時に、一九三六年に刊行されたケインズの『雇用・利子および貨幣の一般理論』を先取りするものであった。それゆえに、高橋が、こうした政策をどのようにして着想し得たかは、研究者たちの興味を大いにそそる魅力的なテーマである。

もっとも、財政政策に関しては、明治初期の大隈重信から政友会に至るまでの積極主義の潮流があった。とりわけ、日清・日露戦争後の明治政府は、積極主義に傾き、財政支出を拡大して、軍拡、産業振興、公共事業を推進した。また、第四章で論じたように、大蔵省で均衡財政を推進した渋沢栄一ですら、日露戦争後は積極主義に転じ、経済が変調を来たした際の財政出動を提言した。さらに渋沢は、日露戦争後や第一次世界大戦後の経済運営は「挙国一致」体制であるべきだと論じ、政府による経済管理の強化を提唱するに至っている。このように、第一次世界大戦など、大規模な総力戦の後、政府による経済管理が強まり、それが欧米においてケインズ主義的なマクロ経済運営のルーツの一つとなったというのは、『富国と強兵——地政経済学序説』で明らかにした通りである［中野二〇一六—第十二章］。

加えて、通貨政策に関しても、大隈重信などは、「銀行学派」的な貨幣観を抱いていた。金井延に至っては、金本位制に反対しただけでなく、デフレに関して、ケインズに先駆けた分析を示し、さらには緊急時における管理通貨体制への移行の可能性まで論じていた。したがって、高橋の洞察力と独創性に疑いの余地はないものの、当時の日本の知的環境の中に、ケインズ主義的な発想が生じる素地がまったくなかったわけではないのである。

その一方で、高橋の思想に直接的かつ多大な影響を与えた人物としては、彼が農商務省に勤務していた頃に出会い、行動を共にした前田正名（一八五〇～一九二一）が挙げられる［スメサースト二〇一〇―第五章］。

高橋自身も、前田の思い出として、こんなことを語っている。

私がよく根本根本といふことを言つて、原内閣の時代にも、『君はいつも根本とか国家とかいふ事ばかり言ふ』と云はれたけれども、それがちやうど、農商務省で前田君に会つた時に感じた私の考へから、始終ずつと進んで来よる。それで何か一つ計画を立てるのでも、根本はどうかといふことを私はいつも考へる。これを行つた結果がどうなる、病の根本はどうであると云ふ風に、根本から考へて行く。而してこれを行ふに就て、国家はどうなるといふ事を考へる。だから、今ちよつと事柄が起つた、どうこれを処置したらいいかといふ場合、一時的のことは考へない。起れば起つた原因から調べて行かねばならぬ。［随想録―二一三］

高橋を自覚的なナショナリストにしたのも、前田であった。

就中、一番感じたのは、前田君の国家観念であつた。（中略）即ち、国家と自分とちやうど観音様と信者のやうに、離れてゐるもののやうな心持で、国家を理解してをつたのだが、前田君と二日許り続けて話をしてゐる間に、どうも自分の今までの国家観念が浅薄であつたといふことに気がついた。国家といふものは、自分と離れて別にあるものではない。国家に対して、自己といふもののあるべき筈はない。自己と国家とは一つものである。観音様と信者とは、一体になつてこそ真正の信仰である。国家もこれと同じことである。かういふ風に、私は考へるやうになつた。

こんなわけで、私は先輩として前田君に余程私淑し、常に尊敬してをつた。［随想録―二一八］

この前田正名とは、いかなる人物であったのか。前田の特異な思想を分析する前に、彼の経歴を簡単に記しておこう。

前田正名は、一八五〇年、薩摩藩に生まれた。一八六五年、長崎へ藩費留学し、その間、年少ながら、薩摩藩の密使として長州に赴くなど、幕末・維新の動乱に身を投じた。維新後の一八六九年、念願のフランス留学を果たし、その間に、普仏戦争におけるフランスの敗北を経験した。一八七七年、七年ぶりに帰国するとともに、パリ万国博覧会準備のため、再び渡仏した後、一八七九年、帰朝して、大蔵省商務局勤務となった。当時の大蔵卿は、大隈重信である。前田は、大隈に『直接貿易意見一斑』を提出して、大隈財政のイデオローグの一人となった。在任中の前田は、しばしば国内物産調査に出かけ、全国を歩き回っている。また、明治十四年の政変により大隈が失脚し、松方正義が大蔵卿に就任すると、前田はヨーロッパ出張を命ぜられ、約一年間、ヨーロッパ各国の産業経済の調査を行い、一八八三年、帰国して農商務省に復帰した。

前田は、この国内調査と海外調査を基礎に、殖産興業政策を構想し、全三十巻に及ぶ膨大な『興業意見』の編纂に乗り出した。『興業意見』の編纂作業は苛烈を極め、過労死を出したほどであった。高橋は、日中は商標特許法令関係の仕事を務め、夜になると、この編纂作業に加わった。

当時、大蔵卿の松方を筆頭とする大蔵省は、緊縮財政を基本方針とする、いわゆる「松方財政」を進めており、その結果、松方デフレにより、地方産業は大きな打撃を受けていた。前田は、松方財政に批判的であり、『興業意見』の未定稿には、その批判が反映されていたため、松方によって修正や削除を余儀なくされた。松方を中心とする大蔵省との抗争に敗れた前田は、一八八五年、農商務省を非職された

その後、前田は山梨県知事を経て、一八八九年、工務局長として農商務省に復帰し、翌年、農商務次官に昇進した。前田はかねての殖産興業構想を進めようとしたが、陸奥宗光が農商務大臣になると、陸奥や秘書官の原敬と対立し、前田の構想は再び挫折を余儀なくされた。一八九〇年、前田は農商務次官を辞任した。

野に下った後の前田は、その残りの生涯を地方在来産業の振興のために捧げ、精力的な全国行脚を行った。そして、日本茶業界、大日本農会、日本蚕糸会、日本貿易協会、日本商工会といった十二の農商工各団体を組織するなど、産業組織化運動や農村計画運動を大いに盛り上げ、「布衣の宰相」と称された。

高橋是清についての包括的な研究を物したリチャード・J・スメサーストは、「高橋は、生涯を通じて前田の開発理念から逸脱することはなかったといっても過言ではなかろう」［スメサースト二〇一〇—一〇八］と書いている。

†前田正名の貨幣論

高橋に大きな影響を与えた前田正名の思想とは、どのようなものであったのだろうか。「彼の経済思想のエッセンスをすでに提示している」〔長一九六九―一〇八〕とされ、大隈重信の殖産興業政策を理論的に支えた『直接貿易意見一斑』と、「彼のいくつかの著作の中で最も体系的かつ鋭角的な見解を吐露している」〔祖田一九七三―一五五～六〕とされる『所見』をもとにして、明らかにしてみよう

まず、『直接貿易意見一斑』から繙いてみる。

当時、日本の商権は、開港以来、居留地の外国商人に掌握され、生糸や茶といった輸出品は低価格化を強いられていた。このため、大久保利通や大隈重信は、居留地外商を介さない直輸出を振興し、正貨を獲得する構想を抱いていた。この構想を体系的に論じたのが『直接貿易意見一斑』である。

この中で、前田は、直接貿易の実現のための具体策として、帝国銀行の設立、貿易会社の設立、生産者の団結・組織化を挙げている。このうち、前二者は、大隈財政の下で、横浜正金銀行の設立や、直輸出会社の保護といった政策に具現化した。また、生産者の団結・組織化は、前田の生涯を通じた中心的な主張そして実践となっていく〔祖田一九七三―一六八～七二〕。『直接貿易意見一斑』は、後の前田の殖産興業構想の原型を示しており、その意味で重要である。

しかし、ここで、より強く光を当てたいのは、『直接貿易意見一斑』の中に示された前田の

貨幣論である。

前章において述べたように、大隈財政下では、一八七八年以降、インフレが高進してきたため、その原因を通貨膨張に求める「通貨学派」的見解と、正貨の流出に求める「銀行学派的」見解との間で論争が起きた。大隈の見解は後者であり、それゆえ、正貨の流出を防止するため、輸出産業を振興する政策を採用したのである。

前田も、『直接貿易意見一斑』の中で、「通貨学派」的見解を否定する。彼の分析によれば、インフレの原因は、紙幣の濫発のためではなく、貿易収支の悪化により正貨が流出したため、人々が紙幣の価値に対する信認を失ったからであった。

現時紙幣下落ノ度ニ傾キタルハ輸出入ノ不平均ニ由リ年々濫出ノ正貨凡ソ七百万円内外ノ多キニ至リ大ニ世人ノ空想即チ「パニック」ヲ起シタルニ出ツルモノナリ蓋シ紙幣ノ下落ハ正貨ノ不足ニ起リ正貨ノ不足ハ濫出ノ多キニ因ル而シテ濫出ノ多キハ貿易上我商権ヲ失ヒ彼ノ圧抑ヲ受ケ自カラ失敗ヲ招クノ致ス所ナリ〔直接貿易意見一斑―四二～三〕

そうであるならば、インフレ抑止策は、紙幣の数量を減らすことにあるのではなく、貿易収支を改善することにあるはずだ。ところが、自由貿易論は、貿易収支の改善のための産業政策を否認するのである。そのような自由貿易論を、前田は「空理」と一蹴する。

然ルニ妄ニ紙幣ノ増発ヲ咎メ焼却ノ説ヲ信シテ更ニ貿易ノ実理ヲ顧ミス貿易ハ政府ノ勧奨保護ス可キモノニ非ス人民ノ自由ニ任スルヲ以テ自然ノ定則ナリトシ一概ニ放擲スルハ固ヨリ空理ニ惑ヒ実務ヲ知ラサルノ致ス所タルヲ免カレサルナリ〔直接貿易意見一斑―四三〕

紙幣焼却論者（通貨学派）は、紙幣をビンいっぱいに満たされた冷水、正貨をビンの四分の一を満たす温水に喩える。両者を混ぜると、温水の温度は下がり過ぎる。そこで、冷水をビンの半分だけ捨てれば、温水の温度は適度になる。紙幣焼却論者は、こう主張するというのである。これに対して、前田は、冷水を捨てるのではなく、温水を熱してその温度を上げればよいと提案する〔直接貿易意見一斑―四三～四〕。

「温水を熱する」とは、言うまでもなく、貿易収支を改善し、正貨を増やすために輸出産業を振興することを意味している。これに対して、「冷水を捨てる」とは、政府は市場に介入せず、通貨供給量を減らすことの比喩である。

この比喩が示すように、インフレの原因を通貨供給量の過剰に求める見解は、「消極主義」との親和性が高くなる。逆に、インフレの原因を輸入超過に求める立場は、政府が市場に介入する「積極主義」に近づくであろう。言い換えれば、「冷水を捨てる」のも「温水を熱する」のも、水の温度を適度にする「均衡」を目指しているが、前者は「縮小均衡」であるのに対して、後者は「拡大均衡」なのである。経済政策における「消極主義（縮小均衡）」と「積極主義（拡大均衡）」の相違は、貨幣論の相違と深く関係している。そのことが、前田の議論からもはっきりと分かるであろう。

もっとも、前田が『直接貿易意見一斑』を提出した一八七九年当時のインフレは、前章で述べたように、西南戦争による巨額の軍事支出とその乗数効果がもたらした総需要の過剰に主たる原因があるのであって、輸入超過と正貨の流出はその結果に過ぎない。

したがって、総需要が過剰である以上、貿易収支の是正をしたところで、インフレが収まるわけではない。それどころか、輸出の振興のための殖産興業政策は、さらに総需要を増加させる副作用があり、かえってインフレを悪化させてしまう恐れもある。実際、大隈は、前田の提言した政策を採用したが、インフレの抑制には失敗し、それ以降、発言力を後退させることとなった。

とは言え、インフレの原因を通貨供給量にではなく、実体経済の需給構造に求めた前田（と大隈）の認識自体は、間違いではない。当時のインフレは、西南戦争による需要超過が原因である。また、経済成長を実現するためには、輸出の振興による貿易不均衡の是正や、直輸出の実現、あるいは生産者の団結・組織化は、いずれも必要な政策であった。

前田とは対照的に、インフレの原因は紙幣の増発にあると信じた松方正義は、激しいデフレ政策を断行して、地方の農工業に壊滅的な打撃を与えることとなった。松方は、産業を犠牲にして、物価の安定を優先させたのである。この松方の方針に激しく反発した前田は、農商務省の非職へと追い込まれてしまった。

†前田正名の経済ナショナリズム

『所見』は、農商務次官を辞して野に下り、一民間人の立場から地方在来産業の振興に身を投じようとするにあたり、前田が自らの理念を総括すべく著された小冊子である。

そこには、前田の強烈なナショナリズムが明確に表明されている。

我四千万同胞ハ常ニ国家的観念ヲ離ルヘカラス乃チ日本ノ二字ヲ脳裏ニ印シテ一日モ之ヲ忘ルヘカラス然ラサレハ如何ニ国民ノ進歩ヲ計リ如何ニ国家ノ発達ヲ希フモ其立脚ノ地牢固ナラス猶ホ沙上ニ大廈ヲ築カントスルカ如ケン

欧州諸国皆其歴史ヲ異ニセルト同ク其国家ヲ異ニセリ故ニ国民ノ観念各国其趣ヲ異ニシ一国進歩ノ方向亦曾て同一ノ轍ニ依ラス是レ皆己レノ国家ヲ知レハナリ［所見―五］

前田の強烈なナショナリズムには、二つの起源が考えられる。一つは、彼が幕末の薩摩藩で尊王攘夷の空気を吸って育ったということ、そしてもう一つはフランス留学である。海外で近代文明に触れ、西洋による植民地支配を目撃して、反帝国主義的なナショナリズムを強める後進国のエリートは少なくないが、加えて、前田の場合、普仏戦争によるフランスの敗戦を体験したことが大きかった。フランスは、優れた軍隊組織や武器をもちながら、兵士の士気などの人間的要素が劣後したために敗北した。そう理解した前田は、人間的要素を向上させれば先進西洋文明国にも勝てるという確信を得たのだ〔長一九六九―九七～一〇二：祖田一九七三―五二〕。

前田については、そのナショナリズムの激情が強調されがちである。しかし、先の『所見』からの引用にあるように、前田が説いたのは精神論や感情論だけではなかった。彼のナショナリズムは、「国ごとに歴史や環境が異なるように、発展の在り方も国によって異なる」という歴史学派的あるいは個別主義的な認識をも含んだものだったのである。

また、前田は、次のようにも言う。富国強兵の希望や愛国心自体は、まことに結構ではあるが、「然リト雖モ希望ハ架空ナリ精神ハ無形ニ属ス独リ重ンスル所ノモノハ実際ノ計画ヲ立テ着々其歩ヲ進ムルニアルノミ」〔所見―二八〕。動機や感情としてのナショナリズムだけでは十分ではない。そのナショナリズムに、実際的・計画的に事業を推進する実践を伴わなければならないと前田は説いた。

前田のナショナリズムには、自国に固有の時と状況を考慮するという個別主義が含まれているが、事業を着実に進めるプラグマティズムもまた、実際の時と状況に基づいて判断を決めることを求める。個別主義のナショナリズムは、プラグマティズムと親和的なのである。

そのナショナリズムとプラグマティズムに則って、前田は、貿易に関しては、保護主義を唱えた。当時の日本が置かれた状況に鑑みて、貿易保護が必要であると判断したのである。

自由貿易であれ保護貿易であれ、時と状況といった脈絡に依存しない普遍の原則ではあり得ない。「其物、其時ニ由リ保護スヘキアリ放任スヘキアリ之ヲ物ニ問ヒ之ヲ時ニ尋ネ判断宜キヲ得サルヘカラス」〔所見―六一〕。そういうプラグマティズムを欠いた学者の論争を、前田は心底嫌悪していた。彼が特に反発したのは、「産業ノ発達」という実践を、「理論ノ規矩ニ準拠セシメントスル」思想であった。すなわち合理主義である。


然ルニ世人動モスレハ我国ノ産業ヲ論スルニ当リ区々学理ノ末ニ馳セテ其国柄ノ如何ヲ顧ミス曰保護、曰放任議論百出其甚キハ産業ノ発達ヲ理論ノ規矩ニ準拠セシメントスルモノアルニ至ル嗚呼何ソ誤マレルノ甚キヤ学理ニハ国ノ境域ナク産業ニハ特殊ノ国柄アルヲ知ラサルヘカラス況ヤ又我国今日ノ産業ヲ説クニ当テハ他ノ発達セル欧州諸国ノ現在ヲ以テ律スヘ

カラサルモノアルオヤ〔所見―六一〕

理論において操作される抽象論理は、国ごとの具体的な状況の相違などを捨象する（学理ニハ国ノ境域ナク）。しかし、産業というものは、その国の置かれた個別具体的な状況に依存する（産業ニハ特殊ノ国柄アル）。したがって、産業の発達に関して、時、場所、状況といった脈絡に依存せずに妥当するような抽象的な原則を求めるべきではない。

この前田の批判は、今日でも十分に妥当する。現在の主流派経済学も、依然として「学理ニハ国ノ境域ナク」といった状態である。例えば、一九九〇年代、国際通貨基金（ＩＭＦ）や世界銀行のエコノミストたちは、開発途上国を支援するに当たり、主流派経済学の理論に則り、各国の国情を無視して一律に、貿易自由化、資本移動の自由化あるいは民営化といった政策を推進した。その頃、世界銀行のチーフ・エコノミストをつとめたアン・クルーガーは、ある会議で「ＩＭＦや世界銀行が歴史を研究するのは時間の有効な使い方だとは思われない」と言い放ったという〔大野二〇〇〇―三七〕。しかし、こうした国際通貨基金や世界銀行のやり方は、開発途上諸国に経済的のみならず社会的な混乱をもたらす結果に終わった〔Stiglitz 2003〕。それでもなお、今日の主流派経済学者は、「国ノ境域」の概念を欠いたまま、ただ徒にグローバル化を唱えるのみである。

前田の議論に戻ると、彼は「産業ニハ特殊ノ国柄アル」と述べたが、その「国柄」として例示されるのは、国土の位置、国民の気質、智識、風土、民力、時勢、物産の種類等である。

産業ハ致富ノ元資ナリ苟モ国家ノ富強ヲ談セント欲セハ先ツ其産業ニ注目セサルヘカラス産業ヲ発達セシメント欲セハ国土ノ位置、国民ノ気質、智識ノ浅深、風土ノ差違、民力ノ厚薄、時勢ノ変遷、物産ノ種類等皆其関係ノ大ナルヲ知ラサルヘカラス〔所見―六〇〕

さらに、産業の発達に必要なのは、国柄だけではない。前田は、欧州各国を調査した結果、各国の産業政策が大きな役割を果たしていることを喝破した。「然レトモ又深ク欧州各国致富ノ原因ヲ繹ヌレハ独リ其国ノ位置人民ノ気象如何ニ因ルノミナラス政府ノ保護奨励其富ヲ得タルニ在ルヤ亦疑フヘカラス」〔所見―六二〕。

よって結論は、自国の歴史や環境から形成されてきた国柄を十分に調査し、かつ時勢を判断した上で、その脈絡に合致した産業振興政策や保護政策を実行すべしということになる。

もはや言うまでもないとは思うが、この前田の経済思想は、ドイツ歴史学派のそれと驚くほど酷似している。「日本歴史学派」なるものがあるとすれば、その開祖という名誉は、前田に与えられるべきであろう。

前田と渋沢はほぼ同時代を生きたが、この二人の思想の共通性については、もはや多言を要すまい。もっとも、渋沢はそのナショナリズムとプラグマティズムを論語から導き出したことを強調したのに対し、前田は儒学を重視しているようには見えない。しかし、前田が、「人ノ意見」に基づいて判断するのではなく、「物」に問いかけよと説くとき〔所見―付録二〕の「物」とは、「格物致知」における「物」と同義であると言ってよいだろう。

古学・実学の流れを汲む荻生徂徠は、「格物致知」を「物が向こうから来て、知に至る」、すなわち実際の経験による習熟を通じて「実践知（practical knowledge）」を獲得することと解した〔中野二〇一二―一〇八〕。その古学・実学的な解釈による「物」を、前田は何よりも重視した。

前田にとっての「物」とは、産業の発達の根本をなす「国柄」である。「之ヲ要スルニ目下ノ急務ハ其根本タル国柄ヲ知リ又物ト時トノ区別ヲ明ニシ推想ノ意見ニ由ラス一時ノ感情ニ走ラス能ク我国ノ実際ヲ調査シ然ル後確乎タル方針ヲ定ムヘキナリ」〔所見―六二〕。

産業の発達の根本原因である「国柄」を知るには、その国柄という「物」と直接交わる以外にない。そのような確信が、前田をして、『興業意見』をはじめとする膨大な産業調査や超人的な全国行脚へと向かわせたのである。

長幸男（ちょうゆきお）もまた、「人ノ意見」ではなく「物」自体に問うという前田のプラグマティックな姿勢を重視している。それは、「個々の具体的条件を超越した普遍原理によって個別的状況も窮極的のところ貫かれるとする理論的信仰に立つよりは、個別的状況に合致する小法則、したがって、その状況に対症的に合致する政策を重視する立場」であり、「抽象的普遍原理の客観的論理構成にしたがうという意味での形式的合理主義を基礎とするよりは、環境または客体に実践的に働きかけて、主体・状況・対象に変化をもたらすために有効な認識（＝行為の対象としてえらばれた事物の諸関連についての認識）を獲得しようとする」〔長一九六九—一〇八〜一〇九〕ものであった。長は、前田を「実学インテリゲンチヤ」〔長一九六九—八七〕と評している。

極めて興味深いことに、前田は、『所見』の読者に向けて、書物の字句をそのまま鵜呑みにする「死読」ではなく、その主旨を察し、具体的な事実に応用する「活読」をせよと説いている〔所見—付録七〕。彼のプラグマティズムは、ここまで徹底していた。

†高橋是清のプラグマティズム

普遍的な抽象原理を求めるのではなく、時と状況に応じて判断し、行動するという前田のプラグマティズムは、高橋の美徳でもあった。

経済政策というものは、「その実行の時機と方法が難しいのである」〔随想録—一二三〕と高橋は言う。経済は変動するものであり、その変動に応じた措置が必要である。そのためには、時と状況に応じて対応するしかない。すべての状況に画一的に当てはまる理論などないのである。

「起伏常なき経済界に臨むには単に理論のみに立脚して論議すべきものに非ず。ことに責任の地位に立つものはその実状に応じ機宜の処置を執り、以てその起伏の程度を少からしめざるべからず」［経済論―一〇二］。

イデオロギーに対する警戒も、プラグマティズムから発するものである。

自由主義とか統制主義とか、いろいろ議論があるけれども、政治は主義ではなく実際であつて、一方の主義に偏することなく、専ら事の宜しきに応じなければならぬ。自由といつても極端の放任は出来ないと同時に、統制といつても極端に自由を束縛してはいけないのである。これはいふまでもないことで、すべて事の宜しきに応じて誤りなきを期することが政治である。［経済論―四七九］

ただし、高橋は、学問を軽んじていたわけではなかった。むしろ、プラグマティックに機会を捉えるには、学問を修めておく必要があると述べている［随想録―一〇二〜三］。生涯にわたって、独学で貪欲に本を読んでいた。和書のみならず、洋書もである。二・二六事件で亡くなった前年にも、刊行間もないウェッブ夫妻の『ソビエト共産主義』を読みふける高橋の写真が残っている［スメサースト二〇一〇―三七二］。

ただし、高橋の学問観は、「学問はこれを使ってこそ、始めて、効用がある」というものであった。やはり、プラグマティズムである。「世間の実況を観るに、学問を利用せずして、反てその奴隷となる人が少くないようである。而してこれ実に職務に成功せざるゆゑんの重大なる一原因である」［随想録―一一二］と高橋は戒めている。

では、職務に成功するには、どうしたらよいか。「その環境に安んじ、その職務は運命に依つて授つたものと観念し、所謂天命に安んじて精神を籠め、誠心誠意を以てその職務に向かつて奮戦激闘しなければならぬ」［随想録―一一二～三］。

実践家は、自分の力ではどうすることもできない偶然の状況や生まれた時代に制約されていることを思い知り、それを「天命」と感じるもののようである。荻生徂徠は、「天命を知る」のが君子であると言った［中野二〇一二―一三二］。渋沢栄一もまた、「天命」に言い及んだ。「思ふに世の中のことには『自然の成行』といふことがある。語を換えていへば『天命』といふものがある。如何に人間が悶え騒いだからとて、人間力の及ばぬ点はどうすることも出来ない。故に所謂『人事を尽して天命を待つ』で、自分の尽すことだけ尽したら、それから先は天命に任せるより外仕方がない」［青淵百話―六二五］。

特に高橋について、我々は彼の非業の死を知っているだけに、彼が「天命」と言うのをとりわけ重く受け止めずにはいられない。

†経済ナショナリズムと「根本」

高橋は、前田から「根本」、すなわち事象の根本原因を常に問い質すという姿勢を学んだ。その前田にとって、国家の「根本」とは「国力」であった。「苟モ国家ノ発達国民ノ進歩ヲ説ント欲セハ先ツ其根本タル国力ヲ養成スルノ後ヲ待タサルヘカラス」〔所見―二九〕。また、前田は、『興業意見』の編纂に当たって、高橋に「一口に言へば、日本の富国強兵の本は、政治も必要であるが、より以上に必要なのは産業の組織でなければならぬ」〔随想録―一三二〕と言ったという。

前田は国家的観念を片時も忘れるなと説いたが、高橋も、経済発展の「根本」は国家精神(ナショナリズム)だとしている。「殖産興業の発達にしたところが、資本と労働とばかりではいかない。その動機、即ち根本たる精神が大切だ。所謂国家精神でやらなければならぬ」〔随想録―一二四〕。

ナショナリズムが求められるのは、殖産興業政策を実施する政府だけではない。国民一般も、である。例えば、高橋は、実業界に「国家的の実業家といふ者」〔経済論―一二五〕が出現することを望んでいる。我々は「国家的の実業家」と聞いて、「忠君愛国」を家訓の第一とした渋沢栄一のことを自然と連想するであろう。

さらに、高橋は、金解禁を目前にした一九二九年には、貿易収支の改善のために国産品の消費の促進を訴える中で、消費者、生産者、流通業者、金融業者それぞれが「国家観念を起して」、「専心国家的に協同する」ことを求めている〔経済論―一六九～七〇〕。

要するに、前田と高橋にとって、経済の「根本」は、ナショナリズムによって動かされる産業組織なのであり、それこそが「国力」なのであった。

高橋は、「国力」を「国民の生産力」と言い換えている。経済の根本は物資ではなく、その物資を生み出す国民の生産力にある。その「国民の生産力」に必要な要素は、資本、労働、経済の能力、企業心である。この四つの要素が一致することで、生産力は増大する。しかし、例えば、資本と労働が対立すれば、一国の生産力を損なわれるであろう。生産力は、国民が見知らぬ他の国民と「協同共営」して働くということで生まれるのである〔随想録―二六八～二七六〕。国民が「協同共営」するには、ナショナリズムによって統合されている必要がある。だから、「国力＝国民の生産力」の根本は、ナショナリズムだというのである。

この「国力」あるいは「国民の生産力」の重視こそ、ドイツ歴史学派の開祖と目されているフリードリヒ・リストの経済ナショナリズムの中核にあるものだ。

リストは、言う。「富の原因は富そのものとはまったく別のもの」であり、そして、「富をつくり出す力」は、「富そのものよりも無限に重要である」〔リスト一九七〇―一九七〕。この「富をつくり出す力」を探求する理論として、リストは「生産諸力の理論」を提唱した。

この「生産諸力の理論」は、「結合」という概念を導入する。

アダム・スミスは、ピンの製造を例にとって、「分業」による生産性の向上を説いた。これに対して、リストは、次のように論じた。

「分業」と呼ばれる作業の本質は、「あきらかにたんなる分業ではなくて、さまざまな作業を幾人もの人々のあいだに分割することであるが、それは同時にまた、さまざまな行為や判断や力を一つの共同的生産gemeinschaftliche Produktionのために結合したり統一したりすることである。この作業の生産性の基礎は、前者の分割ということのなかにだけあるのではなくて、本質的には後者の結合ということのなかにある」〔リスト一九七〇―二一三〜四〕。

「結合」とは、分業された作業を協働させる集団行動のことである。それによって、生産規模をn倍にすると生産量がn倍以上となる「収穫逓増の法則」が働くのである「それは、きわめて複雑な作業場では十人の人が一人の人の生産するところよりも十倍多く生産するにとどまらず、おそらくは三〇倍多く生産するのとおなじ理由によるものにほかならず、一人の一本の腕の男が一人の二本の腕の男よりも半分しか働けないどころではなく、比較にならないほど少ししか働けないのとおなじ理由によるものである」〔リスト一九七〇―二一七〕。

さらに「結合」による収穫逓増は、産業全体、そして国民経済全体にも働く。

生産諸力の増大が、作業の分割と個人的諸力の結合との結果、個々の工場にはじまって国民的結合にまで高まってゆくしだいを注目されたい。工場は、作業の分割されることが多ければ多いほど、労働者の結合されることが緊密であればあるほど、さらに全体への各個人の協力が確保されていればいるほど、ますます繁栄する。一つ一つの工場の生産力は、その国の全工業力があらゆる部門にわたって発達していればいるほど、またこの工場が他のあらゆる工業部門と密接に結合していればいるほど、いよいよ大きい。農業生産力は、あらゆる部門にわたって発達した工業力が地域的、商業的、政治的に農業と緊密に結びついていればいるほど、いよいよ大きい。工業力のこの発達に比例して、作業分割および生産諸力の結合もまた農業で発達し、農業を最高度の発達にまで高めるであろう。したがって、あらゆる部門にわたる工業力を自分の領土内で発達させて最高度に完成させているような国民、その領土が十分に広くその農産物が十分に豊富で工業人口にその必要とする食料と原料との大部分を供給することができるような国民は、最大の生産力を所有するであろうし、それゆえにまた最も豊かな国民だということになるであろう。〔リスト一九七〇―二一六〜七〕

ここでリストの理論を長く引用した理由は、高橋そして前田の思想との類似を強調するためであるが、それだけではない。他ならぬ高橋自身が「国民の生産力」を論じる中で、リストに言及しているからである。

高橋は言う。かのアダム・スミスは、国富とは金銀であるとする従来の説（重商主義）を駁して、国富とは物資であると説いた。これに対して、リストは、国富＝物資の「根本」を問い質し、国民の生産力にまで分析を届かせたことで、スミスを超えた。

故にその物資の生産を如何に最大可能ならしむるかといふことが、経世家にとつて最も肝要な点である、これがアダム・スミスの国家論の眼目である。

しかるにこれより後五十年ばかり後れてドイツのアダム・スミスともいふべきかのフリードリッヒ・リストが出た。彼は、国富はなるほど大切である、しかしこの国富を生産しこれを増殖していくところのものは何ものであるか、これは国民の生産力である、して見れば物資以上に大切なものは国民の生産力でなくてはならぬ、といふことを高唱したのである。

［経済論―七］

†保護主義

高橋は、前田の薫陶を受け、リストを高く評価するという、筋金入りの経済ナショナリストである。その高橋が、保護主義を擁護したとて、何ら驚くには当たらない。

一八七五年、英語学校教員だった二十歳の高橋は、「共存同衆」という研究会において、イギリス留学から帰国した馬場辰猪(たつい)の自由貿易論に対抗して、保護貿易を擁護する演説を行った。この時、高橋が展開した主張は、いわゆる「幼稚産業保護論」であった。しかし、そのことよりも興味深いのは、自由貿易論者が「自由交換の天理」なるものによって自由貿易を擁護し、保護貿易を拒否したのに対し、高橋は、その合理主義的な論理自体に批判を浴びせていることである。

高橋が展開した論理は、次にみるように、弱冠二十歳の青年にしては、恐ろしいほどに知的に洗練されたものであった。

そもそも「自由交換の天理」とは、物品を何の制約もなく自由に交換できる権利のことであろうから、それは、人間が自由に物品を所有し得る「自由所有権の天理」を前提としているはずである。だが、「自由所有権の天理」など、どこにも見出せない。未開社会においては、所有権は権力の強弱に従って存在していたし、文明社会においては、所有権は国法によって定立している。「しからば所有権は国法の制定に待つものであつて天然の自由ではない」〔経済論―七七〕。ここで高橋は、所有権は歴史的な人工物であるという歴史主義・制度主義によって、自由貿易論の基礎にある自然法学的な論理を破壊しているのである。これは、農商務省において前田の薫陶を受けるよりも前のことである。

さらに高橋は、アメリカの製鉄業やフランスの製糖業を例に、保護主義の有効性を示しつつ、自由貿易論者が現実を無視していると批判する。自由貿易論という「人ノ意見」に頼るのではなく、「物」に問うているのである。

　しかるに自由貿易論者はこれら実際の事実を調査研究せずして、いたづらに架空の理屈を述べて、世人を惑乱するが如きは甚だ遺憾である。もとより自由貿易論を主唱するも、また保護税説を主張するも、おのおの愛国の精神に出づるに相違ないが、各国、風土人情の異なるは勿論、開明の進度にしたがひ、人智に深浅あり、技芸に優劣あり、器械に精粗ある故に一様に論じ去ることが出来ない。〔経済論—八〇〕

興味深いことに、ここで高橋は、自由貿易論者もまた、「愛国の精神」すなわちナショナリズムから自由貿易を主張していることを喝破している。イギリスが自由貿易を主張しているのは、「自由交換の天理」に従っているわけではなく、自由貿易がイギリスの国益にとって有利だからというに過ぎない。自由貿易論の背後には、イギリスの経済ナショナリズムがあるのだ。

フリードリヒ・リストが見抜いたのも、まさにこのことだった。イギリスは、自国の産業が発展するまでは保護貿易を行い、圧倒的な競争優位を獲得してから自由貿易に転じた。リストにとって、自由貿易論とは、イギリスの狡猾な戦略であった。

権勢の頂点に達すると、そこへよじのぼるのに使ったはしごをうしろへ投げ捨てて、他人があとからのぼってくる手段をなくすということは、ありふれた処世術である。ここに、アダム・スミスの世界主義的学説の、また彼の偉大な同時代人ウィリアム・ピットおよびその後継者たちのイギリスの国政上での世界主義的傾向の、秘密があるのだ。保護政策と海運の制限とによって自国の工業力と海運とを大きく発展させ、他のどんな国民も自国と自由競争を行なうことができないまでになった国民がなしうる最も賢明なことは、この権勢へのはしごを投げ捨てて、他国民には自由貿易の利益を説教し、自分のことを、これまでは誤った道を踏んできたがいまこそやっと真理の認識に達したと、悔みながら告発することである。

［リスト一九七〇―四二二］

リストにしてみれば、イギリス留学から帰国して自由貿易論を唱えた馬場辰猪などは、このイギリスの戦略にまんまと乗せられた者ということになろう。だが、それは、高橋には通用しなかった。

この時の高橋の保護主義は、典型的な幼稚産業保護論である。明治初期の日本のような開発途上国に対する幼稚産業保護としての保護主義は、主流派経済学の枠組みにおいても、自由貿易の原則の例外として認められてはいる。しかし、高橋の場合は、後々までも、そもそも「自由貿易必ずしもその国の殖産興業を、発達せしむるの最上の政策とは、私は信じてをらない」〔経済論―二六五〕という立場であった。

さらに重要なのは、若き日の自由貿易批判の演説からおよそ半世紀後、高橋は、保護主義を擁護するのに、当時の幼稚産業保護論とは別の論理を加えるようになっていた。それは、失業対策としての保護主義であった。産業というよりはむしろ雇用を保護するという論理である。

また一面においては保護奨励の結果、国内に各種の産業が繁栄するやうになれば、それだけわが労働者の勤務の機会が多くなるのであります。換言すれば失業の危険が少なくなるのであります、されば私は産業の保護といふことは、今日では資本家や、企業家の利益なりといはんよりは、むしろ国内労働の保護、と考へてゐるのであります。〔経済論―八四〜五〕

「国内労働の保護」という目的に立つならば、保護主義は、もはや開発途上国にのみ認められた幼稚産業保護政策ではなく、先進国にも適用可能な社会政策の一種となろう。

この議論の中で、高橋は、失業対策としては、政府による直接給付という手段もあるが、それと産業保護による雇用の確保とでは、いずれが優れているかは、今後の検討課題であると述べている［経済論一八五］。もっとも、次章において論じるように、高橋は「人の働き」を最も重視するという理念の持主であったから、彼は保護主義による雇用の確保をより好ましいと考えていたと思われる。

ちなみに、一九三〇年代の保護主義の連鎖が世界恐慌を悪化させたという説が広く信じられているが、この説は誤りである。実際には、当時の保護主義が世界経済に与えた打撃は、仮にあったとしてもわずかなものに過ぎなかったことが、すでに明らかにされている。というのも高関税や貿易制限により需要は一方的に減少するわけではなく、むしろそれによって内需が拡大する分もあるからである［Dornbusch and Fischer 1984; Eichengreen 1986; Temin 1991, 81］。

†産業政策

高橋は、一九二九年、金解禁が強行されようとしているのに反対し、「金解禁の根本は、輸入超過の大勢を圧へ、輸出を奨励して、国際貸借上貸方に廻るやうになる事が先決問題である」［経済論一六八］と論じた。そして、前田から受け継いだ「根本」という言葉を用いつつ、前田の『直接貿易意見一斑』と同じ論理で、正貨を獲得するための産業政策を説いた。しかも、その産業政策の具体的な内容も、前田と同様、「協同」であった。

ここにおいて、金解禁の第一着手として、政府は全日本の国民に対し、舶来品を使はず、出来るだけ国産品を使はねばならぬといふ考へを徹底せしむるの必要がある。

既に国民の気分が国産品の消費に徹底してくれば、これら消費者に物資を供給する生産者並びに配給者〔商人〕も同じやうに、国家観念を起して、なるべく良き品物を安価に供給せんと努力するに至り、従来の如く小規模のものが各々独立して兄弟内に鬩ぐの陋習を去つて一意協同の精神を発揮するようになる。（中略）

右の如くして、消費者、生産者、配給者、金融業者の心が揃つて、専心国家的に協同するやうになれば、国内の産業はますます発展し来り殷賑を加ふるに至り、したがつて資本も動くやうになり、国民の働く目的もちやんと樹つてくるから、不景気風の如きは吹き飛ばされてしまふ。〔経済論一六九〜一七〇〕

このように、高橋は、貿易収支の改善のために国産品の消費を奨励し、かつ、消費者、生産者、流通業者、金融業者が「専心国家的に協同する」ことを求めている。これは、経済ナショナリズムの典型的な表明である。

このような経済ナショナリズムは、自国の利益のために他国を収奪するという、攻撃的な重商主義政策あるいは「近隣窮乏化」政策と連想されがちである。例えば、不況時に自国通貨を一方的に切り下げて輸出を拡大しようとする政策が、それである。

確かに、高橋は、大蔵大臣に復帰したその日(一九三一年十二月十三日)に金輸出再禁止を決定し、対英ポンドで四〇％の自国通貨の切り下げを行った。一九三二年中の日本の通貨の下落率は、他国を上回るものであった。これにより、世界の貿易が縮小する中で、日本の輸出は好調を維持した。このことから、高橋の経済政策は、いわゆる「近隣窮乏化」政策であったという批判もあり得る。

これに対して、高橋は、金輸出再禁止の目的は、輸出の増進と適正な通貨供給の二つであるとして、輸出振興の側面を認めつつも、日本の輸出の増大は円安によるものだけではなく、日本の産業の国際競争力によるものであると反論している［随想録―一八六～九〇］。

なお、鎮目(しずめ)雅人は、円の為替相場は一九三二年中は他国を上回って下落したが、一九三三年以降は英ポンド圏と同様の動きであったことを示しつつ、「日本にとっては、金本位制からの離脱が必ずしも完全な変動為替レート制への移行を意味しておらず、金本位制からの離脱は、固定為替レート制のもとで維持可能な水準の為替レートを切り下げるための短期的な措置とみるほうが実態に近い」［鎮目二〇〇九―四〇］と指摘している。この鎮目の見解を踏まえると、高橋は「近隣窮乏化」政策を意図したのではなく、あくまで、適正な平価の下での固定為替相場制を目ざしたと言える。

さらに高橋は、世界がブロック経済化する中では、輸出主導による景気回復は望みえないのであり、したがって「何よりも国内の購買力を涵養して行くことが肝要である」［随想録―一九一～二］と言う。そして、はっきりと、内需主導の成長戦略を提唱したのである。

しかして如何なる国家においても国民生産額の大部分は国内市場において売買せられ、消費せられて、外国貿易に仕向けらるゝものはその二、三割に出でざるものであります。故に産業政策上対外関係のみに重きをおきて、対内関係を忘却するは本末を顚倒するものであります。（中略）したがつていやしくも産業に関する限り、輸出品たると国内消費物たるとを問はず、その奨励すべきはこれを奨励し、助長すべきはこれを助長し、いたづらに眼を海外にのみ馳せ、内を整ふることを怠らざるやう致したいと考へます。［経済論―三九〇～一］

以上を総合的に勘案すると、世界恐慌期における高橋の経済政策には、輸出の拡大を企図する側面があったことは否定できないものの、それは為替相場の適正化を通じてのことに過ぎないのであり、その真意は「近隣窮乏化」政策のようなものというよりはむしろ、国民の購買力の保護と内需の拡大という「防衛的」なものに重点があったと言える。

†第一次世界大戦による大転換

世界恐慌期に高橋が提唱した産業政策は、「消費者、生産者、配給者、金融業者の心が揃って、専心国家的に協同する」という集合主義的かつナショナリスティックなものであった。そのルーツは、彼の師とも言うべき前田正名にたどることができる。ただし、そこには、前田の影響に加えて、第一次世界大戦が引き起こした経済構造の変化という背景もあった。

第一次世界大戦終結直後の一九一九年、高橋は戦後の経済運営として、こう提言している。「内は産業資金の充実を図りて生産事業の発展を促進するに適当なる組織を樹て、外は貨物の輸入に対する適度の節制を加ふるとともに、貨物輸出の増進を図りて海外投資の余力を生ぜしめ、国際貸借上の権衡宜しきを制するに努むるに至るや論なしとす」〔経済論―一〇五〕。あるいは、同年、こうも述べている。「(戦後の欧米諸国との)競争に対抗して打勝つには、まず第一に国民の能力と労力と資本、この三者を最も経済的に組織して、その統一を図ることが最も必要であらう」〔経済論―三六三〕。

このように、高橋は、世界恐慌の際に提唱した集合主義的な経済運営を、すでに第一次世界大戦直後には発想していた。その背景には、第一次世界大戦が引き起こした産業組織や経済構造、さらにはイデオロギー上の一大変革があった。高橋は、この一大変革を察知して、集合主義的な経済運営を強調するようになったのである。

おもふに今や世界は復興改造の時代に入り、各般の方面においてその面目を一新せむとし、旧物は以て新組織に適応する能はず、財界また革新の機運に際会し、財政経済上の新組織を樹立せむとするの情勢いよいよ顕著なるを見るに至れり。〔経済論―一〇三〕

高橋が認識した変革とは、第一次世界大戦が経済に及ぼした影響に起因していた。まず、第一次世界大戦は総力戦であり、かつ長引いたため、経済における政府の役割が格段に大きくなった。例えば、一九一三年と一九一八年の間に、国内総生産に占める政府支出の比率は、フランスやドイツでは一〇%程度から五〇%以上に、イギリスでは八%から三五%にまで膨らんだ。一九一七年に参戦したアメリカですら、二%弱から一七%弱にまで達した［Supple 2014: 298］。

政府による人員の動員も、過去に例を見ない規模となった。一九一四年八月、イギリスは三十万人の兵士を動員し、その年の末までに七十万人を追加した。フランスはその年の八月の第二週までに二百九十万人、ドイツは最初の一ヵ月で三百八十万人を動員した［Supple 2014: 303］。

また、大戦中の四年間でイギリスは合計六百二十万人、ドイツは千三百二十五万人、フランスは八百二十万人を動員した。これはフランスやドイツでは人口のおよそ二〇%、イギリスの人口のおよそ一三%にあたる［Porter 1994: 171］。

政府は、戦争を遂行するため、資源配分も管理・調整した。例えばドイツでは、陸軍省に原料局を新設し、実業家のワルター・ラテーナウを局長に任命して、軍需生産や工業生産に必要な資源の配分を行わせた。イギリスでも軍需省が新設され、軍需大臣となったロイド・ジョージが資源配分の調整にあたった。輸送についても、各国は、鉄道を国有化したり、政府の管理下に置いたりした。さらに、民間の投資先を戦争遂行のための優先順位に従わせるべく、資本市場をも管理下に置き、株式市場の閉鎖や金本位制の停止といった措置を講じた。こうして、各国政府は戦時中に経済管理を飛躍的に強化したのである［Supple 2014: 302-9］。

世界大戦は、産業界の在り方や組織にも大きな影響を与えた。まず、生産性の向上に対する要請が極めて強くなったことから、企業は、革新的な技術や経営手法を積極的に導入するようになり、科学の成果や科学的方法の産業応用の重要性が大きく増した。また、戦時中の各国では、総力戦の遂行のため、官民協調体制が敷かれた。これは、政府による経済介入を強めると同時に、産業界の政府に対する影響力もより大きくするという効果をもたらした。

企業組織の大規模化は、大戦前から、第二次産業革命によって進展していたが、大戦はこの傾向をさらに促進した。特に戦時中のドイツでは、主に重工業において、大規模な企業やカルテルが戦争の刺激を受けて成長し、また生産・配送・価格に関する各社の協調行動が発達した。この傾向は戦後も続き、一九二二年までに、千五百ものカルテルや産業シンジケートがドイツで形成された。また、戦時中には、企業間での連携や協調が重要になったため、業界団体が発達した。業界団体は、市場の管理や情報交換、労働組合への対応を行ったほか、政府に対する圧力団体として機能したのである。

このように、大戦中、政府による経済管理が過去に類を見ない水準で強まり、経済自由主義の教義は後退したかに見えた。しかし、戦後、こうした政府による経済管理の多くは解除され、引き継がれなかった。というのも、戦時中の経済管理はあくまで戦争遂行のための一時的・実験的な措置に過ぎないのであり、平時となった戦後は、戦前の経済自由主義に復帰すべきであると考えられていたからである。その意味で、第一次世界大戦は、経済自由主義というイデオロギーを即座に覆すには至らなかった。それを象徴するのが、戦後の各国の金本位制への復帰である [Supple 2014]。

その一方で、世界大戦が引き起こした企業行動や産業構造の変化——合理化、科学的手法の産業応用、企業や金融機関の協調や結合など——は、戦後も着実に進展した。

例えば、一九二〇年代、アメリカではテイラー主義やフォード・システムが展開され、大量生産と流れ作業によるコスト・ダウンが進展した。ドイツにおいても、工業製品の規格の統一、作業工程の改善、作業時間の無駄を省くタイムスタディ、経営組織の改革などが進められた。特にドイツでは、産業全体の協調の下に発展を図ろうという動きが顕著になった。例えば、合同製鋼株式会社フェラインニクテ・シュタールベルケ・AGは、七十の製鉄会社を統合し、化学工業では、六つの大企業が合併してIGが成立した。重化学工業では、生産量の八割以上を占める企業がカルテルの下に統合されたのである［中村二〇一二―一五四〜五］。

こうして世界大戦を契機に、資本主義の性格は大きく変質していったのだが、この構造変化を予期するとともに、それが経済政策の可能性を広げるものであることに気づいた者も、少数ではあるが存在した。その一人が、アメリカのプラグマティズムを代表する哲学者ジョン・デューイである。

一九一八年、デューイは「戦争の社会的可能性」や「戦後における国内社会の再組織化」といった論文を発表し、大戦中に行われた産業の公的な管理は、社会改良運動を加速させると論じた［Dewey 1918a; 1918b］。

デューイは、言う。「銃よりは銃の後ろにいる男、銃の後ろにいる男よりは、畑や工場にいる男、あるいは家庭、店そして台所にいる女たちこそが、この戦争の結果を真の意味で決定づけた。（中略）戦争は、その性質や特徴がどのようなものであれ、公共、一般そして共通の目的や結果のために、統一行動や組織化された協調行動が必要であるということを示しているのである」[Dewey 1918b]。デューイは、戦時中に戦争目的で採用された協調行動の組織化の手法を、戦後は完全雇用や福祉の向上といった目的のために用いるべきだと説いたのである。

デューイと同様、高橋も「今や世界は復興改造の時代に入り」と述べているように、大戦が資本主義を大きく変質させたと考えていた。それは、経済自由主義から集合主義的なイデオロギーへの転換である。「これはひとり日本のみならず、今度の欧洲戦争によつて、各国民の間に精神の変化が起つてこれまで分立主義であつた者も結合主義となつて、衆人互に相寄り相援けてゆくところに、利益があるといふことを理解してきたのであります」[経済論—三六一]。

このような時代認識の下、高橋は、企業合同や銀行合同による組織の大規模化と、協調的経営者資本主義の経済システムの構築を主張する。その際、個人主義的な傾向の強いイギリスですら、戦後は、政府の設置した委員会において、企業や銀行の合同集中を提言していると指摘している[経済論—一〇六]。高橋は、一九一九年の時点ですでに、「自由放任の終焉」(ケインズが一九二六年に発表した論文のタイトル)を確信していたようである。

高橋が「結合主義」と呼んでいる「衆人互に相寄り相援けてゆく」経済システムの構想は、デューイの提言と同様に、大戦時に実現した総動員体制を、平時の経済目的に転用しようというものであった。それは、渋沢栄一が日露戦後経営を論じた際に提言した「挙国一致」の経済体制とも趣旨を同じくするものであろう。

第三章で論じたように、渋沢は個人主義を警戒したが、それは高橋も同じであった。高橋は、近年の日本が外国の思想や文化を無暗に輸入してきた結果、「折角発達して来たわが国特有の徳風の上に、かの怖るべき個人主義までも移し植ゑるやうな結果」［随想録一〇九］になったと嘆いている。だが、同時代のアメリカにおけるプラグマティズムの哲学者デューイもまた、個人主義を警戒していたのである。人間は本質的に社会的存在なのであり、したがって、「家内的、経済的、宗教的、政治的、芸術的、教育的を問わず何らかの組織体の中で結束していない個人などというものは、化け物である」［Dewey 1999: 40, 1］とデューイは断じた。

なお、世界大戦を契機として、科学的手法の応用による合理化という意識が高まったが、高橋もまた、「科学的管理経営」あるいは「能率増進」［経済論一五七、一〇～一一；随想録一二八二］の重要性に着目している。「国民の生産力」を経済の「根本」ととらえる前田正名譲りの経済ナショナリズムからすれば、高橋が、科学的管理経営や能率増進を重視したのも当然である。

ただし、前田正名は、地方在来産業（「固有ノ工業」）と新規の近代産業（「器械的工業」）とを区分し、明治政府の殖産興業政策が後者に重点を置いていたのとは逆に、地方在来産業の振興をより優先すべきであると説いた［所見一七三～四］。これに対して、高橋は、後者の重化学工業の発展を重視し、企業組織や金融機関の大規模化を推進しようとしている。世界大戦後の集合主義へと向かう世界という時代背景が、前田と高橋の見解の相違を生み出したのかもしれない。

しかし、同じ頃、高橋は、農村振興の重要性をも説いている。具体的には、第一に、農村の子弟に対して画一的ではなく、その地方に応じた教育を施して、彼らの自活力を高めること、そして第二に農村向けの金融機関を設けるとともに、農家に組合組織を作らせることを提言したのである［経済論—二三四〜九］。また、世界恐慌期においても、高橋は、地方農村について「不況時に際しては、失業者の収容所たり、同時に質実剛健なる国民の源泉たるを以て、農村の経済については大いに意を用ゐねばならぬ」と述べつつ、ここでもまた、全国画一的ではなく、各地の風土に応じた奨励策の必要性を説いている［経済論—三九一〜二］。さらに、高橋財政下の景気対策（時局匡救事業）を中央政府の指示によるのではなく、地方の草の根主導で進めることを構想していた［スメサースト二〇一〇—三八二］。

このように、高橋は、地方振興策に関しては、一貫して画一的な政策を嫌い、各地の固有性と自発性を重視することを説き続けた。このあたりに、前田からの強い影響の跡をうかがうことができる。

そして、この前田から学んだ経済ナショナリズムが発する産業政策から、高橋の画期的なケインズ主義的マクロ経済政策もまた編み出されたのであるが、それを明らかにするのは次章の課題である。

金融政策

高橋是清は、前田正名の教えに従って、経済の「根本」を突き詰めた結果、それは「国力」すなわち「国民の生産力」であるという、前田そしてフリードリヒ・リストやドイツ歴史学派と同じ結論に至った。高橋の思想は、まぎれもなく経済ナショナリズムである。

だとすると、昭和恐慌時に高橋が編み出した、ケインズ主義の先駆となる一連の政策もまた、彼の経済ナショナリズムから発しているということとなるはずである。そうした仮説を立てた上で、改めて、昭和恐慌時における高橋のマクロ経済政策を検証してみよう。

昭和恐慌に至る経緯は、次のようなものだった。

第一次世界大戦時、欧米諸国が金本位制から離脱する中で、日本も一九一七年に金輸出を停止した。しかし、大戦終了後、各国は金本位制への復帰を目指し、一九一九年にアメリカ、一九二四年にドイツ、一九二五年にイギリス、一九二七年にイタリア、その翌年にはフランスがそれぞれ金本位制への復帰を果たした。こうした潮流の中で、日本も金本位制への復帰を目指していた。もっとも、当時の日本は、昭和二年の金融恐慌の爪痕がまだ残っており、為替レートも低位の状態であった。このため、金本位制への復帰は見送られてきたのである。

しかし、一九二九年七月に成立した民政党の浜口雄幸内閣が、蔵相井上準之助の下で、金解禁を目指して緊縮財政（「井上財政」）を展開した。井上の論理は、こうだった。政府が財政を緊縮し、国民も消費を節約すれば物価が下がり、輸入も減る。そうすれば、為替レートが上昇する。そういう準備を行った上で、金解禁を実施すれば、問題ない。これは、当時の主流派経済学の教科書通りの論理ではある。しかし、金解禁の準備のためにデフレ政策を行うというのであるから、不況になるのは必至であった。さらに悪いことに、金解禁の実施の直前の一九二九年十月、世界恐慌の端緒となったニューヨーク株式市場の大暴落が起きていたのである。

それにもかかわらず、一九三〇年一月、日本は金解禁を断行した。しかも、旧平価での金解禁を強行したのだが、これは、為替相場をおよそ一割切り上げることを意味していた。その結果、日本経済は、松方デフレ以来、最も深刻なデフレ不況へと陥り、社会は大いに混乱した。一九三一年、民政党内閣は退陣し、政友会内閣が成立した。この時の蔵相が高橋是清である。政友会内閣は金輸出を再禁止し、金兌換を停止した。その後、高橋が金融緩和や財政出動といった一連のケインズ主義的政策を実施し、成功に導いたのは、周知のとおりである。

高橋は、この恐慌が需要と供給の不均衡によるデフレ不況であり、また、その原因は、各国が金本位制の復帰を急いでデフレ政策をとったことにあると喝破した。「ゆゑにその対策としては両者の均衡を得せしむることで、これは適正量の通貨供給に俟つ外なかつたのである」と判断した高橋は、適正量の通貨供給を行うために、金輸出を再禁止した上で、まずは低金利政策を実行したのである［随想録―一八七：経済論―三八七、四二四〜六］。

今日では、不況時に金融緩和政策を実施するというのは、常套手段として理解されている。中でも主流派経済学は、金融政策を最も重要視するようになっており、特に二〇〇八年の世界金融危機以前は、金融政策だけでデフレ脱却ができると論じる経済学者も少なくなかった。

しかし、今日の主流派経済学者とは異なり、経済現象の「根本」にまで思いを巡らせていた高橋は、金輸出再禁止と低金利政策という金融政策は必要ではあっても、十分とは考えていなかった。

もとより今回のごとき深刻なる経済恐慌に対しては、その根柢が深いだけ、単なる低金利政策のみがその唯一なる不況対策ではあり得ないのである。欧州大戦以前の経済現象では多く金利の高低によって経済界の不況は支配されたが、現在のごとき複雑にして、しかも通商の自由が失はれた時代は、その経済的病根を除去せんとするには、幾多の手段を必要とする

のである。しかし尚低金利政策は不況対策症法としては最も有効なる手段である。［随想録―一八八］

高橋は、低金利政策の「根本」についても思いを巡らせていた。低金利政策には、事業経営者の負担を減じるという「純経済的役割以外に、社会的に重大なる意義を有する」というのが、その「根本」である。では、その「社会的に重大なる意義」とは、何か。

そもそも高橋は、資本と労働という生産の二要素のうち、労働が最も重要で、資本はその次という価値観を抱いていた。その価値観に立てば、「労力に対する報酬は、資本に対する分配額よりも有利の地位に置いてしかるべきものだ」ということになる。低金利政策とは、まさに「資本に対する分配額」を相対的に不利にする政策にほかならない。低金利政策は、「労働者に対する報酬」をより厚くすべしという発想に基づくが、この発想が社会通念となれば、労働問題は解決し、「労資の協調」「労資の円満なる和合」が達成される［随想録―一八八～九］。高橋は、低金利政策に社会政策としての意義を含ませていたのである。資本家と労働者の協調を重視するのは、ドイツ歴史学派がそうであったように、経済ナショナリストに顕著な特徴の一つである。

高橋には、「およそ経済の要は物を安くし、人を高くするにある」［経済論―一五五］のであり、

『人の働きの値打』をあげることが経済政策の根本主義」〔随想録―一八九〕だという確信があった。これを経済的に言えば、「物の値打だとか、資本の値打のみを上げて『人の働きの値打』をそのままに置いては、購買力は減退し不景気を誘発する結果になる」という理解となる〔随想録―一八九〕。

高橋が目指したのは、今日のポスト・ケインズ派の論者が提唱する「賃金主導型の経済成長」であったと言ってよい〔Lavoie and Stockhammer 2013〕。賃金抑制によって企業の国際競争力を高めるという「利潤主導型の経済成長」を、高橋は明確に拒否した。企業の国際競争力の強化は、確かに重要ではある。しかし、それは、賃金の引き下げによって実現すべきものではない。企業経営者が「事業の組織を整理し、経営の方法を改善し、資本を合同し、機会の利用を盛んならしめ、学術技芸を応用し、生産能率の増進を計り、生産者と消費者との間の聯絡を密接にする等」によって、「生産能力を増進し生産費を減じ」ることによって、達成すべきなのである〔経済論―一五七〕。

高橋が「科学的管理経営」あるいは「能率増進」を重視したのも、同じ理由による。この「能率増進」のための設備投資を促進する上でも、低金利政策は必要であった。なお、一九二四年当時、渋沢栄一もまた金利の引き下げを要望していたが、これに高橋は「我が意を得たり」とばかりに大変喜んでいる〔随想録―二九四～五、二九〇～一〕。

高橋にとって低金利政策とは、経済の「根本」である「国民の生産力」を引き上げるための産業政策であった。実際、高橋の政策は、自国通貨安による輸出の増大に加え、低金利政策が作用して、一九三二年からの五年間で、重化学工業を中心に大規模な設備投資が行われ、諸産業は目覚ましい発展を遂げた。鉄鋼、セメント、機械類といった投資財が本格的に需要されるような産業構造の高度化が起きたのである。この時代の経済発展について、中村隆英は「戦争さえ起こらなかったならば、戦後にみられた設備投資を起爆剤とする経済成長が可能だったのかもしれないのである」［中村二〇一二―二二二］と述べている。

この間には、企業合同やトラスト化も相次いだ。例えば、鉄鋼業では、八幡、室蘭、釜石、富士、三菱などが一九三四年に日本製鉄株式会社に統合された。王子製紙は、一九三三年、富士製紙や樺太工業を合併し、トラスト化した。加えて、日本産業（日産）、日本窒素（日窒）、昭和肥料―昭和電工、理研、日本曹達（日曹）、中島飛行機など、新技術を応用した産業において、いわゆる「新興財閥」も勃興した。

前章で見たように、高橋は第一次世界大戦の終結直後から、企業や銀行の合同や科学的手法の応用による合理化を構想していたが、それがまさに低金利政策によって実現したのである。高橋の政策は、恐慌からの脱出のみならず、産業構造の高度化も達成したのであり、その意味では、単なる景気対策ではなく、産業政策として理解すべきであろう。

なお、先に引用したように、高橋は「物を安くし」と言ったり、生産能率の増進によって物価を低落させるべしと言ったりしているが、それは、通貨収縮による物価の下落、いわゆる「デフレ」を是認しているという意味ではないことに注意が必要である。

実は、井上準之助や財界の金解禁論者は、金解禁によるデフレ不況を想定していながら、それがむしろ不健全な経営や立ち遅れた企業を整理できるので、かえって望ましいと考えている節があった［中村一九九四—八三〜四、九二〜三］。同様に、アメリカのハーバート・フーヴァー政権下のアンドリュー・メロン財務長官もまた、金本位制の下での緊縮財政や金利の引き上げは、「雇用を清算し、株式を清算し、不動産を清算し、経済システムから腐敗を一掃するのだ」「人々はもっと勤勉に働き、もっと道徳的な生活を送るようになるだろう」［テミンとバインズ二〇一四—七四］などと考えていた。こうした発想が倒産や失業の増大を放置する結果を招き、不況をかえって深刻化させ、挙句の果てには恐慌を引き起こしたのである。なお、平成のデフレ不況下においても、構造改革を主張する論者が、同じように、自由競争による「非効率部門の淘汰」を主張した。こうした構造改革論は世論の支持を集め、それを受けて政府も大規模な景気対策を放棄したが、それは当然の結果として、デフレ不況の長期化を招いた。

高橋は、そのようなサディスティックな発想をもたなかった。彼は、効率化・合理化や生産費の削減を重視してはいたが、それはあくまでも積極的な設備投資を促進することで達成すべきものだと考えていた。そして、デフレというものは、何としてでも回避しなければならない危険であることを十分承知していた。なぜなら、デフレは、高橋が経済の「根本」とみなした「国民の生産力」を衰弱させるものだからだ。一九一五年時点で、すでに高橋は、デフレの放置を容認する消極主義を批判して、こう述べていた。

かくの如く生産業者をして、損失の苦痛を嘗めしめてまでも、人為的に物価を下落せしめ、これを以て喜悦してをるに至つては、けだし経済の理法を解せざるものであつて寧ろ寒心に堪へざる事といはねばならぬ。実にかくの如きは一国の生産力をして衰微せしめる最大原因である。〔経済論―二八六〜七〕

さらに一九一八年にも、高橋は、デフレが失業者を増大させ、社会問題を引き起こすと警鐘を鳴らしていた。「増加すべき当然の理由ありて増加したる通貨を急激に収縮したりとせんがために物価は下落すべしといへども、物価の下落は一面において不景気となり、失業者の増出を予想せざるべからず。したがつて重大なる社会問題の発生を見るべし」〔経済論―一〇二〕。

すでに述べたように、高橋財政時の低金利政策もまた、「資本の値打ち」よりも「人の働きの値打ち」を相対的に高くし、労資協調を促すという社会政策的な目的を含むものであった。

これに対して、デフレは、言わば「カネの値打ち」を上げ、「人の働きの値打ち」を下げるものであり、それは資本階級と労働者階級の対立を激化させる。「人の働き」を経済の「根本」と考える高橋が、デフレを容認するはずもなかったのである。

†高橋の貨幣論

第六章で明らかにしたように、金融政策や財政政策は、どの貨幣論に立脚するかによって大きく異なってくる。では、高橋は、どのような貨幣観を抱いていたのであろうか。

まず、金本位制について言えば、高橋は松方正義による金本位制への移行を高く評価しただけではなく、自身がそれに貢献したことを「一身上の愉快だつた話」として紹介している［随想録―二三九、二六四～七］。民政党内閣の金解禁に反対し、大蔵大臣として金輸出再禁止を断行した高橋にしては、これは意外に聞こえる。それゆえ、スメサーストは、高橋が、自らの立身出世のために松方に取り入るという目的で、金本位制を支持した面もあるのではないかと推測している［スメサースト二〇一〇―一五〇～一］。

しかし、高橋は、民政党内閣による金解禁に反対の論陣を張っていた際も、世界経済が正常化し、我が国から正貨が流出しなくなったならば、金本位制に戻るべきだと述べていた［経済論―一六八］。また、一九三一年十二月十三日に大蔵大臣に復帰した高橋に対して、日本銀行副総裁の深井英五が、金輸出再禁止の即時断行、兌換停止、慎重な通貨政策、為替管理の四点を進言した際、高橋は、金輸出先禁止の即時断行と慎重な通貨政策については賛成し、為替管理については無関心であったが、兌換停止については強い抵抗を示したという〔鎮目二〇〇九―七五～七〕。さらに、金輸出を再禁止し、管理通貨体制に移行した後の一九三三年時点においても、高橋は「理想よりいへば、かくして実行する所謂統制通貨の制度が最もよいやうに考へられまするが、同時にこれには危険を伴ふ事を忘れてはならぬのであります」〔経済論―四三五〕と述べ、管理通貨制度の運用の難しさを懸念している。

以上より総合して勘案するならば、高橋にとって、管理通貨体制は、あくまで緊急避難的な措置だったと考えられる。おそらく、世界経済が正常な状態で、かつ日本経済に正貨流出の懸念がないのならば、金本位制が望ましいというのが、高橋の考えであったのだろう。少なくとも、恒久的な管理通貨体制に確信があったわけではなかったようである。

高橋是清といえども、「金の足枷」のドグマから自由ではなかった。そう評価することもできるかもしれない。しかし、他方で、鎮目雅人は、明治以降の日本は「開放小国」として世界経済に参画せざるを得なかったという重要な指摘をしている。

開放小国であった日本は、自国経済を維持していくため、海外から輸入した原料を加工して輸出を行い、外貨を獲得しなければならなかったため、安定的な貿易決済を行う必要性が高かった。加えて、両大戦間期の日本は、海外の投資家に対する外国通貨建ての債務を抱えており、国際的な投資家から、自国の政策と通貨に対する信認を得なければならなかった。

実際、一九三〇年に日本が金本位制に復帰した理由の一つは、日露戦争当時に日本が発行した外債の償還期限が一九三一年一月に迫っており、欧米の投資家たちが金本位制の復帰を外債の円滑な借り換えの条件とみなしていたことがあったと言われている。ちなみに、この日露戦争時の外債発行の任務を成功させた人物こそ、高橋その人であり、この功績を高く評価された彼は、一九一一年には日本銀行総裁、一九一三年には大蔵大臣にまで登りつめることとなる。

さらに鎮目は、日本が金本位制を離脱した後、変動相場制に移行するのではなく、自国通貨為替相場を切り下げた上で、事実上、英ポンドにペッグする固定為替相場制を選んだと指摘している。開放小国であった日本は、安定的な貿易決済と国際的な通貨の信認を重視して、為替レートの安定を優先させたのである。英ポンドにペッグする固定為替相場制を選んだことで、それ以降、日本は、自律的な金融政策を採ることはできなくなった。しかし、英国の金利が低下したために、それに追随する形で日本でも低金利が実現した。鎮目は、そのように論じるのである［鎮目二〇〇九―第二章］。

高橋が兌換停止に難色を示したり、管理通貨体制に不安を覚えたりしていたのも、この「開放小国」という当時の日本の条件を考慮に入れるならば、よく理解できるだろう。一九三二年に資本逃避防止法、その翌年に外国為替管理法が施行されたのも、「開放小国」として、為替面のリスクを恐れたからにほかならない。

このように、高橋は、金本位制を原則としては支持していた。ただし、高橋の貨幣観は、商品貨幣論ではなかった。彼は、信用貨幣論を理解していたのである。

例えば、高橋は、一九一二年の段階で、欧米ですでに貨幣数量説が否定されていると述べ、「それはことに四、五十年来、商取引の信用の発達に連れて、通貨に代るところの小切手、為替券といふものゝ流通が非常に多くなりました」［経済論―二七九］と述べている。

一九一九年には、もっとはっきりと、こう書いている。

そもそも通貨には世人の所謂現金通貨のほかに、信用通貨ある事を閑却すべからず。この二者の割合は日露戦役の当時にありては、英国において信用通貨九割五分、現金通貨五分の割合に対し、日本においては信用通貨六割五分、現金通貨三割五分の割合を保ちしが、爾来わが信用取引も漸次発達を遂げ、今や信用通貨八割四分、現金通貨一割六分の割合となれる故、金利引上げ政策によりて通貨の収縮を図らんとせば、現金通貨のみならず、同時に信用通貨をも収縮せざるべからず。［経済論―二九一］

ここで高橋は「現金通貨」と「信用通貨」とを区分して論じているが、彼の言う「信用通貨」とは、通貨全体に占めるその割合から推測するに、預金通貨（銀行預金）のことと思われる(5)［藤野・寺西二〇〇〇―五五七］。

この信用貨幣論に基づき、高橋は内生的貨幣供給理論を展開する。すなわち、需要が通貨を創出するのであり、物価の上昇が通貨供給量を増やすのであって、通貨供給量の増大が物価を上げるのではないという説である。

今日は各国ともにこの通貨といふものは経済社会の需要によつて出るのであつて、要らぬ通貨といふものは一つも世の中に出てをらないので、経済社会で必要のない通貨はたちまちその国の中央銀行、もしくはアメリカの如き中央銀行のないところにおいては資本の中心たるニューヨークに皆集まつてくるのであります。一つとして世の中に用をなさない通貨はないのであります。

だんだん研究の結果、物価の騰貴といふものは他に種々の原因があつて、これをなしてをるので、その物価の騰貴がまた通貨を多く需要するやうになつてきたのであります。決して通貨が多いから物価が騰貴したものでない。といふことにほとんど今日では決つてゐるのであります。［経済論―二八〇］

この高橋の貨幣観を要約するならば、次のようになる。

通貨を創造するのは、需要である。したがって、インフレの原因は、通貨の過剰供給ではなく、需要の過多に帰すべきである。他方、国際通貨制度としては、金本位制を原則として認める。特に「開放小国」日本が世界経済に参画するには、金本位制を採用するしかない。ただし、輸入超過が慢性化している間や、緊急時には、金本位制からの離脱もあり得る。

第六章において見てきたように、このような貨幣観の原型は、イギリスの「銀行学派」のほか、大隈重信や金井延の中に見出せる。大隈の下で紙幣焼却によるインフレ対策を批判した前田正名の貨幣観も、彼らに近いと言える。

高橋が、世界恐慌に際して、「単なる低金利政策のみがその唯一なる不況対策ではあり得ない」と述べたのも、需要を創出しなければ通貨（信用貨幣）供給量は増えないので、金融緩和には限界があることを理解していたのであろう。

†財政政策

一九三四年、大蔵大臣の高橋は、赤字財政支出を正当化するにあたり、自国の産業を発展させて、国家間の経済競争を勝ち抜くという経済ナショナリズムの論理を援用している。

国際関係、ことに世界の経済関係、発明のために事業と、運輸交通の事業、その他百般の工業が起るといふことのない時代においては、政治はただ、その時の行政費を賄へばよろしかつた。その時には財政も入るを計つて出づるを制することが十分必要であつた。しかし今日の如く政府自ら事業をなし、あるいは民間の事業を助けていかねばならぬ——各国経済の競争場において負けてはならぬことになつて、歳出はただ一般の行政費だけで済ますことが出来なくなつた。ここにおいて事実上入るを計つて出づるを制するといふことが行はれない時代になつてきたのである。

（中略）もしそれがいかぬといつてただ納税のみによつて政府の仕事をすることになれば、国際間の経済競争に落伍者となるよりほか仕方がない。今日の時勢の変化からこれはよほど研究すべき価値がある。［経済論─三〇～一］

「入るを計つて出づるを制する」という均衡財政の考え方は、「国際関係、ことに世界の経済関係、発明のために事業と、運輸交通の事業、その他百般の工業が起るといふことのない時代」、すなわち産業資本主義以前の時代の遺物である。政府が積極的に経済を振興し、各国がその経済力において競争するようになると、経済力を強化するのに税収だけでは十分ではなくなる。そして財政赤字を可能にしてでも歳出を増やすことのできる国家こそが勝者となる。高橋は、そういう時代の変化を踏まえて、均衡財政に代わる新たな積極財政論の必要性を説いているのである。

この高橋の議論は、第四章で見てきた渋沢栄一の財政論の変遷を思い起こさせる。渋沢は、大蔵省に勤務していた明治初期には、「入るを計つて出づるを制する」という均衡財政の信念を固く抱いていた。しかし、日露戦争後の資本主義の構造変化を受けて、渋沢は、積極財政によるインフラ整備などを唱えるようになった。渋沢にせよ、高橋にせよ、時勢に応じた変化というプラグマティズム、そして、国家間の経済競争に勝ち抜かねばならないという経済ナショナリズムから、均衡財政のドグマを打ち破り、積極財政論へと傾いていった。

高橋は、この世を去る前年の一九三五年、東洋経済主幹の石橋湛山によるインタビューの中において、次のように述べている。

今日までの経済学は、二百年以前の英国から起つて来た。これは当時の英国の経済事情を背景にしたものだ。だが、このマンチェスター経済学を、私は、いつも動かざる真理だとは思つてゐない。

そこで今までの考へだと、財政は常に収支の均衡を保たなければならぬと云ふ。けれどもこの国を見ても、初めはなかつた借金が段々殖えてゐる。戦争とか天災とか、思はぬ事件がどこの国にでも、次ぎ次ぎに起るからだ。しかしさう借金が殖えて行く結果はどうなつたかと云ふと、一面産業は大いに進歩し、国の富も殖えたので、国債の増加も苦にならない。十分、その重みに堪へる力が出来て来たのだから赤字公債と云ふものもさう理窟通りに気に懸けることはない。場合に依つては、借金をしても進んだ方が善い。又已むを得ず借金をしなければならぬ場合もある。しかしその結果、国民の働きが増せば、茲に富が出来る。前の借金くらゐ何でもない。〔随想録─三一四～五〕

経済自由主義（マンチェスター経済学）の均衡財政論を「いつも動かざる真理だとは思つてゐない」というところに、高橋の反合理主義とプラグマティズムが明確に現われている。

また、赤字財政支出によって「国民の働きが増せば、茲に富が出来る」と述べているように、高橋が重視しているのは、ここでも、経済の「根本」であり、富を生み出す力である「人の働き」であった。財政赤字が大きくても、それによって「国民の働き」が増して経済が成長するのであれば、その財政運営は成功である。逆に、財政黒字であっても、「国民の働き」が衰退しているのであれば、その財政運営は失敗である。財政赤字の規模が大きいか否かが問題なのではない。財政政策が「国民の働き」を増加させたかどうかが問題なのである。

高橋は、失業・貧困対策について、直接給付よりも、公共事業などにより雇用を創出する方が望ましいとする。なぜならば、後者の方が「国民の働き」が増えるからだ。また、フランクリン・ルーズヴェルト大統領が、ニュー・ディール政策において、時短や最低賃金の引き上げから、公共事業による雇用創出へと舵を切ったことを、高橋は高く評価しているが、その理由も同じである。なお、高橋は、このルーズヴェルトの方針転換の判断を「実際主義」〔随想録―三一六〕と評している。ニュー・ディール政策の思想の根底に、プラグマティズムがあると高橋は察したのである。

聞き手の石橋も、「生産の伴なはない通貨を出すことになればインフレーションですけれども、生産が伴ふ限りは、御説の通り無駄さへしないで上手に使つてくれれば財政の膨張もある程度まで差支へないと思ひます。国家も経済的には一つの株式会社だと考へれば、赤字公債は資本金と云ふ事になりませう」〔随想録―三一七〜八〕と応じている。

財政赤字の拡大によるリスクは確かに高インフレであるが、その高インフレを回避する上で重要なのは、財政赤字の規模よりはむしろ、財政支出の用途である。すなわち、赤字財政により支出された通貨が、生産を増強するのに用いられるのであれば、供給が増加して需要過剰を解消するので、インフレは抑制され得る。財政支出の用途が生産力の強化である限り、財政赤字の規模が大きくなっても、問題ない。これが石橋の財政論であり、高橋の見解も基本的には同じである。

ただし、生産力の強化に資する財政支出先の範囲は、高橋の方が石橋よりも広かった。高橋は、国防は生産的な支出先ではないという石橋に対して、こう述べている。例えば、軍艦それ自体は、直接生産するものではないが、軍艦を建造するために必要な費用や労働力は、生産的に用いられ、それが雇用を生むのであり、不生産的とは言えない［随想録―三一五］。

ケインズは『雇用・利子および貨幣の一般理論』（以下『一般理論』）の中で、ピラミッドの建築や戦争、あるいは単に地下に穴を掘ることすらも有効需要を生み出すと述べて［ケインズ一九九五―一二九〜三〇］、ケインズの理論の本質を理解できない者たちから今でも嘲笑されているが、高橋は、ケインズと同じ洞察に達していたのである。

†財政赤字の限度

先に引用した通り、高橋は「財政は常に収支の均衡を保たなければならぬ」という均衡財政論を明確に否定しており、赤字財政支出の必要性を認めている。ただし、同時に「国の富も殖えたので、国債の増加も苦にならない。十分、その重みに堪へる力が出来て来たのだから赤字公債と云ふものもさう理窟通りに気に懸けることはない」と述べているところから察するに、高橋は、国債の返済可能性は国富にあると考えている。

さらに高橋は、一九三五年七月の『朝日新聞』紙上で、「常識より考へても、国家その他の公共団体の経済たると個人経済たるとを問はず、借金政策の永続すべからざることは当然である。公債増発に伴つて利払費は漸増し、租税その他の収入もその利払ひに追はるゝ結果となるであらう」［経済論─二〇八］とも述べているので、国債の利払いの財源を租税その他の歳入によって確保することを想定していたと言える。

要するに、国富が増えれば政府の歳入も増えるので、国債の返済は可能であるから財政赤字は問題ではないが、国富が増えなければ、財政赤字は永続し得ないと高橋は考えているのであろう。この考え方は、現代貨幣理論（第六章参照）とは異なっている。現代貨幣理論は、自国通貨を発行できる政府は、支出のために歳入を必要とはしないのであり、租税は支出のための財源確保の手段ではないとしているからである。

現代貨幣理論は、国家が貨幣を租税の支払い手段として定めることで、貨幣に相応の価値が生じるとするが、高橋はそのような表券主義的な理解には至っていなかった。前節において明らかにした通り、高橋は管理通貨制には不安を覚えており、現代貨幣理論のように、自国通貨を発行できることのメリットを強調することはなかった。

一九三三年、高橋は、膨張する軍事費と時局匡救費の費用や新規公債の利払い費を増税によって支弁すべきであるという議論に対して、こう述べている。

しかしながら現内閣が時局匡救、財界回復のために全力を傾注しつゝあるこの際、増税によりて国民の所得を削減し、その購買力を失はしむることは、折角伸びんとしつゝある萌芽を剪除するの結果に陥るので、相当の期間までこれを避くるを可なりと認めたる次第であります。幸ひに景気回復せば、租税その他の収入も必ずや今日以上に増加すべく、また増税も可能なるに至るべく、同時に満洲事件費、兵備改善費、時局匡救費は漸次減少すべきを以て、将来歳出入の均衡を図ることはさまで困難ならずと信ずるのであります。［経済論―四二〇〜一］

ここで高橋は、租税を財源確保の手段とみなしてはいる。しかしながら、他方で、増税が国民所得を削減し、その購買力を奪うものであると述べ、不況時の増税には否定的である。また、景気回復によって租税等の歳入が増加すると述べているので、租税の自動安定化装置的な機能にも気づいていたと考えられる。さらに、高橋は、格差の是正を重視し、特に「国民経済の発展には堅実な中流階級の存在が必要」という考えから、累進的な所得税の導入を持論としていた［経済論―四八三〜四］。こうした高橋の見解は、現代貨幣理論と整合的である。

高橋は、国家の「借金政策の永続すべからざることは当然である」と述べたが、現代貨幣理論もまた、自国通貨を発行する政府にとって支出能力は問題ではないと強調しはするものの、財政赤字の拡大が永続し得るとしているわけではない。過大な政府支出は、民間部門から資源を奪う、民間部門のインセンティブを歪めるといった悪影響を与えるので、その場合は、政府支出を制限しなければならないことを現代貨幣理論は認めている〔レイ二〇一九〕。

高橋は、借金政策の持続可能性について、次のように論じている。デフレ不況により経済が停滞している時は、「国家がこれに刺戟を与ふるよりほか途がない。刺戟を与へるためには〔註時局匡救事業〕赤字公債も起こさねばならなかつた」のであるが、他方で、赤字公債の発行にも限度というものがある。

では、その限度とは、何か。

しかし、これがどん〳〵殖えていくと有害なるインフレーションが起るのである。しからばその発行限度はどこにあるか。またいつ来るか。どうしてそれが分るかといふことには私は苦心してゐる。公債発行の限度といふのは、国民が公債を咀嚼する力である。限度に達したときといふのは――政府が赤字公債を出して、それによつて得た資金を使ふ。その使ふ結果が民間の生業に害があるとも益がない。健全なる発達に向つての刺戟はなくなつてしまふ――かういふことになる時である。〔経済論一三九〕

公債発行の限度について、高橋は、公債の発行額の大きさではなく、政府の支出した資金が民間の経済活動に悪影響を及ぼすか否か、あるいは不健全な用途で用いられるか否か、を基準にして判断している。そして、民間の経済活動に悪影響を及ぼす事態が「有害なるインフレーション」とされる。したがって、公債発行の上限は、「有害なるインフレーション」が起きるまでということとなろう。

ここで、吟味する必要があるのは、高橋の言う「有害なるインフレーション」の意味するところである。

よく知られているように、高橋が実行したのは、日銀による国債の直接引き受けである。しかし、同時に、高橋は、日銀に国債を引き受けさせて、相応の期間、金融緩和を行った後、日銀は、適切な時期を見計らって引き受けた国債を公開市場で売却するというオペレーション（売りオペ）を行った。売りオペによって、流動性を吸い上げるのである。

しかも、売りオペの際には、購入希望者に対して「公債を希望する理由を一々質し、しかしてその理由が国家的に考へて、もつともな理由であるといふ者に向つてのみ、公債の売却を許」すこととした。その理由について、高橋は「不健全な方に資本が用ゐられていくといふやうなインフレーションの弊害をこれで除いてゐる」と説明している［経済論―四〇］。

ここで高橋が「不健全な方に資本が用ゐられていく」と言っているのは、生産以外の目的のために資本が用いられることである。では、生産以外の目的とは何か。

生産以外の目的に用いられる不健全な資本として、高橋の念頭にあったのは、投機であった。彼が「インフレーションの弊害」あるいは「有害なるインフレーション」と言ったときに懸念していたのは、主として、投機による資産インフレ、いわゆるバブルだったのである。

実際、高橋は、一九三四年の石橋湛山によるインタビューの中で、「何処の国でも一番困るのはスペキュレーションである。公債を博奕、賭け事の道具に使はれては堪らないから『何故、公債を売つてくれと言ふのだ』と言つて一々皆、買ふ理由を質すのである」[随想録—三四〇]と述べているから、当時、高橋が防ごうとした「インフレーションの弊害」とは、主として、投機が引き起こす資産バブルであったことが確認できる。なお、高橋の投機に対する警戒は非常に強いものがあり、国債の売りオペだけでなく、投機に対する規制も必要であると論じていた[経済論—四二、四三七〜八]。

高橋は、一九二六年の演説の中で、すでに投機への嫌悪感を露わにしていた。その背景には、第一次世界大戦終結後の資産バブルとその崩壊があった。大戦終結後の一九一九年春からヨーロッパの復興需要によって輸出が空前の好調となって、ブームが起きると、株式市場で投機が蔓延するようになり、資産バブルが起きた。しかし、この資産バブルは、一九二〇年三月十五日の株式市場の暴落によって弾け、以後、戦後恐慌となったのである［中村二〇一二―六四～七］。高橋の演説は、この経緯を踏まえたものである。

この演説の中で、高橋は、「同じ金でも生産に働く金と、生産に何ら働きをなさぬ金と世の中にこの二通りの金の種類があると見なければならぬ」と述べる。そして、前者は資本であるが、後者は資本ではないとした上で、「私は取引所で動くところの金は資本とは認められない」と断じたのである［経済論―六七］。

高橋の経済思想の要諦は、経済の「根本」には「人の働き」があるというものである。その「根本」をとらえずに、金や富といった経済の表層だけしか見ていなければ、「資本」と「投機」の区別はできない。生産活動に使われる「資本」だろうが、生産活動に寄与しない「投機」だろうが、同じマネーだという発想に陥ってしまう。今日、主流派経済学者たちが、資本市場の規制緩和や自由化を唱え、政府の介入を否定するのも、彼らの経済理論が「人の働き」という「根本」を欠いているゆえに、「投機」と「資本」の区別ができないからであろう。

なお、「日本のケインズ」と称される高橋であるが、この「投機」と「資本」の区別は、ケインズの『一般理論』の中にも見られる。ケインズの場合は、「投機（speculation）」と「企業（enterprise）」という言葉を用いているが、「企業」とは高橋の言う「資本」のことである。

ケインズは、言う。「投機家は、企業の着実な流れに浮かぶ泡沫としてならば、なんの害も与えないであろう。しかし、企業が投機の渦巻のなかの泡沫となると、事態は重大である。一国の資本発展が賭博場の活動の副産物となった場合には、仕事はうまくいきそうにない」。したがって、この問題は、「経済学者の視野の外におかれるべきではない」［ケインズ一九九五―一五六〜七］。

資本市場の流動性を高めるだけでは、健全な経済成長は実現しない。資金が「企業」ではなく、「投機」に流れてしまう可能性もあるからである。しかし、資金を「投機」ではなく、「企業」に向かわせるには、自由市場に委ねるのではなく、政府による政策誘導が必要になる。ケインズの場合は、株式取引に税を課すことを提案している。「公共の利益のために、賭博場を近づきにくい、金のかかるものにしなければならないということは、通常人々の一致した意見である。そして同じことがおそらく株式取引所についても当てはまる。ロンドン株式取引所がウォール街に比べて罪が軽いという事実は、国民性の相違によるよりもむしろ、スロッグモートン街が普通のイギリス人に対して、ウォール街が普通のアメリカ人に対するのに比較して、近づきにくく、きわめて金のかかるものであるという事実によるのである」［ケインズ一九九五―一五七〜八］。

高橋が、国債の「売りオペ」のみならず、売却先を投機目的ではないものに限定するという措置をとったのも、投機に対する規制も必要だと述べたのも、資金を「投機」ではなく、「企業（＝資本）」へと政策的に誘導するためであった。

このように、高橋が警戒していた「有害なるインフレーション」とは、主として、投機による資産インフレであった。とはいえ、財政の膨張によって需要が過剰になって、供給が追い付かなくなる結果として起きる高インフレの可能性についても、高橋は認識してはいた。しかし、石橋湛山が代弁したように、生産が伴うのであれば、財政の膨張も通貨供給量の増大も、それ自体は問題ではないというのが高橋の考えであった。

しかも、高橋は、インフレが行き過ぎないようにコントロールすることは可能であると考えていた。インフレ懸念から来る批判に対して、高橋は、こう応じている。

能く世の中でインフレーションと言ふが、インフレーションの弊害は今のところ少しもない。それから公債は出るけれども、その公債を出して政府が使つた金はいろいろ働きをして又再び中央銀行に戻つて来る。さういふ訳で兌換券発行高といふものは、季節的に月末とか季節末には殖えるが、平常はさう俄（にはか）に殖えない。一方に於ては徐々として需要供給の原理に基いて物価が上がるものもある。けれどもこれもさう急激な騰貴はない。［随想録―三四〇～一］

実際、「高橋財政」期（一九三二～六年）の五年間におけるGNP（国民総生産）の成長率は、年率六・一％と、第一次世界大戦中（一九一四～九年）のブームに匹敵する高成長であったが、GNPデフレータの上昇率は、一・五％と安定していた［鎮目二〇〇九―一五］。高橋財政は、インフレのコントロールに成功していたのである。

しかし、一九三四～五年、すなわち「高橋財政」期の末期あたりから、高橋は、需要過剰がもたらす一般物価のインフレについての懸念も強調するようになってくる［経済論―一九一～三、二〇六～八］。この頃から、民間投資の増大により国債の消化に限度が見え始め、総需要が国内生産能力の上限に達しつつあると認識されるようになっていたからである。すなわち、財政赤字の真の上限である需要過多による高インフレに近づきつつあったのだ。

もう一つ、財政赤字の上限として高橋の念頭にあったのは、為替相場であった。

高橋は、一九三五年の衆議院予算委員会において、公債発行の限度について論じる中で、為替相場の暴落の懸念を表明している。そこで彼は「一番惧れるのは為替相場の方からくる原因である。これが今日の日本の通貨の声価を国民に対して落すやうな原因になる。こちらが虞れがある。国民の公債の消化力の方から来る虞れよりは、為替相場から通貨の信用を失ふという虞れの来る方が気遣はしくなつてきてゐる」［経済論―一九二］と述べている。

なお、ここで吟味が必要なのは、公債発行の限度として高橋が用いる「国民の公債の消化力」あるいは「国民が公債を咀嚼する力」〔経済論―三九〕という言葉の意味である。

主流派経済学の理解では、「国民の公債の消化力の方から来る虞れ」と言った場合、それは財政赤字の拡大が引き起こすとされる民間貯蓄の不足を意味する。そして、それは、金利の上昇を引き起こすものとみなされる。

しかし、現代貨幣理論が明らかにしたように、「政府赤字がそれと同額の非政府部門の貯蓄を創造するのだから、政府が貯蓄の供給不足に直面することはあり得ない」〔レイ二〇一九―二三六〕のであり、赤字財政支出それ自体が金利を上昇させることはない。むしろ、赤字財政支出は金利を下げるのであり、国債の売却は、金利を引き上げて目標値へと誘導する手段である。現代貨幣理論が想定する赤字財政支出の限度は、あくまで需要を満たす供給力にあるのであって、民間貯蓄の量は関係ない。

高橋の理解は、前者（主流派経済学）と後者（現代貨幣理論）のいずれであるのだろうか。

すでに確認したように、高橋は信用貨幣論や貨幣供給の内生性を理解していたのであり、その理解は前者とは整合しない。他方で、すでに見たように、高橋は一九三五年七月の『朝日新聞』紙上では、「公債増発に伴つて利払費は漸増し、租税その他の収入もその利払ひに追はるゝ結果となるであらう」と述べていた。しかし、当時のような好況下の金利上昇局面において公債を増発し売却すれば、金利はさらに上昇するのであり、高橋はこのことを述べているに過ぎず、民間貯蓄不足を懸念しているわけではないと考えれば、高橋の思想に矛盾はない。実際、公債発行の限度の超過が引き起こす事態として高橋が言及したのは、民間貯蓄の不足ではなく、もっぱらバブル、高インフレあるいは為替相場の暴落であった。

なお、一九三三年の外国為替管理法案委員会の場において、高橋は、日銀による国債の直接引き受けの仕組みについて、次のように説明している。

> しかし今後どういふことになるか分らぬといふことだけは心得てをらなければならぬ。あるだけ国民の懐中にあるものを今日取立てゝしまふといふ時期ではなからうと思ふ。商売屋でいへば、幾らか蔵に物をしまつておく方が奥床しくて宜い。(中略)そのくらゐの余裕を持たしておく方が宜いぢやありませぬか。でありますから、私は公債を募集し得るものならば、何ぞひとり満洲事変費ばかりではない。外の公債でも何でも公募し得るといふ時期が来ることを希望する。しかしながらさういふ必要もないから一まづ日本銀行に引受けしむる。それからこれが出て行つて転々して政府が日本銀行から公債の代金を収め、これを政府が使ふ。使つたものが転々民間に止まつて帰つてこない。さうなれば銀行にも余裕がなくなるのだから売れなくなるといふ順序だけれども、一方においては国民の貯蓄力が増加することも考へなければならぬ。また、景気が来れば——また公債ばかりに国民の貯蓄力を奪つてしまふと

いふことになると、会社の債券なり、地方債なり、さういふものが今度は発行しても売れないので却かえつて害がある。さういふことも併せ考へて、公債政策といふものは実行して行かなければならぬ。〔経済論―四六七〕

ここで、高橋は、公債を募集せずに日銀直接引き受けにする理由として、「あるだけ国民の懐中にあるものを今日取立てゝしまふといふ時期ではなからうと思ふ」と述べており、今は、民間部門に公債よりも通貨を保有させておくべき時期だと判断していることが伺える。他方で、彼は「景気が来れば――また公債ばかりに国民の貯蓄力を奪つてしまふといふことになる」と、公債発行は「却つて害がある」と言う。これは、景気回復期でこれ以上の金利上昇が望ましいとは言えない場合には、公債を売却して金利を上げるべきではないということだ。つまり、高橋は、公債を、通貨供給量を調整する金融政策の手段とみなしているのである。これは、現代貨幣理論と同じ理解である。また、高橋は、政府の支出の結果として、「一方においては国民の貯蓄力が増加することも考へなければならぬ」と述べているから、赤字財政支出が民間貯蓄を増加させることを認識していると言える。以上より判断するに、高橋の言う「国民の公債の消化力」あるいは「国民が公債を咀嚼する力」とは、実質的に、インフレを高進させずに需要を満たす供給力の限度を意味していたと考えられる。

高橋は、一九三四年、国債の消化が困難になった場合には、国債発行の減少が必要になると述べ、「その時においてはたとへ国防上必要なる経費といへども十分これに応ずることは出来ない」〔経済論―四一〕と予告した。そして、実際、一九三六年度予算では、陸軍の激しい抵抗を押し切って、国債の前年度比減額を達成した。もっとも、これが、二・二六事件における高橋暗殺につながったとされているのは、周知の通りである。

†高橋財政の起源

次の引用は、高橋が、ケインズやリチャード・カーンに先んじて、有効需要の原理や乗数効果を理解していたことを示すものとして有名な喩え話である〔スメサースト二〇一〇〕。

> 緊縮といふ問題を論ずるに当つては、先ず国の経済と個人経済との区別を明かにせねばならぬ。（中略）
> 更に一層砕けて言ふならば、仮にある人が待合へ行つて、芸者を招んだり、贅沢な料理を食べたりして二千円を費消したとする。（中略）即ち今この人が待合へ行くことを止めて、二千円を節約したとすれば、この人個人にとりては二千円の貯蓄が出来、銀行の預金が増えるであらうが、その金の効果は二千円を出でない。

しかるに、この人が待合で使つたとすれば、その金は転々して、農、工、商、漁業者等の手に移り、それが又諸般産業の上に、二十倍にも、三十倍にもなつて働く。ゆゑに、個人経済から云へば、二千円の節約をする事は、その人にとつて、誠に結構であるが、国の経済から云へば、同一の金が二十倍にも三十倍にもなつて働くのであるから、むしろその方が望ましい訳である。茲が個人経済と、国の経済との異つて居るところである。［随想録—一九八～九］

高橋が、この着想をどのようにして得たのか。リチャード・J・スメサーストは、高橋がケインズの著作やケインズ自身から直接的な影響を受けた可能性はおそらくないが、ケインズの影響を受けた人々との交流を通じて間接的な影響を受けた可能性は否定できないとしている。両大戦間期の日本のエリートたちは、すでに当時の西洋の知的潮流に参加していたのであり、特に高橋はそうであったからである［スメサースト二〇一〇—三八五～六］。

高橋は、一九三三年の講演「国際経済情勢とわが国の非常時対策」の中で、政府による需要喚起を提言したアーヴィング・フィッシャーのロンドン・タイムス紙の寄稿や、金本位制を批判したケインズの言葉、あるいは、金融収縮によるデフレ不況を論じたR・G・ホートリーの『中央銀行論』を引用している［経済論—四一九～四四二］。これなどは、高橋が同時代の西洋における最先端の知的潮流を摑んでいたことを示している。

もっとも、ケインズ主義的な発想は、当時の経済思想の支配的なパラダイムからは大きく逸脱しており、ケインズ自身も同時代人の説得に苦労していた。要するに、異端思想だったのである。したがって、仮に高橋が西洋の知的潮流に参加していたとしても、その中の異端に共鳴するには、彼がそれと類似の思想をあらかじめ抱いていることが必要であろう。

ここでは、高橋の思想の源泉について、さらに二つの可能性を示しておきたい。

第一の可能性は、第五章で触れたように、由利公正に始まり、大隈重信、星亨や原敬らの政友会といった「積極主義」の系譜である。実際、田中義一内閣において高橋の後を継いで蔵相となった三土忠造(みつちちゅうぞう)も、井上財政を批判した『経済非常時の正視』の中で、緊縮財政が消費の減退とデフレを招くメカニズムを正確に示していた。

先ず政府が一番大きな消費者であり、次は地方公共団体である。この大なる消費者が急に財政を緊縮して事業の中止又は繰延を行ひ、物資の購入を激減し、事業に従事する多数の人々の収入を杜絶する結果として、生産者及商人に大影響を及ぼし、これ等の人々の購買力を減退せしめることは明かである。又政府の奨励に従つて多数国民が消費を節約することになれば、これが生産者及販売者の利益を減少せしめることも云ふを俟たない。即ち国家及び公共団体並に多数国民が急に消費を減少するだけでも、経済上に相当大なる打撃を与へ、不景気を招来することは初めより明かであるが、それよりも更に不景気を深刻ならしめるものは、之に依つて起る所の物価先安見越である。(中略)苟も常識あるものは如何なる品物でも今買ふよりも後になつて買ふ方が利益であると云ふ打算をする。かくの如くにして物価先安見越が強くなつて来れば、一般に差当り止むを得ざるものゝ外は購入を見送る気味に一致する。〔三土一九三〇―一七～八〕

この三土の井上財政批判について、長幸男は「これは、井上に代表された金融資本の旧い政策に対して新しい政策ではないか。三土はすでに〝新しい経済学〟のプラグマティックな使徒であった〔傍点原文〕」〔長一九八四―一二四〕と評している。ここで言う〝新しい経済学〟とは、言うまでもなく、国家による経済管理を是認するケインズ主義的な理論のことである。

このように、政友会には、高橋以外にも、ケインズの理論を経由することなくケインズ主義的な理解に達していた政治家がいたのである。ここから推測するに、政友会のプラグマティズムに由来する積極主義の伝統が、高橋財政の源泉となったという可能性も否定できない。

第二の可能性は、高橋自身の豊富な実務経験に基づくプラグマティズムが源泉となったというものである。もちろん、実践経験だけからケインズ主義的な洞察を得ることは容易ではないだろう。だが、不可能ではない。例えば、当時、中規模の工場経営者であった松下幸之助は、こう考えていたという。

> 緊縮政策もここまでくると、自分で自分の首をしめるがごとくことさらに不景気をつくっている。（中略）私の常識では、指導階級にある人たちはこの時においてこそ、寸刻も惜しんで繁栄日本の実をあげなくてはならないと考えたのである。（中略）物を使ったうえにも使ってこそ、新たなる生産が起こり、進歩となって不景気が解消され、国民には生気がみなぎり、国力が充実されて繁栄日本の姿が実現するのだ。それにはかかる政策はことごとくその反対の結果を招来するものである。私のような学理を知らない者にとっては不思議でならなかった［傍点筆者］。［松下一九八六—二三七］

このように「学理を知らない」松下は、「常識」によって有効需要の原理を直観している。この「常識」の重要性こそ、渋沢栄一が論語から会得した真理であった。その渋沢の「常識」は、経済においては「一方は物品を生産し、一方は其の物品を消費する、此の間に立つて有無相通ずるの職分を全うするのが商業の目的である。而して此の行為は互に相寄り相助けなければ出来ぬこと」［青淵百話—一七三］だという理解を与えていた。

経済システムは、生産や消費といった経済行為の相互依存関係であると理解していれば、有効需要の原理に到達することはさほど難しくはない。渋沢、松下、高橋、そして三土には、このプラグマティックな「常識」があったのであろう。

興味深いことに、プラグマティズムの哲学者デューイもまた、一九三〇年時点においてすでに、恐慌のような過剰生産・過少消費の時には、農業の保護や公共事業による雇用創出など、政府による経済管理が必要になるというケインズ主義的な理解に達していた［Dewey 1999: 50–58］。デューイも、経済システムが取引行為の相互依存関係によって成り立っているという「常識」を有していたのである。

この「常識」（＝プラグマティズム）に加えて、高橋をケインズ主義へと導くこととなったと思われる歴史的な事件がある。それは、第一次世界大戦である。

ルーズヴェルト政権のニュー・ディール政策もまた、ケインズ以前のケインズ主義であったが、その起源の有力な一つとして、『富国と強兵――地政経済学序説』は、第一次世界大戦時の総力戦の経験があったことを明らかにした。大戦期に、政府が多くの国民や資源を戦争に動員したことによって、巨大な友好需要が創出され、失業が解消した。この経験から、政府による有効需要の創出というケインズ主義的な発想が生まれたのである［中野二〇一六―第十二章］。

その同時代の証言の一つを、我々は、再びデューイから得ることができる。

前章において見た通り、デューイは、一九一八年の論文「戦後における国内社会の再組織化」の中で、大戦中に戦争目的で採用された国民の協調行動や統一行動を、戦後は雇用の創出や福祉の向上のために用いるべきだと論じた。そのデューイは、一九三九年の論文「新社会の経済的基礎」の中で、一九一八年の「戦後における国内社会の再組織化」から大部を引用した後、第一次世界大戦後、彼の期待に反して、旧来の経済自由主義的な体制が復活してしまったため、「深刻な国内の無秩序と不安」が引き起こされたと主張した。そして、「一九二九年の世界恐慌の後、再建という初期の思想が、その名ではなく、アメリカではニュー・ディールという名の下に復活を遂げた」[Dewey 1988a: 316] と述べたのである。なお、「再建」とは、第一次世界大戦後の秩序の「再建」のことを指している。つまり、大戦後に彼が構想した「国内社会の再組織化」と同じものが、ニュー・ディール政策だというのである。

さらに、この論文の中でデューイは、恐慌は「豊富の中の欠乏という逆説(the paradox of want amid plenty)」を伴うものであり、「その結果は、生産の問題は分配や消費から切り離して解決することはできないということの十分な証拠である」と述べている [Dewey 1988a: 319]。この「豊富の中の欠乏という逆説」という表現は、ケインズが『一般理論』の中で有効需要の不足について述べた「豊富の中の貧困という逆説(the paradox of poverty in the midst of plenty)」[ケインズ一九九五―三二] という有名な言葉に酷似している。もっとも、『一般理論』は一九三六年に刊行されているから、デューイこそ、直接的あるいは間接的にケインズの影響を受けていた可能性はある。

前章で見た通り、第一次世界大戦の終結直後、高橋もまた、デューイと同様、世界が「復興改造の時代」に入り、旧来の経済自由主義的な体制から、新たな体制へと移行するであろうと論じ、その新体制を「結合主義」と呼んだ。その高橋が、世界恐慌期にケインズ主義的な高橋財政に到達したのは、大戦後の「国内社会の再組織化」という思想がニュー・ディール政策へと結実したというデューイの証言と見事なほどに符合している。

高橋の言う「結合主義」とは、「衆人互に相寄り相援けてゆく」体制であり、国民全体が「協同共営」する体制である。この国民全体の協同関係・相互依存関係を俯瞰した「結合主義」の思想は、ある国民の消費が別の国民の所得を生むというケインズ主義的洞察への入り口となり得る。高橋もデューイも、そのようにしてケインズ主義へと至ったのではないだろうか。

なお、ケインズは、一九二六年の「自由放任の終焉」の中で、こう述べている。「多くの場合、管理と組織の単位の理想的な規模は、個人と現代国家の間のいずれかにあると私は信じている。したがって、進歩は国家の中の半自律的な団体の成長と承認にあると思う」[Keynes 2013: 288-9]。このように、ケインズもまた『一般理論』に至る理論形成過程の途上において「国内社会の再組織化」あるいは「結合主義」と同様の社会思想を経由していたのである。

高橋財政の原型となった「結合主義」の起源をさらに遡るならば、前田正名の「協同」の思想へと至るであろう。高橋は、前田から学んだ生産者の「協同」を、世界大戦を契機に国民レベルにまで拡大した。それが「結合主義」であり、その「結合主義」が世界恐慌を経て、高橋のケインズ主義へと進化したのであろう。

加えて、日本は、欧米の第一次世界大戦に先んじて、日露戦争において事実上の総力戦を経験していたことも指摘しておかなければならない。そして、渋沢栄一が、日露戦後に「挙国一致」の経済体制が必要であると論じ、積極財政による不況対策まで提言していたことは、第四章で述べた通りである。

日露戦争の経験や日露戦後経営の議論、そして第一次世界大戦後の好不況の経験、大戦後の欧米の変化。おそらく高橋は、これら激しく変化する情勢と交わっていく中で、ケインズ主義的な思想へと近づいていった。このように考えることができる。

†プラグマティズムの限界

ところで、私は、高橋が、豊富な実務経験に裏打ちされたプラグマティズムから、ケインズ主義的な洞察にたどり着いたのではないかという仮説を述べた。では、金本位制というドグマに固執して昭和恐慌を引き起こした実務家・井上準之助については、どう考えたらよいのであろうか。

「学理を知らない」松下が訝しんだ緊縮財政を断行した井上準之助という人物は、エリート中のエリートであった。二高で高山樗牛と首席を争い、東大法学部に進み、卒業後は日本銀行に入行して異例の昇進を遂げた。一九一九年には日銀総裁、一九二三年には大蔵大臣に就任し、一九二七年から二八年にかけては、再度、日銀総裁を務めた。この経歴から明らかなように、井上は、金融政策に関する豊富な経験を有する超一流の実務家であったのである。

しかも、彼は、一九二九年夏に民政党に入党する直前までは、金解禁は「肺病患者にマラソン競争をさせるようなものだ」と、適切にも述べていた。ところが、民政党政権で蔵相となるや否や、井上は、突如として金解禁論者の最右翼へと豹変したのである。井上は、下野した後もなお民政党の筆頭総務としての立場から、高橋による金本位制再禁止を攻撃し続け、少なくとも公式には、死ぬまで自説を改めなかった。

明晰な頭脳と豊富な実務経験をもちながら、井上は、なぜ、かくも頑迷な姿勢を貫き続けたのであろうか。

その理由を一言で言えば、井上は、浜口内閣の蔵相に任命され、金解禁を政策課題として与えられた際、かつて誰も為し得なかった金解禁を実現して、歴史に名を刻みたいという野心に憑りつかれたのである。そして、その政治的野心が井上の政策判断を狂わせた。金解禁後、その過ちは明白となったが、それを認めることは、井上の政治的敗北を認めることに等しかった。批判の声が高まれば高まるほど、井上はかえって自分の立場に固執せざるを得なくなるというディレンマに追い込まれたのである［中村一九九四］。しかし、井上が自分の政治生命を守ることに執着したせいで、国民、特に中小企業と農民層が犠牲になったのだ。

この井上の失敗が与える教訓は、重い。

プラグマティズムによれば、求めるべき「理論」は「実践」の中にあって、「実践」の一部を成す。しかし、その「実践」を行っているのは、生身の人間である。生身の人間は、その知性に限界があるだけでなく、欲望や感情といった非合理的なものに左右されて判断を誤るかもしれない危うい存在である。井上の失敗は、まさに「実践」の脆さや危うさ、そして「実践」を重視するプラグマティズムの限界を示している。

不完全な人間による「実践」が不確実である以上、「実践」の中に見出された「理論」には、常に正しいという保証はない。そこで、「実践」から離れたところで、無謬で確実な「理論」を探し求めようとするのが、合理主義である。

この合理主義の姿勢は、経済自由主義、特に主流派経済学において、とりわけ顕著である。主流派経済学は、財政政策や保護貿易のような政府による市場介入を否定し、経済政策は、抽象論理が導き出した法則、原理、規律あるいはルールに則って行うべきであると強く主張する。政府による「実践」は不完全であり、信頼に足るものではないからだというわけである。

ケインズ主義を批判する際の経済学者のお決まりの台詞は、「政府は万能ではない」である。しかし、こうした合理主義者が忘れているのは、完全で確実な「理論」を追求して抽象論理を駆使するのもまた、間違えやすい生身の人間であるという、実に単純な事実である。要するに、「政府は万能ではない」と主張し、抽象的な理論から導き出された市場原理を掲げる経済学者は、実のところ、「経済学者は万能である」という暗黙の前提を置いているのだ。

「理論」も、不完全な人間による行為の一種である。「実践」の不完全性から目を逸らし、「理論」の中に逃げ込もうとしても、もっと不完全な空理空論の観念世界へと迷い込むだけだ。人間の不完全性から逃れることなど、できないからである。

だからこそ、敢えて「実践」へと赴き、「実践」の中での試行錯誤を繰り返しながら、真理へと近づこうという努力を積み重ねる。これが、プラグマティズムの姿勢である。

プラグマティズムが積極財政や保護貿易などの経済介入を支持することがあるのは、政府が万能だと信じているからではない。その逆に、人間の可謬性を前提としているからこそ、現実世界に参入する政策実践へと向かわざるをえないからなのである。

井上の失敗が示したのは、「実践」は不確実で間違いやすく、そして危ういということであり、したがって、プラグマティズムには一定の限界があるということだ。しかし、その限界は、不完全な存在である人間の逃れられない宿命である。プラグマティストはこの宿命を背負うが、合理主義者はこの宿命から逃れようとして、かえって引きずられる。

†高橋財政の財政規律

高橋財政に対する後世からの典型的な批判は、専ら、日銀による国債の直接引き受けを行ったことに向けられてきた。高橋が、日銀による国債の直接引き受けという道を拓いたために、戦時中から終戦後に至る高インフレを招いたというのである。もっとも、その高インフレの原因は、日銀による国債の直接引き受けそれ自体にあるのではなく、軍部の台頭による軍事費の膨張や戦争にある。実際、高橋財政は、高インフレを抑止することに成功していた。

それでも、高橋財政によって財政規律が失われたという見解は、根強くある。例えば、鎮目雅人は、次のように論じている。

日露戦争後の一九〇〇年代後半は金本位制の全盛期であり、また一九二〇年代においては金本位制への復帰が政治的な支持を得ていたため、「財政の維持可能性」が保たれていた。しかし、『高橋財政』期の予算編成においては、財政規律を確保するメカニズムは制度としては存在せず、財政規律の維持は高橋是清という個人の能力と意志に委ねられていた面が大きい」。このため、軍部による歳出増大要求が強まると、高橋は軍部からの圧力の矢面に立たざるを得なくなった。「その帰結は、高橋の暗殺とその後の財政規律の完全な喪失を招き、戦時統制経済と戦後の急激なインフレーションにつながった」〔鎮目二〇〇九—二四五〜六〕。

高橋の悲劇は、金本位制に代わって財政規律を担保する制度的なメカニズムを見出すことができず、自身の能力と意志に頼ったことにあった。鎮目は、そのように論じている。

だが、はたしてそう言えるであろうか。

確かに、高橋財政期には、国際金本位制は存在しなかった。しかし、金本位制の代わりに、当時の日本が選択したのは、ほかならぬ鎮目が強調するように、事実上、円を英ポンドにペッグした固定為替相場制であったのである。金本位制であれ、英ポンド・ペッグ制であれ、固定為替相場制の下にある国は、自国通貨を固定レートで交換するための外貨準備を必要とするので、おのずと財政支出にも制約がかかる。すなわち、金本位制に代わる財政規律の制度的なメカニズムは、高橋財政下においても、存在していたということである。実際、高橋は、外貨準備高に注意を払いつつ、財政を運営していた〔経済論—二一五〜六〕。

このように財政規律を確保する制度的なメカニズムの存在にもかかわらず、高橋の暗殺、戦時統制経済とその後の急激なインフレーションは起きたのだから、これらの責めを、高橋の金本位制離脱に負わせるのは酷であろう。

そもそも、国家が戦争に向かおうとする時には、財政規律を担保する制度的なメカニズムだけで戦争や軍事費の膨張を抑止することなど不可能である。実際、かの満州事変は、金本位制に復帰した後の井上による緊縮財政の下で勃発している。

また、財政規律の下でも軍事費を増大する方法はある。増税すればよいのである。実際、軍部は、軍事支出の財源として増税を要求しており、高橋がそれを拒否すると、荒木貞夫陸軍大臣は高橋を批判したのであった［スメサースト二〇一〇―三四八］。

増税以外にも、軍事支出の財源を確保するために、植民地を搾取する、あるいは他国を侵略して財産を没収するといった方法も考えられる。例えば、かのナポレオンは均衡財政論者であり、不換紙幣の発行も拒否したが、戦費調達のために他国から富を収奪すべく、侵略を繰り返したのである［中野二〇一六―二四二］。この場合、財政規律は、戦争を抑止するどころか、その原因になっている。

仮に、財政規律を担保する制度的なメカニズムが軍事費の膨張を抑止したとしても、いったん戦争を決意した国家は、それによって戦争を諦めるのではなく、その制度的なメカニズムの破壊を選ぶだろう。実際、第一次世界大戦時、参戦国は金本位制からあっさりと離脱した。財政を規律する制度的なメカニズムがあれば戦争が止められるなどというのは、ナイーブな幻想に過ぎない。

要するに、高橋が金本位制から離脱しようがしまいが、当時の軍部の台頭を抑えることはできなかったのである。それどころか、軍部の台頭をもたらした主たる原因の一つは、金本位制への固執と財政規律の重視が引き起こした昭和恐慌にあった。

井上準之助による金解禁準備のための緊縮財政、さらに解禁後に直撃した世界恐慌は、失業者の増大、農村の困窮、中小商工業者の疲弊などを招き、社会的不安や社会体制に対する国民の不満を著しく高めていった。それにもかかわらず、井上は頑なに緊縮財政路線に固執し続け、事態をさらに悪化させた。その結果、一九三〇年代の労働運動や右翼的な運動の過激化が進み、軍部の台頭を招いたのである。この恐慌による中間層の没落がファシズムを招来するという経過は、ナチズムの台頭とも軌を一にするものであった［長二〇〇一、中村一九九四—一二二］。

渋沢栄一は、「大逆事件」を例に、貧富の格差という社会病理が危険思想の種を蒔くのだと警鐘を鳴らした。あるいは、第三章で触れたように、デュルケイムは、中間組織や共同体の崩壊は全体主義に帰結すると論じた。彼らの懸念を現実のものとしたのは、世界恐慌だったのだ。

軍部の台頭は、元をただせば、昭和恐慌がもたらした社会の不安定化に原因があったのであり、そして、その昭和恐慌の責任は、少なからず、金本位制に固執して緊縮財政を断行した井上準之助による緊縮財政にある。逆に、軍国主義の種を蒔いた恐慌を早期に克服しようとして、金本位制から離脱し、国民を困窮から救おうと積極財政を実行したのが、高橋なのである。

しかも、高橋は、社会問題を放置すれば、国民の不満が高まり、やがては思想の激発を招くという危険性を十分に承知していた。例えば、関東大震災の翌年、高橋はこう述べている。

この秋に於て私などの深く考へて決心したるところは、このままただ移つて行けば、政治問題が軈ては社会的問題になり、社会的問題になつて、全国にこの不平が起れば、燎原の火のごとく人心は激昂して来る、いづれのところに止まるか分らない。それゆゑにこれを要約して申しますれば、吾々の考へはかくのごとく極端に国民の思想を激発しないやうに、政治問題の範囲に於てこれを喰止めたい。［随想録―二八九〜二九〇］

高橋が、格差の是正に効果的な累進所得税の導入を持論としていたことはすでに述べた。高橋が低金利政策を強く推奨したのも、そこに、資本家階級と労働者階級の格差の拡大を防ぐという社会政策的意図が含まれていたからであった。

高橋が実施した「時局匡救事業」は、当時の底辺である農業労働者が多い農村地域を中心にして行われていた。中村隆英は、時局匡救事業のうち、農村への直接支出の比率はやや低かったが、内務省所管の道路事業、砂防事業、河川事業なども農村に裨益したのであり、「30年代前半における農村に対するスペンディングの効果は、疲弊しきった農村に対するカンフル注射として、正当に評価されるべきであろう」と結論している［中村一九八一―一二六〜一三二］。

これらを勘案するならば、高橋は、ケインズ主義的な経済政策によって、恐慌を克服することで社会を安定化し、軍部の暴走を間接的に防止しようとしていたと解釈することができる。しかし、軍国主義化の勢いは、もはや高橋一人の抵抗では止めようもないほど強くなっており、そして高橋自身もその犠牲となった。

その高橋に、軍部の台頭やその後の戦時統制経済の責めを負わせることなど、どうしてできようか。

第九章

産業政策の誕生

†産業合理化運動

第七章で論じた通り、前田正名の薫陶を受けた高橋是清は、経済の根本は「国民の生産力」にあるという信念を持ち、企業の結合や能率増進といった産業政策を推奨した。この産業政策を遂行したのが、岸信介（一八九六～一九八七）である。

一九二〇年、農商務省（のちの商工省）に入省した岸は、一九二六年、アメリカで開催された世界博覧会に出席するために渡米し、イギリスとドイツにも立ち寄って調査を行うという機会を得た。そこで岸は、まずアメリカで経営者資本主義と遭遇し、その強大さに圧倒されている。そして「亜米利加に比べて見ると殆んど我々の今迄考えて居つたこととは桁違ひの御話にならない事柄である」と暗澹としてドイツに渡ったのだが、そこで「独逸の化学工業の組織を面の当り見るに及び」「決して日本産業の資源の貧弱といふことを憂へるに当らない」と考えるに至った［産業合理化より統制経済へ―四］。日本にふさわしいのは、「協調的経営者資本主義」だと悟ったというわけである。

当時、ドイツでは、深刻な不況の中で、「産業合理化運動」を進めていた。この産業合理化運動を目撃した岸は、「ドイツでは日本と同じように資源がないのに、発達した技術と、経営の科学的管理によって経済の発展を図ろうとしていた。私は『ああ、日本の行く道はこれだ』と確信した」〔岸信介証言録―五二〕のである。

岸は、ドイツの産業合理化運動に関する調査報告を商工大臣に提出したが、その時は相手にされなかったという〔岸信介の回想―一八〕。しかし、一九三〇年、浜口内閣の下で金解禁が実施されて昭和恐慌が勃発すると、岸の報告書が再度注目され、その年の五月、岸は再びヨーロッパへと派遣された。翌月、商工省工務局長の吉野信次の発案により、同省の外局として臨時産業合理局が設置され、日本における産業合理化運動が始まった。この産業合理化運動の中心人物となったのが、吉野と彼の指揮下にあった岸だったのである。

岸が目撃したドイツの産業合理化運動とは、次のようなものであった。

第一次世界大戦後、ドイツは極端なインフレの昂進に見舞われたが、他方で、インフレのおかげでドイツの独占企業は輸出を伸ばすことができ、また投機的な企業の設立や買収が横行した。そのインフレが終息し、マルクが安定すると、ドイツ企業は国際競争力を失った。その上、国外市場は高率の保護関税によっておおわれるようになっていたが、国内市場は超インフレの混乱の余波でいっそう狭隘となっていた。こうしたことから、一九二四年頃には、過剰設備・不良設備が深刻な問題として顕在化していた。こうして、過剰生産能力を徹底的に整理すべく、産業合理化運動が始まったのである。

具体的には、企業集中が進められ、化学工業におけるIGファルベンや重工業における合同製鋼などが設立された。また、アメリカのテイラー・システムをドイツ的に修正した「レファ・システム」の普及が進められた。こうした産業合理化運動においては、その宣伝・指導機関として「ドイツ経済性本部」が国家の援助の下に設立され、生産費引き下げの方策の普及や標準化の推進などにおいて重要な役割を担った〔山崎二〇〇一〕。

この産業合理化運動を、岸は二度にわたるドイツ出張で実際に観察したのである。二度目のドイツ出張中、岸は、商工省臨時産業合理局の木戸幸一に宛てた手紙の中で、産業合理化運動の要点として次の三つを挙げている〔岸信介の回想─三四五～九〕。

第一は「共働的精神の発揚」であり、岸は「合理化の真精神は国民的共働に在り」「此の点が米国の合理化と独乙の夫れとの最大の相違なり」と強調している。

第二は「失業問題」であり、岸は「之に対する対策としては名案なきが如し」と評するだけでなく、「少くとも産業合理化の結果失業群を目下大にしたるの事実は否むべからず」と、産業合理化が失業を増やすことを率直に認めている。失業対策として、ドイツには失業保険制度があったが、それについて岸は「一時の急に応ぜんとする窮策」であり、「最後の対策は失業者に職を与ふるものならざるべからず。之れが為めには新規事業を起すの要あるべし」と指摘するのである。

第三は「国際的協力」である。岸は「産業合理化の運動は之を経済史的に考察すれば世界大戦に依りて一劃期を作られたる世界経済立直しの運動に外ならず」と喝破し、それゆえに産業合理化は一国のみで進めるのではなく、規格統一や知識・技術の交流などの面における国際協力が必要であると論じる。

いずれも、ドイツの産業合理化運動の要点と弱点を的確にとらえており、岸の優れた観察眼が伺える。特に、ドイツの失業率について見ると、一九二五年時点では八・三％であったが、以降、それを下回ることはなく、岸が初めにドイツを訪れた一九二六年は一七・三％にまで上昇し、二度目のドイツ出張時の一九三〇年には二七・二％にまで達していたのであり［山崎二〇〇一―四〇五］、「少くとも産業合理化の結果失業群を目下大にしたるの事実は否むべからず」という岸の評価は正しい。

さらに岸は、ドイツからの帰国後まもない講演において、産業合理化運動の指導精神として、次の二つを挙げている。第一に、「自由競争の否定」と企業間の「協調」「協働」である。岸は、同時期の別の講演の中で、従来の自由競争の原則に代わって、「協調」「協働」の精神が登場したことを「第二の産業革命とも云へる」〔欧洲に於ける産業合理化の実際に就いて一二九〕と述べている。第二に、価格の引き上げや賃金抑制によって利益を増やそうとする「儲け主義」を排し、「コスト低下に主眼を置く」ことである〔通産省編『商工政策史9』一九六一—七〜八〕。

原彬久は、この講演について「岸はここで、明確に自由主義経済の排除と、その前提となる強権的国家体制への展望を示したのである」〔原一九九五—四九〕と評している。

しかし、この同じ講演の中において、岸は、自由競争の原則が「過去において吾々の経済生活の向上に資したことは勿論であり、今日においても或る制限の下に正しいことであることも認めなければならない」とも述べているのである。ここで岸が否定しているのは「自由競争こそ万世不易の経済上の金科玉条である」とするドグマである。これを以て「明確に自由主義経済を排除」したと評するのは、誇張のきらいがある。

また、岸は「産業合理化といふことは、結局一の国民経済を経済単位としてその繁栄を期するために互ひに協調してやつて行かうとする運動」であり、「その行ふ各個の具体策も一の企業内部の改善ではなく、産業の部門を飛び越えて、国民経済的見地から考へねばならない。したがつて各国共に陰に陽に政府の支持を受け、少くとも国民的中枢機関によつて指導せられてゐる所以もここにある」と述べるに過ぎない。この程度の理念が「強権的国家体制への展望」を示すというのならば、今日、自由民主国家で行われているあらゆる公共政策もまた、同様に評しなければならないだろう。もっとも、後で論じていくように、当時のドイツの産業合理化運動の調査報告の中に、岸のその後の生涯を貫く経済思想を見ようとする原の意図自体は、正しい。

この岸の調査報告は、当時の臨時産業合理局の政策にも色濃く反映されたはずである。したがって、臨時産業合理局の産業合理化政策の理念を解釈することは、岸の思想を理解する上での一助となるであろう。この政策を主導したのが、岸の上司である吉野信次であった。後に岸は、「私は吉野という人は、本当に日本の商工行政、産業行政を初めて系統立てて、それに理論的な根拠を与えた人だと思う。（中略）この間、吉野さんは私を信頼してくれて、起案から何から全て任せられたものです。私はもう若くもなかったけれど、吉野さんの期待に応えるべく、ほんとうによく勉強したものだった」〔岸信介の回想―二一〕と回想している。

そこで、その吉野が一九三〇年に著した『我国工業の合理化』（『商工政策史9』に再録。以下「商工政策史□」）を参考にしてみよう。

†吉野信次

『我国工業の合理化』は、「欧州戦争」（第一次世界大戦）を契機に、世界の資本主義が大きな変貌を遂げたという状況分析から始まる。吉野は「欧州戦争を転機として世界の産業は第二の革命を来しつつあると云つても宜しからう」［商工政策史一九六一―二三三］という認識を示す。

欧州戦争は、第一に、戦時財政が通貨の膨張すなわちインフレーションをもたらし、工業生産を著しく刺激した。通貨膨張が為替レートの下落をもたらし、輸出産業の隆盛をみた国もあった。第二に、戦後、新たに国家が誕生したり、新たな領土を獲得したり、逆に領土を失う国が出たりするなど、国際秩序の変動が起きた。各国は新たな国境線の下でその政治的・経済的独立を確保すべく、自給自足を目指すようになり、自国内の工業を振興するようになった。

しかし、戦争が終結し、巨大な戦時需要が消失すると、世界的に、深刻な過剰設備問題が発生することとなった。デフレ不況である。デフレ不況は大量の失業者を生み出し、労働者の不安が世界に波及した。しかも、戦時中、各国政府は、労働者を戦争に動員するために、その見返りとして労働者の権利や利益を認めるようになっており、戦争で地位が向上した労働者側もその勢力を強めていた。そのため、企業経営者にとって、余剰人員を解雇することで整理合理化することは、もはや容易ではなくなっていた。こうして、過剰設備の整理や需給不均衡の解消は、極めて困難な課題となったのである。

生産過剰問題に直面した各国は、国産品の使用の奨励か、あるいは海外販路の開拓進出によって打開を図ろうとした。前者は保護主義、後者は重商主義又は帝国主義と分類できる。

特に、保護主義を徹底的に行ったのは、アメリカであった。「米国の産業政策は自給自足主義に始終して居る。広大なる国内販路を有し豊富なる天然資源に恵まれ常に、「米国第一」主義を持して世界各国に君臨せむとして居る」〔商工政策史一九六一―二四六〕。

ただし、アメリカは、科学的管理法を徹底して国内産業の効率性を高めながらも、同時に高関税政策を採って、ダンピングや低賃金によって安価となった海外製品の輸入を防いでいた。その目的は、労働者の賃金抑圧を回避し、国内の購買力を維持することにあった。「米国は労働者の賃金が非常に高いことが世界に対する一の誇りである。労銀が高いと云ふことは結局国民の購買力を増加すると云ふことであつて、米国の国民経済の自給自足が因つて以て保持せられる所以の途である。夫れ故に外国から低廉なる賃金を以て米国内市場を脅かされることは絶対に防がねばならぬ」〔商工政策史一九六一―二四六〕。

イギリスでも国産愛用運動が盛んになった。ただし、アメリカとは違って国内市場が狭小なイギリスは、植民地を含む大英帝国の勢力圏内の市場で保護主義を実践しようとした。いわゆるブロック経済である。しかし、吉野は、カナダやインドを例にとりつつ、各植民地とイギリス本国との経済的な関係は千差万別であって、大英帝国圏内の市場を国内市場のように統合することは困難であろうと見抜いている〔商工政策史一九六一―二四八～九〕。この他、ドイツ、フランス、ベルギーなどのヨーロッパ各国も、関税の引き上げやカルテルの形成へと走った。それは、世界大戦後の供給過剰と密接な関係にある〔商工政策史一九六一―二五四～五〕。

かくして「欧洲大戦の終局を告ぐるに当つては世界永遠の平和の確立と云ふことは一の旗印として高く掲げられたのであるが、其後の世界経済の推移を見るに正しくこれに逆行しつつあるが如き観がある。如何に国際平和を高唱しても世界経済の大勢は経済割拠主義に傾いて居る」のであり、「此世界の大勢には多年自由貿易を金科玉条として居た英国と雖も逆ふことが出来ぬ」ということになった。そして、この極めて現実主義的な認識が、吉野に悲観的だが実に適確な見通しを与えた。「此儘に放置するに於ては国際平和の前途に対しても一抹の暗雲を投ずるものなきを保しない。過去の経験に於ても戦争は屡々国際間の経済競争の為に勃発した例に乏しくない」〔商工政策史一九六一―二六七〕。

こうした懸念を背景に、世界中の識者が、自由貿易の理想を声高に叫ぶようになった。しかし、現実主義者の吉野は「如何に自由通商の大義を世界の識者が口を極めて高唱しても、各国政府の現実の政策は全く之に背馳せむとして居る」と断じた。イギリスでは、帝国主義に批判的な労働組合ですら、大英帝国のブロック経済を支持したとの報に触れつつ、吉野は、「かくて国際間の経済競争は日に益々深刻となり、世界経済の需給の不均衡は従つて大とならざるを得ないのである」と結論付けた〔商工政策史一九六一―二六九〜二七〇〕。

世界大戦が引き起こした工業の著しい発展と需給不均衡、この世界経済の構造変化という脈絡の中で、「産業合理化」の意義は語られる。

事業の合理化という発想自体は、二十世紀初頭にフレデリック・テイラーが「科学的管理法」を提唱して以来、存在していた。しかし、「科学的管理法」は私経済における合理化に過ぎない。これに対して、「産業合理化」は国民経済全体の合理化を企図するものであった〔商工政策史一九六一—二七二〕。

大戦後の供給過剰・需給不均衡を克服するには、国家が国民経済を管理・運営せざるを得ない。そして、何より、国家が国民経済を管理・運営することや、需給不均衡という共通の目的のために協働するといった、これまでとは異なる革新的な政策を国民が受け入れなければならない。したがって、「先づ其決心と覚悟とを当事者は素より一般国民に対して促す所に産業合理化の新しい意味がある。見様に依つては一の思想運動と云つても誤りではない」〔商工政策史一九六一—二七二〕と吉野は言う。

この産業合理化において世界をリードしたのは、アメリカとドイツである。アメリカでは、一八九〇年のトラスト禁止法にもかかわらず大規模経営事業が乱立し、一九一八年には、輸出産業をトラスト禁止法の例外とするウェッブ法が制定された。また、米高技術者聯合協会の会長で、後に大統領になるフーヴァーの指導の下、製品標準化の運動が推進された。ドイツでは、一九二一年に設立された「ライヒスクラトリウム」（ドイツ経済性本部）なる機関を中核として製品標準化運動が推進されたほか、企業の合同連合が進められ、カルテルやコンツェルンが形成された。イタリアでは、ムッソリーニの独裁の下、企業の合併・合同、関税引き上げ、補助政策、科学的管理法の徹底が進められた。「自由主義を以て金科玉条とする国柄」〔商工政策史一九六一―二八七〕であるイギリスや、「元来個人主義の盛んな国」〔商工政策史一九六一―二九六〕であるフランスにおいてさえも、企業の合併・合同など産業合理化が盛んに進められたのである。

†日本の産業合理化戦略

吉野は、欧米における産業合理化運動について詳細に記述した上で、いよいよ日本の産業合理化について論じていく。ただし、「外国で行はれた事例は必ずしも我国の産業の実際に適用せらるるものでないことは勿論である。我国の工業は我国特有の発達を為して居る」〔商工政策史一九六一―三〇二〕ことがその議論の前提としてある。したがって、まずは、我が国の工業化の沿革を踏まえなければならない。吉野は、世界の経済構造の変化や欧米の動向を踏まえるという国際的な視野と、日本の固有の事情を重視する個別主義的な視点を併せ持っていた。

議論の出発点は、日本は後発工業国であるという認識であった。

西洋先進国の工業化は各国の国内事情の必要性から始まった内発的なものであったのに対し、日本の場合は、海外からの刺激による外発的かつ後発の工業化であった。明治初期は、維新政府の主導によって近代工業が出発したが、明治十七、八年頃には民間企業が盛んになった。その後、「日清戦争に於て始めて我国の工業は産業革命の時代を経過」〔商工政策史一九六一―三〇三〕し、さらに「日露戦争に依つて我工業は更に一段の飛躍を遂げた」〔商工政策史一九六一―三〇四〕。そして、世界大戦によって、工業は著しく発展し、「戦前には全く我国に存しなかつた所の新規の各種の工業も大いに勃興することとなつた」〔商工政策史一九六一―三〇四〜五〕のである。この歴史から、吉野は、次のような興味深い含意を引き出している。

我産業経済の当時の事情が近代工業の発達を自然に誘致したと云ふよりは寧ろ人為的に之を促進したかの観がある。而も日清戦争以後十年毎に二回も戦争があつて戦時の異常の需要に応ずるが為に其都度我国の工業は大発展を遂げたのである。此意味に於ては我国の工業は偶然の機会に発達したものが少くないと云つて宜しい。換言すれば其種類の工業が我国土に勃興する為に必要なる自然的条件を欠いて居るものがある。〔商工政策史一九六一―三〇七〜八〕

ここで言う「自然的条件」とは、「原料及販路の関係、気候、風土、一般工業技術の進歩の程度、国民の風俗、習慣、性情等一切の事項を包含する」ものであり、言わば、比較優位の決定要因である生産要素の賦存状況に近い。自由貿易の理論によれば、どの産業が発展するかは、この「自然的条件」によって決まる。吉野も、自然的条件を欠いた工業は、一般には発展しないことを認めている。

しかしながら、その一方で、「併し乍ら或る国に或る種の工業が発達する為には多少偶然の機会と云ふものも其一の原因となることは稀ではない」のであり、「此場合に於ては其自然的条件の足らざる所を関税の牆壁(しょうへき)等に依つて之を補ふのである」とも吉野は言う。それを自由貿易論者は、批判するであろう。しかしながら、「偶然の機会とは云へ一度或る国に於て、或る種類の工業が芽生えた上は之を全く消失せしむるのは色々な関係に於て事実上困難」であるし、「科学の進歩は自然的条件の足らざる所を補つて行くことも忘れてはならない」［商工政策史一九六一―三〇八］というのが吉野の判断であった。

ここで吉野が披露しているのは、歴史主義的な経済観、そしてそこから導かれるプラグマティックな経済政策論である。

どの工業が発展するかは、生産要素の賦存量によって決定論的に規定されるわけではない。偶発的な事象や科学の進歩といった不確実な状況によっても左右される。しかも、いったん成立した工業は、仮に比較優位の原理に反したものであったとしても、その退出は、失業や産業構造の急激な変動など、様々な調整コストを発生させるので、容易ではない。そこで、当該工業を保護するなどの産業政策が必要になる。吉野は、そう考えているのだ。

日本の産業構造において顕著なもう一つの「特長」として、吉野が特定したのは「中小企業が甚だ多い」〔商工政策史一九六一—三〇九〕ということであった。ここで「特長」と述べているように、吉野は、中小企業の占める割合が多い産業構造に利点を見出していた。その利点とは、中小工業者が資本家階級と労働者階級との間の「中間階級」を構成しているということであった。この「中間階級」の層が厚いことにより、日本では「労働者階級と資本家階級との対立が欧米に見るが如く左程深刻ではない」のである〔商工政策史一九六一—三一二〕。政府が中小工業者の維持発展を図らなければならない理由は、それが階級闘争を緩和する中間階級だからだと吉野は主張するのだ。

とは言え、日本の中小工業は発展途上であり、合理化が遅れている企業が甚だ多い。しからば、中小企業の合理化をいかにして進めるのか。吉野が最も重視したのは、組合制度であった。欧米では、非効率な企業の整理を促す政策として、政府が法律によって直接カルテルの組成を強制するといったことが行われている。しかし、吉野は、こういった直接的な企業統制については「産業自由主義に対する一大例外を設くるのである」から、慎重でなければならないと説く。むしろ「間接に同業者間の企業の統制を促進助成するが如き手段に出づることは却つて適切であらう」〔商工政策史一九六一—三一九〕というのが吉野の考えであった。

そのような間接的な企業統制の手段として、吉野が最も効果的と考えていたのは、金融機関が主導することであった。産業合理化における金融機関の積極的な役割について、吉野はドイツやイギリスの事例を引きつつ、昭和恐慌に苦しむ中小企業を救済するため、「此際中小企業の金融に対して特別なる施設を為すことは最も必要であり且つ適切であると云はなければならない」［商工政策史一九六一―三三〇］と提案している。

このように、吉野の念頭にあった産業合理化政策とは、政府による強権的な直接統制ではなく、間接的で穏当な支援策であり、また、中小企業を重視したものであった。さらに、吉野は、間接的な支援策であったとしても、それが市場独占による価格高騰、非効率な不良企業の温存、新規参入の阻害といった弊害があることにまで、十分な注意を払っていたのである［商工政策史一九六一―三三二］。

国産奨励についても、一方では、これは世界の産業国がいずれも進めている政策であり、また需給不均衡の調整の観点からも当然の措置であるとしながら、他方では、「只国民の愛国心に訴へて無条件に国産品の使用を強ふることは厳に之を戒めなければならない」［商工政策史一九六一―三四五］というバランス感覚を示す。外国輸入品と品質・価格において同程度であり、かつ国内需要を満たす供給が可能な国産品であれば、奨励してもよいであろうというのである。

吉野は、「国家重要産業」をターゲットにした産業合理化政策も提唱している。彼の言う「国家重要産業」には、二種類がある。一つは、鉄、石炭、石油、染料、曹達灰などの「基礎工業（「キー、インダストリー」）」である。そして、もう一つは、繊維工業など「其国に於て最も自然的条件を具備して居る種類の工業」であって、「其国の国民経済上、生産額、輸出額、使用職工数等色々の方面から見て最も重要なる地位を占めて居る種類の工業」である［商工政策史一九六一―三四六〜七］。

前者の「基礎工業」の合理化政策は、典型的なターゲティング・ポリシーであると言えるが、より興味深いのは、後者のような在来型産業の合理化政策である。これは、前田正名が蒔いた種ではないだろうか。しかも、その政策手段として想定されていたのは、先述の通り、組合制度や金融機関であるが、その原型は前田の『直接貿易意見一斑』にすでに見出すことができる。なお、吉野は、高橋是清農商務大臣の思い出として、高橋の依頼で『興業意見』を再版して配ったことがあったと語っている［吉野一九六二―一一二］。

失業の問題

ただし、恐慌のような需給不均衡時における産業合理化は、一つ、深刻な矛盾を抱えていた。それは、岸もドイツの産業合理化運動の弱点として指摘していた「失業問題」である。

産業合理化は、確かに過剰となった設備を解消し、効率化を進めるが、それは当然にして余剰人員の整理・合理化をも伴い、失業を発生させるという面もある。しかも、総需要が不足している状況下では、失業者は新たな職を見つけるのに困難である。そのため、不況時の産業合理化は、失業を増大させてしまう。言い換えれば、産業合理化は、資本家や経営者側にとっては有利に働くが、労働者側にとっては不利に働くので、階級間の対立を深めてしまうのである。

この点に関しては、当時から批判があった。吉野も、この批判を決して看過していたわけではない。それどころか、当時、天皇陛下からも、産業合理化の御前講義の際に「失業問題はどうなる」との御下問があったという〔吉野一九六二―二三六〕。

では、この失業の問題を、吉野はどのように考えていたのか。これに関する吉野の議論は、いささか歯切れが悪い。

まず、吉野は「合理化には失職を伴ふものとすることは一部真実であると思ふ」と率直に認めながらも、主たる目的である中小企業の産業合理化に関しては、失業の問題は生じないかもしれないとの見通しを示している。というのも、輸出産業の中小企業が協同組合を組成して団結することは、ダンピングによる際限のない価格競争を防止するとともに、企業の合理化によって輸出品の販路を拡大するから、労働需要はむしろ増えるであろうというのである〔商工政策史一九六一―三三六〜七〕。実際、吉野は後に「われわれの政策は主として中小企業の生産統制、価格維持ということでお茶を濁したものですから大規模の失業問題は生じませんでした」と回想している〔吉野一九六二―二三六〕。

また、吉野は、「極めて抽象的な議論をするならば」と断りを入れつつ、産業合理化によって労働者の生産性が向上すれば、労働者の賃金も上昇し、労働者階級の購買力が増すことになるから、総需要の増大につながるであろうとも言う［商工政策史一九六一―三三七］。これは、今日でも主流派経済学者が好む経済自由主義の論理であり、平成不況時に進められた「構造改革」の理論的根拠でもあった。しかし、実際には、平成不況がそうであったように、需要不足の状況下では、労働者の生産性を上げて賃金を上昇させるというのは不可能と言ってよい。

注目すべきは、吉野がその可能性も考慮していたということである。「けれども之は啻に論理の筋道を示したに止つて現実の問題として果して其通りに行くかどうかと云ふことは別問題である。理窟の示す通りに行はるるものとしても其行はるるに至る迄には相当の時日の経過を要するであらう。実際に於て労働者一人当りの能率が増したからと云つて直ちに其者の賃銀が之に比例して上るものとも限らない」［商工政策史一九六一―三三七］。この吉野の実践的な直観は、構造改革を推進した現代の政治家や官僚たちには決定的に欠けているものである。

吉野がプラグマティズムをもって拒否したのは、経済自由主義の論理だけではなかった。失業の問題を「資本主義経済組織の罪に帰せしめて、之が是正の方策は根本の資本主義を改むる外途なし」とする社会主義者の論理もまた、彼の受け入れるところではなかった。吉野は「正直に云へば「イデオロギー」とやらが難解であつて吾輩も深く此種の論を研究したこともないから」と言いながら敢えて社会主義を拒否したのも、やはり、そのプラグマティズムからであった。「仮りに資本主義経済組織其物が悪いとしても、現に此組織の下に近代工業が発達し存在して居る上は、此組織の下に産業の建直しをするより外に実際問題としては仕方がないではないか」〔商工政策史一九六一─三三八〕。

吉野は、現下の失業の原因は、各国の産業合理化よりはむしろ世界大戦による需給不均衡に求めるべきであるとしながら、「元来極端に云へば失職者の生ずると生ぜざるとに拘らず、各産業国の産業界の現状は是非共其事業経営を合理化しなければならない破目に陥つて居る。合理化しなければ産業自体が根底から壊滅に帰する虞があるからである」〔商工政策史一九六一─三三八〕と主張する。

しかしながら、その一方で、吉野は、産業合理化が労資協調の下に行われているべきであることを強調する。ヨーロッパでは、労働者側が、産業合理化の必要性を認めつつも、経営者側に賃金の上昇や時短を条件として要求し、また政府に対しても失業者の救済を要求している。こうした事例を引きつつ、吉野は、産業合理化は、階級を問わず国民全体に利益をもたらすものでなければならないと説いた〔商工政策史一九六一─三四二〕。吉野には、労働者を犠牲にしてでも、企業の合理化を優先すべきであるという発想はなかった。彼は、資本家階級に有利な政策を説く経済自由主義者でもなければ、労働者階級の側にのみ立つ社会主義者でもなかった。階級ではなく、国民の利益を重視する経済ナショナリストであったのである。

この点に関し、当時、臨時産業合理局の事務官であった勝部兵助は、より明確に「而して合理化の範囲は産業部門の全部にわたつているもので、部分的の問題ではない。けだし、一国産業は全部が一個の有機体として均衡の発達をとげている時のみ、はじめて健全なる状態を保持するものであつて、部分的の繁栄では不完全なものである」〔商工政策史一九六一―九〕と、経済ナショナリストがよく使う有機体のアナロジーを用いて論じている

しかし、経済ナショナリズムを最も明瞭に自覚していたのは、やはり岸だったように思われる。岸もまた、「国民経済の有機的存在と言ふ観念をはつきり認識することから出発しなければならない」〔産業合理化より統制経済へ―三〇〕と述べた上で、経済ナショナリズムの時代が到来したという歴史認識を強調するのである。「欧洲大戦後政治的又は思想的に国際主義が高唱せられ、かの国際聯盟の如きも大いに之れに貢献して居るが、実際上には何れの国に於ても国家主義、国民主義が大いに力を振つて居ることは動かすことの出来ぬ明瞭な事実である」〔欧洲に於ける産業合理化の実際に就いて―三三〕。

産業合理化運動は、保護主義や国産奨励運動などと同様、この世界大戦後のナショナリズムの高揚という現象の一端である。そもそも、協調主義で知られるドイツにしても、もし世界にドイツ一国しかなければ、自由放任でもよかったであろう。しかし、国家同士が競争するという国際社会の現実があったから、ドイツ国民で連帯しようという協調主義が成立したのである。

このように説く岸は、日本国民に対しても、世界大戦後の世界の変化という時代認識、そして、国際社会の中における日本というナショナリスティックな自覚を求めて、産業合理化を促す。その際、フリードリヒ・リストの名に言及する。

此の精神が欧洲大戦と云ふ大試練を経て産業界に泌み亘つたのである。かのVolkswirtschaftと云ふ言葉はリスト（List）以来学問的には広く用ゐられて居たけれども、之れを真に国民的に自覚した実行に依て事実に示したところに産業合理化運動の経済史的意義があると考へる。欧洲各国は互に国境を相接し国民全般が斯うした国民的自覚に到達するのに便宜である。日本でも当業者に斯う云ふ自覚が強いと合理化を行ふことも比較的容易であるが、其の観念なり自覚なりが遺憾乍らまだ薄弱のやうに思はれる。［欧洲に於ける産業合理化の実際に就いて―三四～五］

ところで吉野は、産業合理化では需給不均衡による失業に対処できないという問題を理論的に解決できないでいたが、岸も、この限界に気づいていた。産業合理化により供給過剰がかえって悪化するという批判に対して、岸は「真の合理化は生産、分配、消費を包括して国民経済の全部に亘つて合理化せねばならぬ」と反駁し、「国民経済」全体というマクロの視点を求めている。また、失業問題については、吉野同様、その主要因は産業合理化運動ではなく世界不況であるとし、また人口増加と失業の関係についても指摘しつつも、産業合理化による失業の増加の可能性についても、率直に認めている。その上で、「従つて之れに対する対策を考ふることは産業合理化の方策を実施する上に於て同時に考慮を払ふ必要のあることは勿論と思ふ」と述べるのである［欧洲に於ける産業合理化の実際に就いて―六四〜七］。

岸は、産業合理化政策の実施と同時に、失業対策の必要を説くのであるが、その失業対策とは、彼が二度目のドイツ視察中の手紙の中で指摘した「失業者に職を与ふるものならざるべからず。之れが為めには新規事業を起すの要あるべし」というものであった。

失業者に職を与える新規事業の創出について、岸にも吉野にも具体的な政策の言及はない。それを実現したのは、高橋財政であった。しかし、産業合理化の限界を認識していた岸や吉野に、高橋財政による雇用創出を否定する理由はないし、実際、否定もしていない。

ただ、当時の吉野には、大戦後の世界経済の変化に応じて、金本位制から離脱し、新たなマクロ経済政策を打ち出すべきだという明確な認識を持つことができなかった［吉野一九六二―二一六］。吉野は、高橋ほど、国際金融に明るくなかったのである。しかし、もし、ケインズ主義的なマクロ経済政策によって失業問題を克服しつつ、産業合理化という産業政策を同時に行うというポリシー・ミックスが提示されていたら、吉野も岸も賛成していたであろう。

ちなみに、三土忠造は、浜口内閣の経済政策を批判した『経済非常時の正視』の中で、産業合理化について「不景気対策と云ふよりも、常時に於て産業政策として常に強調すべき問題」とした上で、「然しながら産業合理化は需要の増加を以てその前提とするものなるが故に、需要の減退を以て基調とする現政府の経済政策と産業合理化とは全然矛盾であり両立せざるものである」と極めて鋭い批判を展開し、「産業合理化は機械の力を以て人の力に代へることを主要なる手段とすることである。その結果として失業者を増加することは到底免れない」と実に適確に指摘している〔三土一九三〇—一四二〕。

三土は、産業合理化を否定しているのではなく、「永久の方策として之が徹底に努めなければならぬ」と主張している。ただし、「政府の緊縮節約政策を根本より変更することを以てその前提条件とせねばならぬ」〔三土一九三〇—一四四〕のである。そうでなければ、産業合理化は無効どころか、失業を増やすという弊害があるからだ。逆に言えば、高橋財政のような積極財政の下であれば、産業合理化政策は大いにその効果を発揮するであろうということだ。

なお、岸は、高橋財政が奏功した後の一九三四年の講演「産業合理化より統制経済へ」において、こう語っている。金輸出再禁止によって、輸出が急激に増大したことについては、通貨安の効果であるのはもちろんだが、それだけではなく「遡ると金輸出の禁止を解かれた以後に起つた産業界の苦難並に其当時苦んで行つた産業合理化の効果を決して見遁すことは出来ないものがあると私は考えております」〔産業合理化より統制経済へ――一一〕。

もっとも、その「産業合理化の効果」は、もっぱら産業界の自助努力によるものであるのかもしれず、政府の政策効果がどの程度貢献していたのかは、検証の必要があろう。吉野自身は、戦後の回想の中で、当時の合理化政策について、「業者は政府の合理化政策には、あまり耳を傾けなかったともいえますね」「いろいろなことの、いろいろな方策は調査したが、実行ということになるとたいしたことじゃない」と認めつつ、「合理化政策は個々の企業の合理化よりは、その企業全体の合理化、業界秩序の確立ということに重点をおいたのですから両々相まって不況を克服するに至ったといえます」という控えめな評価を下している〔吉野一九六二―二一七〜八〕。

†戦時統制経済へ

要するに、産業合理化政策は、吉野や岸ら商工官僚たちの思った通りには運ばなかったのである。当時の商工省には、産業合理化政策を実効的たらしめるに十分なほどの組織能力が未だなかったということであろう。

しかし、一九三七年七月七日の盧溝橋事件をきっかけに日中戦争が勃発すると、大兵力を中国に動員するため、大蔵省及び商工省は、全面的な経済統制への移行を決意せざるをえなくなった。同年九月の第七十二議会において、「臨時資金調整法」「輸出入品等臨時措置法」「軍需工業動員法の適用に関する法律」、第七十三議会では「国家総動員法」「電力国家管理法」といったように、次々と統制立法が行われた。

当時、商工大臣であった吉野は、一九三七年九月の講演「国防経済政策について」において、国防経済の確立が急務であると説き、官民一致体制による生産力の拡充を訴えているが、その中で、彼はいくつか興味深いことを述べている。

まず吉野は、今日の戦争では、国防軍事には兵器のみならず、「あらゆる工業生産品と云ふものが皆直接間接に繋りを持つて居ると云ふ時代になつて参つた」という認識を示す。また、イタリアのエチオピア侵攻に対する国際連盟の経済制裁を例にとり、「将来の戦争には、鉄砲を撃ち合ふ以外に世界経済と云ふものから閉め出しを喰ふと云ふ形の戦争もあり得る」とも指摘する［吉野一九三七―一五］。経済が戦争の手段となったという認識である。

したがって、産業経済全体を「国防経済」へと再構築しなければならないのだが、吉野は、一九三六年十月まで商工官僚だったけれども「所謂統制経済と称すべき行政はやつてゐない」と吐露する。確かに「重要産業の統制に関する法律」はあったが、「統制」というのはこけおどしで、実体はカルテル法に過ぎない。当時の行政は、自由競争が熾烈になると弊害が多いので、「国民経済の見地からして、もつと仲好くやつて行かれる方が業者自身の私経済上の利益に一番合致するのであらう」という程度のものであったと吉野は言う〔吉野一九三七―六〜七〕。さらに、吉野は、欧米諸国は第一次世界大戦において戦時統制経済を経験しているが、日本は「本当にやつた経験がない。従つて其の点に就ては諸外国より非常に立ち遅れて居る」〔吉野一九三七―一六〕という厳しい認識を率直に示している。

この講演からは、吉野が国防国家＝国家総動員体制の必要性を認めながらも、その実現の困難についても十分に認識していた節が伺える。

岸もまた、一九三九年に満州から帰国して、商工省に次官として復帰し、国防国家の建設に取り組んでいく。この頃の岸は、企画院を拠点に「経済新体制」なる統制経済を画策していた革新官僚たちの総帥と目され、経済自由主義者の小林一三商工大臣とも対立した。岸との確執を深めた小林は、岸が策定に関与した「経済新体制確立要綱」案を「アカの思想」として公然と批判した。さらに、企画院の官僚たちが共産主義活動に関与したとして治安維持法違反で逮捕される「企画院事件」が勃発すると、小林は岸が同事件の元凶であると批判し、次官の職を解いた。もっとも、解任から九カ月後、岸は東條英機内閣の下で商工大臣に復帰し、戦時統制経済を率いて行くこととなる。

このように、一九三九年以降の岸は、明らかに戦時統制経済論者であった。それは、戦時中・準戦時中という特殊な状況に応じてのことなのだろうか。それとも、戦時統制経済は、吉野の下で産業合理化政策に邁進していた頃から抱いていた岸の最終的な理想だったのだろうか。

岸自身は、前者だと言っている。彼は、当時の自らの考えについて「日本の置かれている情勢から、国防産業を中核として国防国家を考えなければいけない。そのためには国民生活がある程度不自由になってもやむを得ない」としつつも、「しかしそれを究極の産業形態として考えていたわけではありません」〔岸信介の回想—四九〕と証言している。

ところが、岸自身が前者だと言っているにもかかわらず、後者だと強硬に主張する研究者もいるのである。

いずれの解釈が正しいのか。それは、次章で明らかとなろう。

第十章　岸信介の論理と倫理

†統制経済の本質

岸信介研究の第一人者として知られる原彬久は、「岸は、農商務省入省から満州国を去るまでの一九年間というもの、一貫して日本の国権拡大と軍国体制強化に力を注ぐと同時に、みずからをその渦中に埋没させていったのである」〔原一九九五―三七〕と述べている。

しかし、前章で論じてきたところによれば、岸（そして吉野）の産業合理化政策は、もっぱら大戦後に顕在化した世界的な生産過剰や保護主義の高揚といった情勢変化に対する経済政策なのであって、それが「軍国体制強化」を目的とするものとは到底解釈し難い。

もちろん、満州国から帰国して以降、岸が戦時統制経済体制の確立に注力したのは事実である。しかし、それは、開戦前夜あるいは戦時中という特殊な状況がそうさせたというに過ぎないのであって、岸が官僚になって以来、一貫して軍国主義者あるいは戦時統制経済論者であったとは言えないのではないか。

岸自身も、そう証言している。

岸　私が一九三九年満州から帰って来たときには、準戦時経済であったと思うんです。アメリカとの戦争を間近に控えていたという意味でね。その後昭和十六（一九四一）年からは戦時経済です。戦時経済というものの本質は、いかにして戦争に勝ち抜くか、つまりみずからの精力を戦争目的に集中して戦いに勝ち抜く、ということです。企業の経営も含めてあらゆる経済行動は、戦争の勝利という目標に統一され、その方向に限定されていくわけだ。準戦時経済および戦時経済というものを頭に置いた統制経済、計画経済が行なわれるのはそのためなんです。だから私が統制経済論者であったり、計画経済論者であるというよりは、戦時あるいは準戦時という特別の状態にあったからこそ、そうであったということです。戦争がなくなって平時の時代になれば、経済は基本的に自由経済になるということです。（中略）しかしその自由経済は、いまのような野放図、無原則な自由経済ではなしに、ある程度の規制を加えた自由経済でなければならない。経済活動の基本は、民間の創意と工夫というものに中心を置いて諸々の政策や行政をやればいいんです。［岸信介証言録―四四～五］

ちなみに、この岸の証言を採ったのは、ほかならぬ原である。にもかかわらず、原は、なぜか、あのような解釈をするのである。

もちろん、戦後の岸の証言が正しいとは限らないと批判することもできるだろう。例えば、長原豊は、原の解釈にほぼ沿った形で、岸が一九三四年に行った講演「産業合理化より統制経済へ」の中に隠された岸の意図を曝こうとする。それは、平時の産業合理化運動を読み換えて、戦時統制経済へと移行しようという企てである。

長原の解釈は、次の通りである。

この講演で、岸は、統制経済には、既存の資本主義体制の上に「統制経済といふ観念を樹て行かうという考へ」と、ソ連のような社会主義体制の下での計画経済という二つの系統があるとしつつ、両者の優劣に明示的に触れることなく、ニュートラルな立場をとる。その上で、統制経済と産業合理化を同一視し、論点を「国民経済の有機的存在と言ふ観念をはつきり認識することから出発」するという一点に集約している。また、従来の産業合理化政策にはあった中小企業の自治的組織化という側面を後退させ、巨大独占救済を前面に出している。さらに、自由競争では解決し得ない需給不均衡の問題に対しては、「自由の制限、競争の排除」という統制経済によって克服することを選び、高橋是清のようなケインズ主義的な財政政策による解決策から訣別して、戦時統制経済を推進する立場を採っている〔長原二〇〇七―一〇一～二〕。

だが、この講演を読む限り、岸のそのような意図を読み取ろうとするのは、根本的に間違っていると言わざるを得ない。

長原の誤読を誘った原因の一つは、おそらく、「統制経済」という言葉のもつ多義性や曖昧さにある。「統制経済」と言えば、確かに戦時統制経済、あるいは計画経済のような国家の強権の下にある経済体制といったイメージが浮かびがちだ。しかし、岸のこの講演の主題は、まさに、こうした一般的なイメージとは異なる、彼自身の定義による「統制経済」の概念を明らかにすることにあったのである。それにもかかわらず、長原は、岸自身による定義を無視して、岸の言う「統制経済」を「戦時統制経済」と一方的に同一視してしまう。

具体的に見ていこう。

まず、岸は、世間では、社会主義的な計画経済を指して「統制経済」と呼ぶ向きもあると述べた後、「併し私の考へまする所に依りまするると」と前置きをした上で、自ら「統制経済」を定義している。すなわち、岸の考える「統制経済」は、社会主義下の計画経済とは別物であって、長原が言うような「ニュートラルな概念」ではないことは、文脈上明白である。

その上で、岸は、自らの考えとして、「統制経済」を「産業合理化」と類似、あるいはその延長線上にある概念として定義したのである。

併し私の考へまする所に依りまするると、既に産業合理化運動の中に芽生へた所の指導精神即ち自由競争、無限の競争といふ事柄が之を押進めて行く唯一の原動力でなくして、我々の経済単位といふものは国民経済であり、又国民経済といふものが有機的の存在として我々に認識せられる限りに於きましては、其国民経済の内部に於ては競争といふものは或種の制限を受けて全体の利益を増進するやうに凡て仕組まねばならないと云ふことが明瞭になつたのでありまして、之が統制経済の内容である、斯う考へて見まするると先程の合理化の中に芽生へた自由競争の制限といふ事柄と或は言葉を換へたに過ぎない位に相似通つた概念であるやうに思ふのであります。〔産業合理化より統制経済へ一二五〜六〕

なぜ「自由競争の制限」が必要になるのか。これについて、岸は、「一度火を落しまするると再びそれに火を入れる場合は非常に困難であり非常に能率を低下することになる」製鉄業を例にとりつつ、「大きな資本を要し進んだ技術を要する事業になりまするると、自由競争に委して自動的に調節しやうといふことは理論通りに容易に行はれるものでは決してない」〔産業合理化より統制経済へ一二七〜九〕と説明している。

長原は、この岸の主張を根拠にして、中小企業の自治的組織化という側面が退き、「巨大独占救済のための議論が前面に登場している」などと解釈している。しかし、ここで岸は、巨大独占救済を正当化しているのではなく、単に、資本集約的産業における収穫逓増現象（第四章参照）について説明しているに過ぎない。しかも、それは、収穫非逓増を前提とした経済自由主義の市場均衡理論の急所を突いた、経済理論的に極めて適切な説明である。すなわち、収穫逓増現象が現実であるならば、自由放任による市場均衡はなりたたず、過当競争が生じてしまうので、「自由競争の制限」が正当化されるという、村上泰亮が強調した「収穫逓増の経済学」である〔村上一九九二―第七章〕。

さらに、岸は、この講演の中で、「中小工業統制の為めに工業組合法なり或は輸出組合法なり或は又商業には商業組合法があつて組合に依り各種同業者の力を団結せしめ其共同の力に依つて事業を統制して行く、其団結の力に依つて、自主的に自由の制限をやつて全体の利益を増進する」とはっきり言っている〔産業合理化より統制経済へ―三四〕。中小企業の自治的組織化は、後退しているどころか、岸の「統制経済」概念の中に組み込まれているのである。

したがって、岸が「戦時統制経済」の正当化へと「言葉巧みにリードしている」〔長原二〇〇七―一〇一〕などという長原の解釈は、成り立ち得ない。そのような解釈へと（現代思想風の意匠を凝らして）「言葉巧みにリードしている」のは、むしろ長原の方ではないのか。

なお、長原は、岸が高橋是清のケインズ主義的な政策理念と訣別していると言うが、岸の産業合理化政策と高橋財政とは二者択一ではなく、両立し得るものであることはすでに述べた。しかも、第七章で明らかにしたように、高橋は、吉野や岸と同様どころか、彼らに先んじて、第一次世界大戦後の世界は「結合主義」の時代となったと論じていたのである。

どうやら、原や長原は、岸が直截に用いる「自由競争の否定」「自由の制限、競争の排除」といった表現に条件反射的に引きつり、岸を国家の強権を好む国家社会主義者や軍国主義者に仕立てなければ気が済まないようである。

では、岸は、「自由」について、どのように考えていたのか。実は、彼は「産業合理化より統制経済へ」の中で、自由について明瞭に語っているので、そのまま引用しよう。

一体各人は自由であり各人は勝手に出来ると申しましても、御承知の通り我々は或は天然自然に何でも出来る自由を持つて居るか知れませぬが、我々が国家を組織して居る以上、当然国家の法律に依つて羈束され法律の範囲内に於てのみ自由を享受し得るものであるといふことは申す迄もない法治国家の観念であります。それと同様に我々が経済を営み企業を経営して行く上に於て自由だ、勝手だといふ事柄は、一面に於て所謂政治生活としての国家の法律に羈束され其範囲内に於てのみ自由を有するは当然でありますが、更に全体の経済、国民経済といふ有機的の全体の利益を押進める範囲内に於てのみ我々は本来産業上の自由を有するものだと思ふのであります。［産業合理化より統制経済へ―三一］

ここで岸は、「普遍主義」ではなく「個別主義」の立場（第三章参照）から、法治国家の下での法的・政治的な自由を認めており、その自由を経済の領域にも適用するという論法をとっている。つまり岸は、経済自由主義の「普遍主義」的な自由こそ否定するが、「個別主義」的な自由については擁護しているのであって、「自由」そのものを否定しているわけではないのだ。ただし、その自由は「全体の利益」の制約を受けると、岸は確かに言っている。しかし、個人の自由が「公共の利益」の制約を受けることは、今日のリベラルな価値基準に照らしても、極端なリバタリアン（原理主義的な自由放任論者）でもない限り、認められているであろう。

次の引用からは、岸が、社会主義体制下での計画経済を自らが考える「統制経済」の観念から除外していることが、再度、確認できる。

併し各人の創意といふものは決して無限に自由である、無限に思ふ儘に働かして宜いと云ふものでなくして、私の考へる所に依ればそれが全体の福祉増進に協力するやうに其個人的創意を振向け、其個人的創意を全体を幸福にする方向に向けしめることが統制経済の根本観念でありまして、決して創意其物を禁止するのではない、営利を全然排斥するのではない、営利は飽まで営利として認めねばならぬのであるが、他人を傷けずして、全体に害を及ぼさずして儲けるといふことのみが我々の経済経営の方法として許され又我々に与へられたる特権であることをはつきり認識し、さう云ふ風に各人の営利心各人の創意といふものを振向けさして行かう、それを調和するやうにして行かうといふのが統制経済の観念であると思ふのであります。〔産業合理化より統制経済へ―三二一〜三二二〕

岸の言う「統制経済」は、自由はもちろん、営利も否定してはいない。それどころか、「個人的創意」すなわち自由は不可欠であると考えている。ただし、自由には「全体の福祉増進」、今日で言う「公共の福祉」の観点からの制約が課される。あるいは、個人の創意が生み出す力を、全体の利益に貢献する方向へと誘導すべきである。岸は、そう言っているに過ぎない。その意味では、今日の自由民主国家による公共政策は、ほぼすべて岸の定義による「統制経済」に該当するであろう。

もちろん、個人の自由を制限する「公共の福祉」の範囲をどう決めるのかが問題になることは言うまでもない。「公共の福祉」を無暗に広く解釈すれば、それだけ個人の自由は不当な制限を受けることとなる。岸の言う「全体の福祉増進」は、今日の自由民主国家における「公共の福祉」よりもはるかに広かったのではないか。岸を国家社会主義者や軍国主義者とみなす論者は、そう思いたがるであろう。

しかし、この「個人の自由」と「公共の福祉」のバランスという問題についても、岸は考慮に入れていたのである。以下は、「産業合理化より統制経済へ」における結びの言葉である。

さう云ふ風に最近統制経済的色彩を持つた法律制度といふものが段々多くなつて来て居ります。之は国家の力に依つて全体の利益の為めに統制するといふ事柄は極めて耳に適当な響を以て聞かれるのでありますけれども、先程申しました如く一面各人の創意といふことが尊重せられ夫れが伸されて行くといふ事柄が我々の生活の向上に於て非常に必要である、如何なる世にありましても個人の創意といふことが踏みにじられないやうに又夫れが全体の幸福といふことの助けになるやうに仕向けられて行くといふ事柄が必要でありまして、飽迄個人の創意といふものは尊重しなければならないといふことを統制経済を主張する人々は忘れてはならないと思ふのであります。尚一体統制経済を完全に行ふ為めにはどういふ組織なりどう云ふ仕組にしなければならぬかと云ふ風なことを事実問題として考へまするど、色々むづかしい問題があり又大に思を練らなければならぬ点も多からうと思ひますが、今日は唯産業合理化から統制経済へ如何にして思想が発展し又将来どういふやうな気持で此問題を考へ対処しなければならぬかといふやうな事柄を中心として申上げました次第で、此の辺で本日の講演を終りたいと考へます。長い間御静聴を煩はしまして恐縮でございました。〔産業合理化より統制経済へ―四〇〕

ここで岸は、「全体の利益」よりもむしろ、「個人の創意」の尊重に重点をおいて語っている。この講演から、いったいどうやって、岸が強権的な軍国体制を志向していると読み取れるのか、不思議なくらいである。

また、岸は「個人の自由」と「公共の福祉」のバランスについては認識しつつも、その難しさを指摘するにとどまり、それを今後の課題としている。このバランスのための組織や仕組みは、個別具体的に判断し、構築するしかないのであり、一般論として語れないという判断からであろう。ここに岸のプラグマティズムがよく現われている。

†ゴットル

岸の思想形成に強い関心をもった原彬久は、岸へのインタビューの中で、ゴットルの影響について尋ねている。これに対して、岸は「それはあったでしょうね。ゴットルは私も読みましたよ。理論的にはある程度研究しました。われわれは統制経済論によって何か社会革命を行なおうとするというのではなくて、現実の政治的な必要からこれを用いたように思うんです」［岸信介証言録―四四五］と応じている。

ゴットルとは、一九二〇年代から三〇年代にかけて活躍したドイツの経済学者フリードリヒ・フォン・ゴットル＝オットーリリエンフェルト（一八六八〜一九五八）のことである。ゴットルは、ハイデルベルグ大学で、ドイツ歴史学派のカール・クニースとマックス・ヴェーバーの指導を受け、ハンブルグ大学教授やキール大学教授などを経て、一九二六年にベルリン大学の教授となった。

ゴットルは、経済と技術の関係に強い関心を向け、一九一四年に『経済と技術』という著作を世に問い、そこで「合理化」の概念を初めて提示した。さらに、一九二三年にはその改訂版を出し、その翌年には、アメリカのフォード・システムを研究した『フォーディズム』を公にした。一九二九年には、ドイツ経済性本部の要請を受けて『合理化の意味』を著し、産業合理化の啓蒙に貢献した。ゴットルは、一九二〇年代の産業合理化運動における理論的な指導者であったのである。

一九三三年、ナチス政権が成立すると、ナチスがゴットルの理論を迎え入れたため、ゴットルは一躍時代の寵児となり、彼もまたナチス政権に加担した。その悪名高いゴットルの影響を認めた岸の証言は、岸を悪魔化する材料を追加することになったに違いあるまい。

もっとも、ゴットルの理論は、特にナチスの経済政策に影響を与えたというわけではなかったという評価もある［吉田二〇〇四—五九］。少なくとも、ゴットルの理論を読みもせずに、ナチスの国家社会主義と同一視するのは公平ではないであろう。

岸がゴットルのどの著作を読んだのかは明らかではない。だが、興味深いことに、ゴットルは、岸の講演「産業合理化より統制経済へ」の二年前に、ソ連のような社会主義体制下の計画経済を批判する『計画経済の神話』を著しているのである。そこで、この『計画経済の神話』(ゴットル一九四二a)を中心に、ゴットルの思想を解釈してみよう。

ゴットルの経済理論は、経済の現実から出発する。経済とは、生活の現実のうちにおいてのみ存在する。生活の現実とは、我々が「人間協同生活」の中に編み込まれて存在しているということである。

我々の生活においては、全ての生活の事象が持続し、存立する生起の流れとして体験され、しかもその流れは統合され、また環境に適合している。この統合するという働きが「構成」であり、したがって、人間協同生活は「社会構成体」として営まれている。例えば、家族、企業、地方自治体、国家などが「社会構成体」である。そして、家族や企業などの社会構成体は、より高次の社会構成体である「国家」の部分として存在するのであり、したがって国家は「包括構成体」であると言える。その国家の中で、各部分の社会構成体は相互に作用しあっている。

こうした人間協同生活の構成は、生物学上の「有機体」とは性質が異なるが、よく似てはいるとゴットルは言う。したがって、「社会構成体」の概念は、有機体的と言ってよい。

この人間協同生活という構成体には、「欲求と充足との持続的調和」を保障するという部分がある。それが「経済」と呼ばれるものである。家族や企業など各部分構成体の経済は、相互に作用しあっており、かつ、より高次の社会構成体である国民経済によって包括されている。さらに、国民経済は、世界経済という包括構成体の一部を成す。ただし、世界経済は、国民経済ほどには強い構成の力をもってはいない。

国民経済という包括構成体が成立するには、その中に存在する部分構成体である家族や企業などの社会構成体の相互作用が、統合されたものとして「規制」されていなければならない。その国民経済を構成体たらしめている「規制」には、次の三種類がある。

第一に「慣習規制」である。これは、人間協同生活の中で生長した風俗慣習のことである。

第二に「自己規制」である。これは、人間協同生活の中に存在する自動調整機能であり、典型的には、市場の価格機構による需給調整が該当する。

しかし、部分構成体の間の相互作用は複雑であり、市場という自己規制によって需給を調整し得ない場合がしばしばある。その場合には、第三の規制として「指導規制」が必要となる。「指導規制」とは、要するに国家による経済政策のことである。

以上の基礎理論を踏まえた上で、ゴットルは、「計画経済」という言葉の曖昧さを批判する。

そもそも、例えば企業という社会構成体は「計画」をもっている。国家の「指導規制」(＝経済政策)にも「計画」がある。無秩序状態を想定しない限り、「計画」というものは、生産活動の中に、すでに事実として存在しているのである。その意味では、「無計画経済」なるものは存在しない。そういう基本認識を踏まえた上で、「計画経済」と呼ばれるものには、三つの種類があるとゴットルは言う。

第一は、「事実として存するものたる計画経済」あるいは「部分的計画経済」である。これは、社会構成体の構成に必要な通常の「指導規制」（経済政策）のことである。

第二に、「プログラムとしての計画経済」である。経済生活全体を「合理化」すべく、経済政策を理性的に調整して一つの総合的なプログラムとして展開するものである。これは、恐慌のような急性的危機の際には、特に必要となる。

ゴットルが是認する「計画経済」は、この二つまでである。特に「プログラムとしての計画経済」は、彼が主唱した産業合理化運動や、今日でいうマクロ経済政策、社会インフラの整備、あるいは福祉国家なども含み得る概念であるように思われる

ところが、第三のカテゴリーとして、「願望図としての計画経済」というものがある。ゴットルが否認する計画経済は、これである。

ゴットルは言う。そもそも社会構成体は持続的に生成するものであり、変化に対しては、構成を「修正」して、自身を持続・存立させようとする。この「修正」を行うのが、指導規制の本来の使命である。ところが、社会構成体の現実を一切無視して、既存の経済をまったく別の

ものへと「改革」「改造」するために指導規制を用いる計画経済がある。これが「願望図としての計画経済」である。

「願望図としての計画経済」には、さらに二種類がある。

一つは、自己規制だけで成立する経済を願望し、それを目指して、自由放任を原則に据える計画経済である。興味深いことに、ゴットルは、経済自由主義を「願望図としての計画経済」に分類している。経済自由主義は、いわゆる計画経済とは対極にあるように見える。しかし、現実の経済を「改革」「改造」して、非現実的な純粋市場経済という「願望図」を「計画」しているという意味において、経済自由主義もまた、計画経済の一種なのである。(6)

もう一つは、あらゆる経済生活を国家の指導規制の下に服させようとする「計画経済」であり、これがソ連の社会主義体制における所謂「計画経済」である。

ゴットルは、この種の「計画経済」が失敗に終わることを見抜いていた。社会主義者は資本主義の矛盾が生み出す失業を計画経済によって解消できるとするが、国家は全知全能たり得ないので、そのようなことは不可能である。計画経済は、失業をなくそうとして飢餓を生むだろうとゴットルは的確に指摘している。さらにゴットルは、この種の計画経済は、国家内の各種社会構成体（要するに中間団体）を否認するので、全体主義国家に陥るとも指摘している。

ここで、岸がゴットルを研究したと言った後に「われわれは統制経済論によって何か社会革命を行なおうとするというのではなくて、現実の政治的な必要からこれを用いたように思うんです」と述べた意味が、よく了解できるであろう。ゴットルに学んだ岸の統制経済論は、既存の体制を抜本的に「改革」「改造」して、非現実的な理想社会を実現しようとする「願望図としての計画経済」、すなわち社会主義的な計画経済ではなかったということだ(もちろん、経済自由主義的な計画経済でもない)。

また、岸は、統制経済の概念を、既存の資本主義体制を前提とした「統制経済」と、社会主義的な「計画経済」の二系統に分けたが、この二つは、それぞれ、ゴットルの言う「プログラムとしての計画経済」と「願望図としての計画経済」に対応しているように思われる。

そこで、ゴットルの言う「プログラムとしての計画経済」あるいは国民経済の「合理化」の意味するところを、さらに探究してみよう。

ゴットルは、一九三九年の講演「国民経済的合理化と技術的進歩」(ゴットル一九四二b)において、自らが提唱した「合理化」の概念が正しく理解されずに流布したことに不満を表明し、改めて「合理化」について解説している。

そもそも「合理化」とは、あるものの中により高い「理性」を持ち込むことを意味する。「商業的合理化」は企業により理性を持ち込むことであり、それは収益の増進を意味する。「技術的合理化」であれば、それは生産や輸送の活動力を増進することを意味する。いわゆる「生産性の向上」である。

技術的合理化と商業的合理化とが一致する（技術進歩が企業収益を上げる）場合は確かにある。しかし、技術的合理化が商業的合理化を阻害する（収益を犠牲にして、技術進歩を追求する）場合や、反対に、商業的合理化が技術的合理化を阻害する（収益を優先して、技術開発を怠る）場合もある。「国民経済的合理化」とは、国民経済により高い「理性」を持ち込むことを意味するが、それは国民生活の欲求を充足することと同義である。[7] 技術的合理化や商業的合理化は、それが国民生活の欲求充足という要請に従う場合に限り、「国民経済的合理化」と一致する。生産性の向上や企業収益の増大が、国民生活の欲求充足に反する場合には、それは「国民経済的合理化」とは言えない。例えば、過剰生産（技術的合理化）による需給不均衡と失業や、賃金抑圧による企業収益の拡大（商業的合理化）などは、「国民経済的合理化」に反するものと言える。「国民経済的合理化」の担い手は、国家であり、政治である。国民経済的合理化の主たる手段は経済政策であり、それには社会政策、国土政策、国防政策、外交政策など多くの政策が含まれる。

技術の進歩や収益の増大が国民生活の欲求を充足するとき、国民の生活力は増大する。したがって、国民経済的合理化とは、「国民の生活力の増進」の追求ということになる。国民の生活力の増進こそが、経済政策の目的なのである。

要するに、ゴットルの言う「国民経済的合理化」とは、国民の生活力を増進するための総合的な経済政策のことなのである。企業の営利活動や技術進歩のための創意工夫は、当然にして認められ、奨励されもする。しかし、それはあくまで国民の公共の利益に反しない範囲においてである。営利活動や技術進歩が公共の利益に反する場合には、国家が経済政策によってこれを是正する。それが「国民経済的合理化」である。

以上が、岸が理論的に研究したという、ゴットルの経済思想の概要である。

岸の言う「産業合理化」の延長線上にある「統制経済」とは、ゴットル的な「国民経済的合理化」、すなわち国民の生活力の増進のための総合的な経済政策のことだと考えてもよいであろう。それは、計画経済でも戦時統制経済でもない。言わば、第二次世界大戦後から今日までの世界において、通常に行われてきた経済政策を先取りした構想なのである。

ここで我々は、ゴットルの経済思想が、財の生産・消費あるいは交換といった狭義の経済活動だけを扱う通常の経済学とは大きくことなることに注目すべきである。経済なるものは、「人間共同生活」の中に組み込まれている。経済をそのように理解しようとするゴットルの理論は、政治学や社会学そして哲学をも包括した総合的な社会科学である。さらに言えば、ゴットルが、人間協同生活における「欲求と充足の持続的調和」と言う時、それは古学・水戸学の流れを汲む渋沢栄一の経世論すら連想させる。そもそも「経済」の語源は、儒学の「経世済民」であった。ほかならぬゴットル自身が、こう述べている。

一体経済は本当に財の生産・流通・分配および消費の総括たることに尽きてしまふものであらうか。既に古への支那の聖典の教へはまつたく異なつてゐた。すなはち経済はいつの時代でも『平和な共同生活の実現』といふ深い意味をもつものであると説いた。まことに経済は現実的なものとして平和への秩序たるの資格をもつものである。［ゴットル一九四二c―四四］

岸に影響を与えたゴットルの思想とは、本来的には、ナチズムや戦時統制経済を正当化するようなものではなかったのだ。

†生産力の理論

ここで、岸の統制経済論を理解する補助線として、ゴットルに加えてもう一人、同時代の理論家を参照しておこう。それは、高島善哉である。

高島は、一九四一年の処女作『経済社会学の根本問題』において、「自由主義時代の産物」である「純粋経済学」（新古典派経済学[8]）に代わるものとして、「経済社会学」を提唱し、それを「統制主義時代の助産婦」となそうとした［高島一九九八d―四四[9]］。その高島によれば、「純粋経済学」には三つの欠陥があった。第一に、理論の与件を固定し、全体構造を把握しない。第二に、経済量の相関関係の一義的な体系に執着し、実践性を欠いている。そして第三に、経済を数量によって一般化・抽象化し、その特殊歴史的な性格を考慮しない〔高島一九九八d—九二〕。この批判は、現代の主流派経済学にもそのまま当てはまるであろう。

しかし、現実世界は全体的で歴史的であるから、純粋経済学の全体性と歴史性の喪失は、その非現実性に直結することとなる。そのような純粋経済学が政策に関わる場合、それは外から与えられた「目的」に対する単なる「手段」と化して、いかなる政策主体に対しても無批判に奉仕し得るものとなる。その結果、「一昔前は蛇蝎視された計画経済論が今日却って純粋経済学の愛好のテーマとなり、この「純粋なる」学問の拡充だと考えられる」という「機会主義」に堕する〔高島一九九八d—九九〕。この高島の批判は、実に鋭い。実際、純粋経済学を主唱した中山伊知郎は、陸軍秋丸機関（陸軍省戦争経済研究班）や海軍のブレーン・トラストに参画して、戦争経済を理論的に主導していたのである〔牧野二〇一〇—第一章、第三章〕。

他方で高島は、当時、純粋経済学に対するアンチテーゼとして盛んに唱道された「政治経済学」や「日本経済学」については、逆に、実践性に偏して、理論を喪失していると批判した〔高島一九九八a、高島一九九八b〕。理論がなければ、政策主体に対する批判的精神も失われることとなる。「理論はそのまま政策ではなく、反対に政策を批判し指導するものが理論であるから、理論そのものが政策化される、即ち理論そのものが政治化されることは、理論に取って非常に危険であるばかりでなく、逆に政治そのものが盲目とならざるを得ない所以である」〔高島一九九八c―三三七〕。ゴットルについても、一定の評価はしつつも、主体が歴史をつくるということを強調するあまり、過去からの歴史が主体をつくるという側面を見落としていると、高橋は指摘した〔高島一九九八d―八三、一一二〜三〕。例えば、ゴットルは「自己規制」と「指導規制」という類型は示したけれど、「自己規制から指導規制への生成過程」すなわち「歴史」についてはは多くを語らないのである〔高島一九九八d―八七〕。

高島が目指したのは、理論と実践のいずれかに偏重するのではなく、「まず実践から学問への道に進むと共に、逆に学問から実践への道によって実践そのものを反省する。この反省によって再び学問が再構成〔ママ〕される」〔高島一九九八d―九八〕という営為だった。こうした実践と理論の不断の往復を通じて編み出されたのが、「生産力の理論」である。前田正名や高橋是清が経済の「根本」とみなした「生産力」の概念を、高島は自らの理論の柱石としたのだ。高島はそれを「スミスの明示した『同感』の論理と、リストの暗示した『形成』の論理とをその父母とすることによって生まれたものである」〔高島一九九八d―一一二〕と述べている。スミスの「同感」の論理とは、人間を社会的・関係的存在とみなすということであり、リストの「形成」の論理とは、社会を動態的に捉えるということと解してよい。

「生産力」とは、「人間が自然に対して働きかける諸力の総括」である。それはさらに「物質的生産力」「機構的生産力」そして「精神的生産力」の三要素に分類される。「物質的生産力」すなわち「技術」というものは、社会組織や社会制度の中に存在した時にのみ意味をもつ。さらに、技術を用いる人間の道徳や文化など精神的な要素もまた、生産力に作用する。したがって、これら三つの要素の相互連関として、生産力を分析する必要がある。

生産力の三要素の相互連関は、歴史とともに変化し、発展する。このことは、経済を「体制」として理解することを可能とする。例えば、初期資本主義体制、高度資本主義体制、後期資本主義体制といった発展段階は、それぞれ生産力の三要素の相互関係に即応して理解できる。高島は、純粋経済学の「均衡」という非歴史的・静態的な概念に代えて、「体制」という歴史的・動態的な概念を導入したのである［高島一九九八c─三四〇〜三五〇］。

このダイナミックな「体制」の概念によって統制経済を論じたのが、一九四二年の「統制経済の論理と倫理」である。

高島は言う。統制経済を理解するには、まず、第一次世界大戦後の歴史的変化を踏まえなければならない。それは、第一に、貨幣制度の変革、すなわち金本位制から管理通貨体制への移行である。第二に、景気循環による失業とは異質の、構造的な失業という問題の発生である。そして第三に、政治と経済の結合である［高島一九九八c─三三三］。

こうして経済は、自由主義経済から計画経済の方向へと向かいつつあるのだが、他方で、従来の自由主義的な生産力の要素は、依然として残っている。したがって、統制経済の本質は、自由主義経済から計画経済への「過渡期の経済」であるというところにある。統制経済は、「過渡期」であるがゆえに、不安定な体制である〔高島一九九八c―三三二〕。

ただし、高島は「過渡的であるが故に自然必然的に計画経済へ移って行くという風に考えることは出来ない」と考えた。なぜなら、計画経済への移行は、「機構的生産力」の根本的な変革がなければ実現しないが、そのような制度的な変革は、経済以外の様々な要因の総合によって起きうるのであって、経済の自然な過程の結果ではないからだ〔高島一九九八c―三五〇〕。

統制経済とは、言わば、自由主義経済と計画経済との間の運動である。そういう統制経済の倫理（行為準則）は、「結局上から押しつけられるものではなくして、下から湧き上るものでなければならない。下情上達ということがこの際特に為政者の留意すべき事柄となるのである」〔高島一九九八c―三五六〕。「上」とは計画経済の理念のことであり、「下」とは「歴史的生成物」としての社会的現実のことである〔高島一九九八d―一一四〕。高島も、計画経済の合理主義を拒否したのであった。言い換えれば、高島は戦時下の厳しい言論統制下にあって、全体主義体制に対して抵抗したのである〔高島一九八五―二二四～五〕。

高島の言う「統制経済の倫理」とは、要するに、自由主義経済と計画経済の間で中庸をはかるプラグマティズムのことである。この倫理は、岸のそれと基本的に同じであろう。

生産力の増強を目指す産業合理化運動を指揮した理論的実践家の岸。そして、生産力の理論を構築した実践的理論家の高島。この二人は、統制経済に関して、図らずもほぼ同じ理解に至ったようである。

もっとも、二人の統制経済論をこのように同一視することには、違和感を覚える者もいるかもしれない。なぜなら、高島の「統制経済の論理と倫理」は、「体制内での体制批判」［大林一九七一―二二五］であったのに対し、岸は体制の指導者の一人にほかならないからだ。しかし、以降で論じるように、実は、戦時下における岸の統制経済論もまた、理論的には「体制内での体制批判」だったのである。

†戦時統制経済

岸が第二次世界大戦中に、商工大臣・軍需次官として戦時統制経済を指揮したのは、紛れもない事実である。しかし、すでに述べたように、岸は、戦時中や準戦時中といった特別な状態であったから、戦時統制経済論者となったに過ぎない。

しかも、初の海外渡航でアメリカの圧倒的な経済力を目の当たりにしていた岸は、日本がアメリカとの戦争に勝てるなどとは思っていなかった。それどころか、次のように回想している。

「ともかくもアメリカの資源および工業力のとてつもないスケールからいって、日本がこれと戦争するということは、国力の上から考えられないという気持ちでしたね」。しかし、アメリカにハル・ノートを突き付けられ、満州事変以来の日本の権益をすべて放棄することを要求されたことで、対米開戦に追い込まれた。「だからアメリカに対抗して、アメリカに勝ってアメリカに上陸しようとか、カリフォルニアをどうしようとか、そんなことを考える人は軍人でもいなかったはずだ。とにかく、アメリカがこっちに出て来るのを抑えておいて、日本が東南アジアにおけるインドネシアの石油を確保し、中国大陸および東南アジアの資源によって日本の生命をつないでいく、ということだったんです」〔岸信介証言録―五三〜四〕。

要するに、岸は、意に反して、戦時統制経済論者にならざるを得なかったということである。しかも、その戦時中においてすら、岸は計画経済の限界や欠陥に注意を払いつつ、戦時経済を運営しようとしていた。そのことが、一九四二年の商工大臣としての岸の講演集『日本戦時経済の進む途』から伺えるので、見てみよう。

まず、岸は、戦時統制経済について、次のように説明している。

そもそも「近代戦は長期に亙る消耗戦をその特色とする」のであり、したがって、戦時中の経済政策は、国防資源の確保と国内生産力の増強が第一目的となる。軍事力を維持するためには、「大規模なる生産が常に戦闘行為に伴つて継続発展されなければならない」からである

〔日本戦時経済の進む途―三〜四〕。

ただし、軍需を満たす生産だけが問題なのではない。国民生活の維持も不可欠である。「銃後に於ける健全なる国民生活を確保するために必要なる生活必需品との所要数量を確保するといふことは、絶対に必要な事柄である」〔日本戦時経済の進む途―九〇〕。

岸は、日本の戦時経済において最も死活的な問題は、天然資源の確保にあることを十分に認識していた。彼は、大東亜戦争を、端的に「資源戦争」と特徴づけている。日本は、産業経済に必要な天然資源を英米の勢力圏からの輸入に大きく依存していたのに、英米と戦端を開いてしまった。英米との戦争に突入するきっかけとなったのも、英米による資源の禁輸措置であった。大東亜共栄圏の意義の一つもまた、東アジアから資源を確保し、英米に資源を依存しない自給自足の広域経済圏を構築することにある〔日本戦時経済の進む途―四〕。

この講演の時点（一九四二年二月三日）は、シンガポール陥落（同年二月十五日）の直前であり、当時は、南方における資源確保は戦略通り順調に進んでいた。しかし、岸は、まったく楽観視していなかった。彼は「緒戦の赫々たる戦果に酔つて、南方の資源が直ぐ取得し得られるかのごとく考へ、或ひは又、今にも戦前の経済状態に復帰するかの如く考へることは非常な誤りであり、又、危険な考へ方である」〔日本戦時経済の進む途―二九〕と警鐘を鳴らした。

岸は、アメリカを決して見くびってはいなかった。それどころか、対米戦には困難が待ち受けていることをよく分かっていた。恐れていたのは、アメリカの生産力である。岸は繰り返し、警告を発した。

「米国は一九四三年を目途とし、生産拡充に努力しつつあるのでこれに対応するためには、これ等資源を急速に開発獲得することを要する」〔日本戦時経済の進む途一一二〕。「米国はその緒戦に於て惨敗を喫したのであるけれども、その後あらゆる手段を講じて緒戦に於て蒙つたところの打撃を回復しようと努力を続けてゐるのである」〔日本戦時経済の進む途一三九〕。

したがって、海外からの資源調達の確保だけでは、なお十分ではない。同時に重要なのは、「重点主義の強化に依り、現有設備の能率的運営と原材料の合理的活用とを図ること」〔日本戦時経済の進む途一六八～九〕、すなわち「産業合理化」の徹底である。

ただし、戦時における産業合理化（＝戦時統制経済）は戦争遂行のための総動員体制である。したがって、戦時統制経済は、平時における産業合理化とは異なり、より計画経済的な手法を採らざるを得ない。しかし、岸は、戦時中においてもなお、計画経済には懐疑的であったことに注目しなければならない。彼は、日中戦争勃発後に策定した「生産力拡充四箇年計画」が実績との間に大きな乖離があったことを反省し、同計画の欠陥を認めた上で、「計画経済の計画そのものの非常なる欠陥を是正しない限りに於ては今後の高度国防国家といふものは建設出来ない」〔日本戦時経済の進む途一一八～一二二〕と述べる。

岸は、計画経済の欠陥を是正した、独自の戦時統制経済を模索している。それが自由放任を原則とする経済自由主義的な体制ではないことは言うまでもない。しかし、同時に、それが民間主体の自主性を否定するものであってもならない。民間主体の自主性を否認したことこそが、計画経済の欠陥であると岸はよく認識していた。「わが国経済をして事変遂行の任を全うせしむるには、自由主義的観念に基づく自主的統制とか或は又機械的なる官僚統制とかに依つては到底不可能であることは今更いふまでもないことである」〔日本戦時経済の進む途―一五八〕。

では、自由放任でもなく、計画経済でもない戦時統制経済とは、具体的にどのような体制なのか。それは、まず「官民一致体制」〔日本戦時経済の進む途―一二八〕でなければならない。官の職能は確かに「プラニング」にあるが、岸の言う「プラニング」とは、民間の意見を取り入れつつ「全体の計画を誘導して立てる」ことである。ただし、その計画の「実施そのものを最も効果的に、最も能率的にやるといふ事柄は産業人の多年の経験と創意といふものを完全に生かして使ふ」〔日本戦時経済の進む途―一二八～一三四〕のである。岸は高島善哉の言う「下情上達」を重視していたのだ。

一致すべきであるのは、官と民だけではない。各企業の間、さらには産業組合と商業組合、農村と都市、大企業と中小企業、製品加工企業と原料供給企業、生産者と配給者と消費者の間など、「従来の色々な産業経済的に見て対立的な、また利害関係を異にすることに依る相剋摩擦を解消して、すべての力が一つに綜合されるといふ対立より綜合への体制といふもの」〔日本戦時経済の進む途一二四〜五〕を構築する必要がある。

この戦時統制経済の構想は、明らかに「産業合理化」の延長線上にある。一九三〇年の講演で、岸は、産業合理化運動における自由競争から「協調」「協働」への転換を「第二の産業革命」と表現していたが、統制経済では、「協調」「協働」がさらに強化されて、「綜合」へと発展している。

ただし、一九三〇年代の産業合理化政策と戦時統制経済との間には、大きな違いもあった。一九三〇年代の産業合理化政策は、昭和恐慌という深刻なデフレ不況を背景にしていた。したがって、産業合理化による供給力の強化は、供給過剰状態をさらに深刻化させるので、吉野や岸が悩んだように、失業を増大させる恐れがあった。これに対して、戦時中は、軍需の増大や資源の輸入減により供給が不足するので、恐慌時とは逆に、インフレが問題になったのである。産業合理化は、生産性の向上により供給不足を克服するので、インフレ対策としては適切である。

だが、産業合理化だけでは、戦時中のインフレを抑制することはできない。このため、国家による直接的な価格統制が必要になるが、それでもなお、十分ではなかった。岸は、物価の決定が、経済全体の複雑なメカニズムによるものであることを承知していた。「何分にも物価は財政、金融、運賃等のあらゆる経済現象と因果的牽連を有し、又生産、配給、消費等、経済各分野に於ける経済活動と密接不可分の関係にあるので、物価問題の解決については、従来の直接物価に関する諸施設に一層の改善を加へると同時に、更に深く産業経営の根本に立入り、一切の経済事象乃至は経済活動に触れて、これ等に関する諸統制と密接に照合せしめつつ綜合的に考究、善処して行きたいと思ふ次第である」［日本戦時経済の進む途―七三～四］。

このように、岸は、自らの豊富な経験や知識を踏まえつつ、戦時統制経済を入念に構想していた。しかし、岸は、それでもなお、まったく楽観できなかった。「今後益々多難且複雑となつて行く産業経済の処理推進に当つては、所謂天外の妙手といふが如きもののありやう訳もないのであつて、既に論議考究された各種の方策を着実に且敏速に実行すること以外に手はないと考へるのである」［日本戦時経済の進む途―八一～八二］。

こうした講演の端々から、岸の悲壮感が伺える。しかし、彼の必死の努力にもかかわらず、戦争のための生産は必ずしも急増しなかった。緒戦が順調すぎたために、軍部も政府も軍需生産の拡大に真剣に努力しなかったのである。戦争による物資の消耗の想定も甘かった。岸が予想した一九四三年より早い前年後半から、アメリカによる反攻が激しくなり、戦局の悪化が明らかとなった。そうなってから、政府は軍需生産の増強に真剣に取り組んだが、時すでに遅しである。一九四四年前半を増産の頂点として、同年後半以降は戦局が極度に悪化して、鉄鋼やアルミニウムなどの原料の入手もほぼ不可能となり、生産は急落した［中村二〇一二—四四六〜四五五］。

こうなってしまっては、岸が如何に卓越した能力をもっていたとしても、もはやどうにもなるまい。岸は、一九四四年六月のサイパン陥落をもって、戦争は続行不可能と判断して早期終戦論を唱え、東條と対立した。東條は、岸を軍需次官兼国務相の職から解こうとしたが、岸はこれを拒否した。これが引き金となって、東條内閣は倒れたのである。

†岸信介の経済思想

岸が戦時統制経済を指揮したのは、本来的に戦時統制経済論者であったからではなく、戦時中という緊急事態にやむを得ず応じたというに過ぎない。むしろ、岸は、社会主義体制下の計画経済には一貫して反対していた。岸にとって「統制経済」とは、高島同様、自由主義経済と計画経済の中間形態であった。戦時中においてすら、民間の自主性を完全に否認した「機械的なる官僚統制」を否定していたのである。

岸は、確かに経済自由主義を拒否したが、それをもって直ちに彼を国家社会主義者や強権的な計画経済論者と断定するのは、根本的に間違っている。

ただし、岸が生涯を通じてナショナリストであったというのは、間違いない。岸は、彼の言う「国粋主義」の真髄について尋ねられると、こう答えている。

岸　われわれが今日までつくり上げてきた歴史あるいは伝統というものに対する憧れといいますか、そういうものが本体をなしていると思いますよ。われわれの存在というものは、歴史とか伝統を離れて突然できるものではなくして、長いつながりのなかの一点であるわけですよ。それが国粋主義の根本です。［岸信介証言録―四五五］

そして、岸は、この意味における国粋主義は自由主義とは矛盾しないとも述べている［岸信介証言録―四五四］。かつて「革新」官僚と呼ばれた岸であるが、彼の言う「国粋主義」とは、革新的どころか保守的であり、穏当なリベラル・ナショナリズムである。

一九五三年、政界に復帰した岸は、「ティピカルな資本主義、自由主義で、すべてのものは、自由競争に任すのだということは日本の現状からいうと許されない。（中略）あくまで各人の持っている能力をできるだけフルに発揮せしめると同時に全体として一つの計画性をもたねばならぬという考え方をしなければならない」と述べ、「資本と経営と労働とがバランスをもって再建について真剣に協力するという体制」を構想している。岸がその範としたのは、やはりドイツであった［新保守党論］。

岸は、一九五四年の講演においても、「われ〳〵は今までのような単純な自由放任の経済、自由放任政策だけで日本を再建しようとしましても、それは到底できないのであります。この見地から私どもは、日本再建のために計画性のある一つの産業政策、経済政策を立てゝ、これを実施しなければいけない」〔岸信介の回想―四五九〕と説いた。

こうした一連の言説の中に社会主義的・計画経済的な傾向をなお疑う原の質問に対して、岸はこう答えている。

岸　放漫なる自由主義経済はね、弱肉強食、つまり力で勝手にやれというシステムですからね。だから、そういうものではなしに、経済に一種の計画性とか、みずから越えてはならない制約というものを設けるという考え方なんです。計画された経済といっても、あくまで個人の創意と自由な行動を基本としなければいけない。無秩序というものに制約を加える、つまり越えてはならない社会生活上の制約を設けるという意味において「計画的な経済」ということなんです。〔岸信介証言録―四五二〕

この「計画的な経済」は、一九三四年の「産業合理化より統制経済へ」で岸が論じた資本主義体制と両立する「統制経済」と同義であり、あるいはゴットルの言う「プログラムとしての計画経済」「国民経済的合理化」に類似していることは明らかであろう。それは、ゴットル的に言えば、国民の「生活力」の増進を目指した総合的な経済政策である。

一九五七年に成立した岸政権は「新長期経済計画」を策定し、鳩山前政権の緊縮財政の方針を改めて積極財政に転じ、公共事業費を大幅に増額して道路整備や港湾整備を積極的に推し進めた。この「新長期経済計画」は次の池田勇人政権における「所得倍増計画」の原型となり、高度経済成長の基盤を用意するものとなった〔中村・宮崎二〇〇三〕。まさに、個人の創意と自由や行動を基本とした「計画的な経済」によって「国民の生活力」の増進を成し遂げたのだ。

こうして世界第二位の経済大国となった日本は、ドイツと並ぶ協調的経営者資本主義の成功例として、欧米の研究者からも高く評価されてきた。岸が若き商工官僚として見た夢がついに実現したのである。

一九八七年、岸信介はこの世を去った。それから数年後、バブル崩壊による不況に突入した日本は、およそ三十年にわたって構造改革に邁進し続けた。目指したのは、計画性なき自由主義経済であり、弱肉強食の自由競争であり、そして岸が理想とした協調的経営者資本主義の解体であった。

第十一章

下村治の予言

†独創的な理論

岸信介政権の「新長期経済計画」を発展的に継承したのが、池田勇人政権によるかの有名な「所得倍増計画」である。そして、その「所得倍増計画」を理論的に支えたのが、下村治（一九一〇年〜一九八九年）である。

下村治は一九三四年、東京帝国大学経済学部を卒業後、大蔵省に入り、一九五九年に退官するまでの間、経済安定本部物価政策課長や日銀政策委員などを歴任し、退官後は国民金融公庫理事、日本開発銀行理事などを務めた。下村はその経歴の大半を実務家として過ごしたが、その一方で、数々の経済論争を繰り広げた論客でもあり、戦後日本を代表する経済学者であった。

下村は、終戦直後の大蔵省におけるインフレ処理の激務がたたって、一九四八年の約一年間、病床に伏したが、その間、ケインズの『雇用・利子および貨幣の一般理論』を読みふける中で、生産力を検討していないというケインズ理論の欠陥に気づいた。そして、その欠陥を補完した理論として『経済変動の乗数分析』を書き上げた。この論文を基礎として展開された下村の独創的な理論は、「下村理論」と呼ばれている。

下村の評伝を物した上久保敏は、「下村理論は日本経済という大地にしっかりと足の着いた理論であった」「最後まで日本経済の問題から目を背けることがなかった下村はまぎれもない「日本経済学」の実践者であった」[上久保二〇〇八—二二六〜七]と述べている。また、下村を師と仰ぐ宮崎勇は、下村を「生粋の「日本主義者」だった」[宮崎二〇〇九—一七]と評している。上久保や宮崎によるこうした評価は、下村が経済ナショナリストであったことを示唆している。さらに、本章では、渋沢栄一、高橋是清、岸信介に共通する日本の経済ナショナリズムの思想が下村にも受け継がれ、「下村理論」として結晶していることを明らかにするであろう。

下村理論とは、経済成長の理論であった。今日でこそ、経済学者や経済政策当局が経済成長を論じることは、至極当然のこととみなされている。しかし、成長という経済現象が経済学の主たる課題となったのは、実は、戦後になってからのことである。

経済成長の理論は、一九四七年にロイ・ハロッドが著した『経済動学序説』を嚆矢とし、ハロッドの理論がイヴシー・ドーマーによって敷衍されて「ハロッド・ドーマーの理論」として発展したことに由来するとされる。下村も、一九六一年の講演において「成長政策という考え方は新しい考え方であります。成長という問題の考え方が昔なかったわけではない。アダム・

スミスはそういうようなことを考えていたに違いないということはいえますけれども、しかし経済政策の中心に成長政策がおかれて、政府がそれを意識的な政策の目標として考えるという考え方が生まれたのは、最近のことであります」〔日本経済成長論一九五〕と述べている。

要するに、終戦直後の当時、成長理論あるいは経済動学は最先端かつ未熟な学問であり、経済成長の理解に関する学術的な蓄積はほとんどない状態だったということである。そういう心もとない状況にあって、下村はほぼ独自に、成長理論を構想したというわけだ。

とは言え、下村の成長理論の基本思想は、いたって単純明快である。

ですから、端的にいいまして成長を推進するのは国民自身であって、政府ではない。これが重要な点であります。企業者・技術者・労働者・農民の創意と工夫、その決断と行動、そういう国民自身の創造的な能力が発揮されるかされないかというのが根本であります。（中略）国民が十分にその能力を発揮できるような基礎条件をつくる。公共投資についてもそうでありますし、教育施設についてもそうでありますし、職業紹介機構あるいは技術訓練機構、そういうものはすべてそうでありますが、国民がもっている潜在的能力をできるだけ十分に発揮できるような状態をつくり上げる、国民がそれを利用することによって現在よりももっといい経済状態を自分でつくり上げるチャンスをつくろうということが、成長政策の基本的な考え方であります。したがってそれは計画経済ではないし、その中心になるのは自由企業であり、自由体制であります。〔日本経済成長論一九九〕

経済成長の根本にあるのは、国民が自由な創意工夫によって発揮する創造的な能力である。政府の役割は、その国民の創造的な能力を引き出すような環境を整備することである。これが「下村理論」の要諦である。

下村が「国民自身の創造的な能力」と呼んだものは、「われわれがものを考える力、ものをつくり出す力、物事を組織する力」〔日本経済成長論三七八〕とも言い換えられている。それは、高橋是清が「国力」「国民の生産力」と言ったものであろうし、あるいは岸信介が重視した「個人の創意と自由」と同じとみてよいだろう。論語主義の渋沢栄一であれば、それを「国民の元気」と表現したであろう。

下村は、ハロッドらによる成長理論の発展を踏まえてのことであろうが、「経済学でも、最近はそういうスタティックな経済学からダイナミックな経済学に変わりつつあります」と述べている。しかし、他方で「ただ単にダイナミックの経済学というだけでは、経済の成長が十分にわかるわけではない」とも指摘する。「ダイナミックス」と言った場合に、それが物理的・機械的な力学を意味するのであれば、経済成長の本質は捉えられない。なぜなら、経済は「生きたものとして成長し発展するものである、その過程が経済成長である、それをひき起こしているものはわれわれ自身の努力である」からだ〔日本経済成長論―三五一〜二〕。

下村は、経済を「生きたもの」「ダイナミックな生きた変化」〔日本経済成長論―三八四〕と表現する。これを古学の概念を用いて言えば「活物」である。下村は、経済成長の根本とみなした「国民自身の創造的な能力」を表現するのに、「バイタリティ」という用語を充てることもあるが〔日本経済の節度―二〇三、二〇五〕、バイタリティとはまさに活物のことであろう。ちなみに、ハンス・ジョアスによれば、プラグマティズムが強調する社会行動の「創造力」を表現するメタファーのひとつに、「生（life）」がある〔Joas 1996：116-126〕。社会行動の創造力を重視する思想が、古今東西を問わず、「生」「活物」といった生命的（vital）なメタファーを好むというのは、実に興味深い。

下村の経済観は、ドイツ歴史学派など経済ナショナリストが好んで用いる有機体的社会観にも近い。おそらく下村は、岸信介が私淑したゴットルによる次の見解に同意することであろう。「経済は永遠の流転において存在する。経済は正に持続と存立とへの構成として決して固定的であつてはならないのである。なぜなら経済の外部的な諸関係が不断に変化するばかりではなく、また経済自身の錯綜が絶えずその改造を促がすからである。だから時代を異にし、また領域を異にするに従つて、つねに異つた構成をもつ経済が存在する」〔ゴットル一九四二c―七二〕。

下村は、昭和三十年代の日本に潜在する「国民自身の創造的な能力」を、当時の誰よりも大きく評価し、それをより小さく見積もる大来佐武郎や都留重人らとの間で大論争を繰り広げた。論争の主な争点は、下村が成長率の基礎とした、設備投資の産出係数と輸入依存度の推計の是非というテクニカルなものであった。結局、その後の高度成長の実績が下村に軍配を上げる結果となり、これにより下村は、高度成長を的確に予言したとして、その名声を確立した。

ところが、当の下村本人は、「今後経済が十年間に二倍になるか、三倍になるか、ということを、どちらが当たるかという形で議論するのは実はナンセンス」〔日本経済成長論―一〇二〕と断じていた。下村の最大の関心は、あくまで経済成長の根本にある「国民自身の創造的な能力」の発揮にあるのであって、その結果を数量的に予想することにはなかったからだ。

そういう意味で、今後日本の経済がどうなるか、われわれの生活がどうなるかというのは、ただ単に客観的にどうなるだろうかということではなくて、われわれが創造的能力を発揮することによって、いかにして新しい事態をつくり出すかという問題です。

歴史というものは本質的にそうであります。人間がその自由意志に基づく行動の積み重ねによってつくり出したものが歴史です。われわれの経済の将来の姿を考えてみる場合でも同じでありまして、われわれがどれだけの努力をし、どれだけの創造力を発揮するかによって運命が変わってくる。そういう意味でわれわれ自身がこれからつくり出すものであると考えるべきだと思います。〔日本経済成長論―一〇二〕

下村は、「歴史」という言葉に好んで言及したが、これには注意が必要である。この下村の「歴史」という概念を理解しなければ、彼の成長理論の本質を捉え損ねることになる。

日本経済の成長を論ずるとき、われわれはこのような歴史の流れについての洞察を抜きにすることはできない。現在の状況は、単純に過去の条件によって機械的に決定されているものでもなく、また将来についての希望と夢に従って勝手に形成されるものでもない。過去の実績を背負い、将来の可能性を頭に描きつつ、われわれ自身が営々として創造し、築き上げるものである。過去は決定された世界であるが、将来は不確定な可能性の世界であり、現在は可能性を現実のものとして創造する世界である。過去と未来は現在を接点として接続しているが、しかし、それは同じ次元において連続しているのではなく、そこでは異なった次元への屈折が起こっている。

経済の成長を論じ、経済の計画を論ずるとき、これは人がよく忘れる点である。（中略）過去の数値は、すでに動かしがたく決定ずみであるが、将来の数値は可能性の数量的表現にすぎない。そして、それがどのように実現されるかは、現在の数値が、どのようにして、どのような形で実現されるかによって、左右される。現在の創造的な労力の成果が動くにつれて、将来の可能性も変化してくるのは当然でなければならない。〔日本経済成長論―五～六〕

下村の言う「歴史」とは、経済社会を「ダイナミックな生きた変化」として把握するということである。それは、「過去」から「未来」へと流れる時間の感覚を「現在」において捉えるということである。言い換えれば、「現在」という一瞬には、「過去」と「未来」が同時に存在している。そして、経済成長の根本である「創造的な能力」というものは、動かし得ない「過去」と不確実な「未来」との交点である「現在」の次元に存在している。下村理論とは、そのような時間感覚に支えられた成長理論だったのである。

下村自身の言葉によってより平易に言い直すならば、経済成長や経済発展の動態的な姿は「デコボコを伴なって変化していく」ものであり、「先に進むものと、あとに残されたものがある時点をとってみるとゴチャゴチャに出てくるわけですね。だから欠点を探そうと思えばあらゆるところにあらゆるアラが出てくる」という不完全な状態にある。ところが、日本の知識人たちは、ともすれば、そうした不完全な現実社会に必ずある欠陥を指摘して喜ぶという悪弊がある。しかし、そうした不完全な現実の状態を直視し、その中から「新らしいものを作りあげていくということの意義をほんとうに考えなければ、成長進歩に対してネガティヴなものしか出てこない」〔現代勃興期の思想―二八～九〕のである。

「現在」とは、「過去」と「未来」が混在している不完全・不均衡な状態のまま流れ続けている。むしろ、そういう不完全・不均衡な状態からこそ、革新や進歩に向けた創造的な能力が生まれてくる。逆に、完全な均衡状態からは、新しいものが生まれてくる余地はない。したがって、市場均衡といった完全な状態を想定し、それを実現しようとするような経済学では、経済成長や経済発展という動態を把握できないし、実現もできないのだ。

このような経済観は、シュンペーターが『経済発展の理論』で明らかにしたものであるが、おそらく、その影響を下村は受けているのであろう。

†下村理論のプラグマティズム

経済社会を「歴史」あるいは「ダイナミックな生きた変化」とみなす有機体的な世界観は、常に変化する状況の脈絡に応じた判断を重視するプラグマティズムにも通底する。下村理論の本質は、プラグマティズム、すなわち反合理主義にあった。下村が計画経済を否定したのも、それゆえであった。

この下村のプラグマティズムは、一九六〇年前後という時点における日本の状況を次のように捉えていた。「われわれの目の前に起こっているのは、日本経済の歴史的な近代化である。国民の創造力の歴史的な解放過程である。国民がその固有の能力を存分に発揮する機会をもちえなかった経済から、自由に伸び伸びとそれを発揮できるような経済に向かっての、革命的な躍進過程である」〔日本経済成長論―五〕。

具体的には、何が起きたのか。下村は、次の四つを挙げている。第一に、戦後、財閥の支配という強い抑制力が取り除かれた。第二に、金本位制という足枷がなくなった。第三に、マス・メディアの普及によって情報の伝播の速度が格段に上がり、自由な発想や行動が可能となった〔日本経済成長論―三七九～三八〇〕。

そして第四に、植民地主義の呪縛から解放された〔日本経済成長論―六～七、三八二～三〕。戦前においては、経済的繁栄を享受するためには海外の領土を獲得するしかないと考えられていた。それが帝国主義をもたらし、世界大戦を引き起こした。しかし、戦後は、海外市場を獲得しなくとも、経済政策によって国内需要を喚起し、完全雇用を達成することができる。ちなみに、それはケインズも『一般理論』の最終章において指摘していたことであった〔ケインズ一九九五―三八四～五〕。

以上の四つの歴史的な変化が、日本国民の潜在的な創造力を解放した。残念ながら、人々はこの変化の意味に気づいておらず、過去を「既定の事実」「不可避の運命」〔日本経済成長論―二六七」とみなして、国民の創造力を信じようとはしない。しかし、経済成長・経済発展とは、「自由意志による創造の過程」であり、今の日本では、これまでとは異なる新たな現実が生まれようとしているのである。これを理解しようとしないのは、「機械論的・決定論的にしかみようとしない人たち」［日本経済成長論―三九三］である。この「機械論」の代表は、古典派・新古典派経済学の均衡理論であり、「決定論」の代表は、マルクス主義の唯物史観だと言ってよいであろう。いずれも、合理主義の思考様式である。

国民の創造力を解放した戦後の変化の中でも、下村が特に重視し、強調したのは、金本位制から管理通貨制への移行という歴史的変化であった。

下村は言う。経済が金本位制に拘束されていた時代は、経済の活動総量が金の存在量によって制約されていた。経済成長は、生産性という内部的要因ではなく、金の存在量という外部的要因によって制約されていたために、望むべくもなかった。言い換えれば、人間が資本主義をコントロールできなかったのである。資本主義をコントロールできなかったがゆえに、経済は自由放任にするしかないという経済自由主義が生まれたのであるし、マルクス主義が批判の対象としたのもまた、金本位制下におけるコントロールできない資本主義であった。

しかし、金本位制から管理通貨制へと時代は変わり、資本主義を政策によってコントロールする余地が格段に広がった。その結果、経済政策によって、完全雇用や経済成長を実現できるようになったのである。

経済が成長するかしないか、景気が循環するかしないか、これはただ単に与えられた外部的要因によって決定されることではなく、人間が目的を意識して行動することによって相当程度に調節できる問題だということが、政策の実践によってもわかりましたし、理論的な分析によっても証明された。これが第二次大戦前から、第二次大戦後にかけて展開してきた状況であると考えていいのではないかと思います。そこで古典的な金本位から離れて、管理通貨の原則が確認され、自由放任の経済が後退して、完全雇用政策が目標として掲げられるというような変化が起こったのではないかと思います。〔日本経済成長論―一八九〕

ここで誤解してはならないことは、下村は、経済を人間がコントロールできるようになったと言ってはいるが、それは「完全に」意のままにできるという意味ではないということである。将来は不確実なものであり、そして経済は「ダイナミックな生きた変化」であって、常に欠陥をはらんだ不完全な状態にある。これが、下村の基本的な社会観である。そういう「活物」としての社会観を有する下村は、市場による自動均衡を認めなかったが、かといって政府が意のままに完璧な均衡状態を実現できるとも考えていなかった。それゆえ、下村は「(アメリカのケインズ主義経済学が唱えていた）ファイン・チューニング、つまり非常にデリケートな財政金融政策上の調整をやれば、経済は自由に完璧な状態に維持できるというようなことは、思い上がりであった」〔日本経済の節度—二七〕と言ったのである。経済政策が必要なのは、完全な均衡状態を達成するためではなく、荒馬を御するように、経済をできるだけ適正な状態にするよう制御するためであった。後に下村が好んだ表現を用いて言うならば、経済に「節度」を与えるということである。

とは言え、戦後、金本位制ではなくなったことで、経済を人為的に調整する余地が拡大したことは間違いない。問題は、金本位制は制度としてはなくなったものの、金本位制時代の経済思想の呪縛が依然として支配的であったことであった。金本位制時代の経済思想とは、経済活動が金の一定量によって制約されているというものだから、経済は成長も発展もしないという「スタティック」な状態を想定している〔日本経済成長論—一九二〕。そして、当時の経済学は、そういう「スタティックな経済状態を前提にして、それについていろいろと考えられた理論や法則であって、これが非常に人の頭を支配している傾きがある」〔日本経済成長論—三五〇〕と下村は感じていた。

下村理論を巡って行われた論争とは、金本位制の観念の呪縛から抜けられていない旧いスタティックな経済思考と、経済成長が可能となった管理通貨制度の時代を踏まえた新しいダイナミックな経済思考との対立であったと言ってもよい。

下村は、年率一〇%以上の成長率も可能であるという自身の予想を過大とみなす議論は、依然として金本位制の観念の呪縛から逃れていないと批判した。例えば、批判の中には、昭和元年から十四年までのGNPの年平均増加率が四・六%程度であったことを以て、その論拠とするものがあった。これに対して下村は、当時は、金本位制が民間設備投資をGNPの八%程度に抑制していたのであり、金輸出再禁止後の昭和十三〜十五年頃はそれが一六%前後に達し、それに伴ってGNPの上昇速度も急速に上昇していると主張した〔日本経済成長論―一二二〜三〕。

下村に対する批判の中には、高度経済成長はインフレを招くというものもあったが、こうした批判も、金本位制の観念に呪縛されたものに過ぎず、現実を直視していない。下村の反論は、次のようなものであった。

インフレを懸念する議論は、貯蓄と投資は常に均衡状態になければならないのであり、貯蓄の範囲内で投資を抑制しなければ、それだけ物価騰貴が起きるという経済観に立っている。確かに、貯蓄と投資は恒等であるという式は成り立つが、それはあくまで統計上の「事後的」な恒等式に過ぎない。現実の経済の動きにおいては、投資が貯蓄より大きくなり、経済全体として有効需要が膨張するという進行過程があり得る。

にもかかわらず、投資が貯蓄を超過しない状況を強制するということは、有効需要の増加が起こらず、経済は成長しないということになる。これは、金本位制の時代において実際に起きたことであった。金本位制の下では、経済が成長して金融が膨張すると金が流出して金融の収縮を招くので、経済も縮小する。結果として、経済は常時横ばいのスタティックな状態となる。

これに対して、物価の安定を維持しつつ経済を成長させるには、生産数量あるいは実質所得の増加に応じて、通貨量も増えなければならない。言い換えれば、経済が成長するためには、投資が貯蓄を超過した資金不足の状態が続かなければならないのだが、その資金不足は中央銀行による信用創造・通貨供給によって解決することができる。これが、管理通貨制が経済成長を可能にするゆえんである。これをおかしいと思うのは、金本位制下のスタティックな経済観に呪縛されているからに過ぎない［日本経済成長論―一九二〜九］。

インフレは金融膨張によって起きるという説を下村は一蹴した。では、インフレの真の原因は、何か。「インフレになるかならないかということを決定するものは、基本的には生産能力と需要との相互関係である、これだけの条件ははっきりしておく必要があるということでありますす」［日本経済成長論―五六］。要するに、実体経済面における需要超過・供給不足こそが、インフレの原因だということである。

したがって、生産能力が拡充して需要を満たしていれば、金融が膨張しても、物価は安定し得る。そして、それこそが、経済成長というものであるというのが下村の理解であった。

下村は、この洞察を占領期のインフレ処理に関わっていた時に得たようである。下村の診断では、当時の高インフレの第一の原因は「異常な生産力破壊という状況」にあった。また、財政の支出超過に加えて、税務当局の徴税力に欠陥があったことも問題であった。加えて、労働組合の政治力が極めて強く、賃金上昇圧力が過大であったことも、インフレを悪化させていた。こうした場合には、金融政策は必ずしも奏功しない。

しかし、やはり最大の原因は、戦争に起因する生産力の不足にある。この場合、理論的には、低い生産力に合わせて需要すなわち生活水準を引き下げればインフレは解消できる。いわゆるデフレ政策である。しかし、実際には、破壊された生産力に合わせた低水準の生活を国民に強要することは不可能である。そこで「実際の生活水準を落とすのではなく、生産力を高めて生活水準に適合させていくというのが現実的な方策」と下村は考えた。

下村は、石橋湛山蔵相による積極的な財政金融政策について、それが需要増大によるインフレという副作用を伴うものの、生産力を増強するものであったことから、これを支持している［エコノミスト編集部編一九九九―一四］。逆に、連合軍最高司令部（GHQ）政策顧問のジョセフ・ドッジによる緊縮政策（いわゆる「ドッジ・ライン」）について、下村は否定的である。ドッジ・ラインがインフレを止めたように言われているが、実際はドッジが登場した時にはインフレはすでに収束しつつあったというに過ぎない。

「生産増強以外にインフレ収束の途はない」〔占領期の物価政策及びインフレーション―八四〕、そして「インフレというものはおさめることができる」「どうにもならないんじゃなくて、おさめるための努力を本気でやっておれば、それはうまくいく」〔エコノミスト編集部編一九九九―一四〕。これが、下村が得た教訓であった。

この占領期の物価対策の実践経験は、下村に「有効産出」というインスピレーションを与えた。そこから彼は、有効需要と有効産出の相互作用の理論を展開した『経済変動の乗数分析』を著し、「下村理論」を生み出していったのである〔経済変動の乗数分析―三〕。

なお、下村がインフレを判断する際の「物価」とは、「卸売物価」であって、「消費者物価」ではなかった。経済が成長して、国民生活の水準が向上すれば、それに応じて消費者物価も高くなっていなければならないからである。つまり、消費者物価の上昇は、問題視すべき(供給不足による)インフレではないというのだ。これは貴重な洞察であると同時に、下村独自の理解であった。インフレ率と言えば、当時はもちろん現在でも、欧米も含めて、主に消費者物価で考えているのである〔エコノミスト編集部編一九九九―二九〕。

興味深いことに、下村は「経済が成長し発展した国においては、その成長の程度に応じて国民の労働力の値打ちがそれだけ高くならなければならない。その労働力の高い値打ちの繁栄が消費者物価の上昇である」〔日本経済成長論―四二～三〕と述べている。第八章で論じた通り、

『人の働きの値打』をあげることが経済政策の根本主義」と唱えたのは高橋是清だが、下村もこの根本主義を共有していたのである。高橋は「およそ経済の要は物を安くし、人を高くするにある」と述べたが、下村の理解では、「物を安く」を示すのは卸売物価で、「人を高く」を示すのは消費者物価ということになろう。

下村は、金融膨張ではインフレは起きないと論じたが、それは、信用創造の理論を成長理論と結びつけて考えていたからである。これは、経済理論的にも非常に重要な視点である。ジョセフ・アロイス・シュンペーターは『経済発展の理論』において信用創造の理論を展開した。しかし、そこでシュンペーターが問題としたのは、金本位制を前提とした上での信用創造であったため、信用創造が生産の拡大を刺激するという議論に止まり、経済成長につながることまでは論じられなかった。そう解釈した下村は、「信用創造の問題は、経済成長に即した新たな理解が必要である」〔日本経済成長論—二一四〕と悟った。下村理論とは、言わば、ケインズの需要側の理論とシュンペーターの供給側の理論とを、信用貨幣論によって接続した成長理論だったのである。

なぜ信用創造による金融膨張はインフレを引き起こさないのかも、これで明らかとなろう。信用創造によって貯蓄を超過する投資が行われ、有効需要が増大しても、それに見合った生産能力があればインフレは起きない。その投資は生産能力を拡充するので、さらなる投資と有効需要の増大が可能になる。需要が膨張する限り金融も膨張するので、それに応じて中央銀行は通貨を供給する。これが、経済が成長する過程なのである［日本経済成長論―一二四～六］。

なお、シュンペーターの思想は、「下村理論」の形成において非常に重要な位置を占めており、彼の博士論文『貨幣変動の乗数分析』の中にすでに取り込まれている。この論文の中で、下村は、「投資」の概念を投資誘因によって二つに区分する。超過利潤を誘因とする「感応投資」と、シュンペーター的な企業者の創造的な活動（イノベーション）による利潤を誘因とする「独立投資」である。景気変動を引き起こすのは「感応投資」であり、長期的な経済成長を引き起こすのは「独立投資」である。下村は、ケインズやマルクス、さらにはハロッド、ドーマー、ヒックスも投資誘因の相違を無視していると批判した［経済変動の乗数分析―一二九～一三〇］。この投資誘因に着目した「投資」概念の区分は、下村独自のものである。

また、下村は成長理論の中心に「民間設備投資」を位置づけたが、アメリカの経済学では、民間設備投資ではなく「総固定投資」で成長を論じていた。この違いについて、下村は「民間設備投資というのは思想的にイノベーションを中心にもっているということです。総固定投資ではそういう意識はまったくない。ただメカニズムを論じている。だから、あとに需要だけが残るんですよ」［エコノミスト編集部編一九九九―二三：日本経済の節度―二〇三～四］と説明している。

ここで強調すべきは、アメリカで発達したケインズ主義経済学と下村理論の相違である。アメリカのケインズ主義経済学は、財政金融政策のファイン・チューニングによって均衡状態を維持できるという方向へと流れた。下村が言うように、「アメリカのケインズ論は成長論から需要管理理論に変化」〔エコノミスト編集部編一九九九―二三〕してしまったのである。これに対して、下村は確かにケインズから多大な影響を受けてはいるものの、ケインズの理論に供給側の理論を接続した成長理論を構築しようとした。

アメリカのケインズ主義経済学と下村理論とでは、政府に期待される役割についての見解も異なる。下村は、単なる景気刺激策ではなく、経済をあるべき姿に向けて誘導するのが政府の役割だとする。

それは、人為的な景気刺激策とか安易な需要刺激策というようなものとは縁もゆかりもないものである。経済が不況のためなんらかの政府の措置をとるべきであるという主張に対して、安易な景気刺激策、人為的な刺激策は行なうべきでない、経済界の自主的な調整、合理化の努力に待つべきであるという議論が、過去一～二年しばしばくり返された。こうした考えが、いかに時代遅れのものであるかは、私がこれまで述べて来たところから明らかだろうと思う。経済が望ましい目標からはずれたときに、それを目標にもどすということは、安易な弥縫策とか人為的なヒロポン注射云々ではなくて健全な成長状態を維持するために本来政府が担当すべき問題分野であるということが確認されなくてはならない。

政府は、現在の状況に適応するだけで問題を処理できるのではない。将来のあるべき姿を描き、そこに向かって経済をどう誘導して行くか、これが政策の主たる問題になるはずである。［経済大国日本の選択―四九七］

したがって、下村が支持する積極的な財政金融政策もまた、物価の安定と完全雇用のみならず、経済成長をも目的としているものとして理解しなければならない。

そして下村は、その経済成長の中心にイノベーションを据えるのであるが、さらに追求すべきは、イノベーションを生み出す源泉とは何か、である。それは、企業心、冒険心、自負心に富んだ国民の「精神」［現代勃興期の思想―三六］であり、「国民自身の創造的な能力」である。しかし、国民の精神や創造的な能力といったものは、通常の経済学が分析対象にはできない領域に属すものであろう。こうして、下村理論は、狭義の経済学を超えた経済思想となる。

下村の高度成長の予言は、このような信用創造やイノベーションを取り込んだ高度な成長理論を基礎にし、かつ、金本位制から管理通貨制への移行という歴史的変化の意義を正確に理解した上で、イノベーションの根本である国民の精神や能力まで洞察した結果であった。単に、設備投資の産出係数と輸入依存度を推計した結果ではないのである。

では、下村は、日本国民の「創造的な能力」や「バイタリティ」といったものの存在を、どのようにして認識したのであろうか。これについて下村は「同じ日本人ですから、接触しないでもわかりますよ(笑)。外国人はだからわからない。外国のことはそういう意味ではわかりにくいと思いますよ」〔エコノミスト編集部編一九九九―二三〕と述べている。これは、日本人としての「常識」によって判断するという意味のように思われる。渋沢栄一が最も重視し、高橋是清や松下幸之助も有していた、あの「常識」である。

また、下村は「世の中全体は急激に動いてる。その動きの歴史的な姿というのは、これは一種の洞察力で考えなければわからんことなんですね」〔現代勃興期の思想―二八〕とも言っているが、彼の言う「一種の洞察」とは、かのシュンペーターが「ヴィジョン」と呼んだもののことではないだろうか。

シュンペーターによれば、「ヴィジョン」とは、科学的分析の前提にあるとした科学者の非科学的な先入観のことである。アダム・スミスであれ、フリードリヒ・リストであれ、カール・マルクスであれ、ジョン・メイナード・ケインズであれ、偉大な理論家は皆、あらかじめ何らかの「ヴィジョン」を抱いていた。

興味深いことに、この種のヴィジョンというものは、どの分野においても分析的努力よりも歴史的に必ず先行するだけではない。既存の科学における事実、方法そして結果の中からは見出せないような光源から物事を見ることを教える者が現れる度に、ヴィジョンは支配的な科学の歴史に再び参入するようである。[Schumpeter 1954: 41]

下村理論の根底にも、下村の「ヴィジョン」があったのだ。

†財政問題

ここで、下村理論に対する理解を深めるために（あるいは誤解を避けるために）、二点の補足をしておこう。

一点目は、財政政策についてである。「下村理論」は、ケインズの理論を基礎としており、物価の安定と完全雇用を実現することを政策目標としている。第六章で論じた現代貨幣理論と基本的に同じである。信用貨幣論を採用している点も、共通している。

国債の大量発行を主張する下村に対しては、当時、国債の消化力を懸念する観点からの批判があった。これに対して下村は、「財政支出が先にあって、それが民間部門に資金を供給した後で、国債が発行されるのだから、国債の消化力を懸念する必要はない」と反論したのである。

さきにも触れたように、一般論的にいうと、財政部門において国債発行がなされるかぎり、金融財政政策の誘導に大きな誤りがないならば、経済のメカニズムの中には国債を消化する力が当然に生まれてくる。

なぜ国債消化がむずかしいようにみられるかというと、政府が支出するためには、その以前に国債を発行し、それが消化されなくてはならないことが当然の前提であるかのごとく思い込まれているからである。(中略) しかし、手順を逆にして政府はまず歳出を実行する。つまり、税金で引き上げたのではない資金をまず支出する、そのあとで国債を発行して消化するという手順を考えると、ことは簡単である。資金がさきに支出されているから、民間部門に資金が流入する。民間部門の資金がふえたところで国債を発行すれば、それは容易に消化されることになるはずである。基本的な国債消化のプロセスは右のような形でなければならず、そうしたプロセスを金融機構全体に攪乱を与えずにいかに円滑に誘導して行くかということが、今後大蔵省および日本銀行が知恵をしぼって考えるべき問題ではないだろうか。

[経済大国日本の選択―五〇四～五]

これは、「政府支出が先で、徴税が後」や「政府赤字がそれと同額の非政府部門の貯蓄を創造するのだから、政府が貯蓄の供給不足に直面することはあり得ない」といった現代貨幣理論の見解と同じである。

しかし、現代貨幣理論と下村理論との間には相違点もある。

現代貨幣理論は、国家が通貨を創造するという表券主義に立つことから、租税を財源確保ではなく経済調整の手段とみなし、均衡予算を原則とする健全財政を否定する。

これに対して、下村は、政府の財源は税収であると考え、収支均衡の原則を支持していた。彼は信用貨幣についていては理解していたが、表券主義という理解は欠いていた。このため、下村は、政府の財源に注意を払っており、少なくとも中長期的には均衡財政が望ましいと信じていた。下村は、税収は経済成長に依存していることから、財源を考えるにあたっては、まずは経済成長の実現を考えなければならないと述べている［日本経済成長論―三五～六］。それゆえ、高度成長による税収増が期待できなくなった一九七〇年代以降は、健全財政の観点から減税に反対し、むしろ付加価値税・一般消費税の導入は不可避であると論じるようになった［ゼロ成長脱出の条件―二〇九～二一六；日本経済の節度―一一九～一六二］。

財政再建を説く下村は、「常識的にいって、国債残高がGNPの三〇％くらいがおそらくは限度ではないかといわれている」［日本経済の節度―一二九］と述べ、それを上回っている当時の日本経済を異常であるとみなし、財政インフレを懸念している。しかし、二〇一九年の日本経済を見てみれば、GDPに占める政府債務残高が二三〇％を超えたにもかかわらず、財政インフレどころかデフレの脱出すらできていない有様である。現代貨幣理論が主張するように、財政赤字の大小を、GDPに占める政府債務残高の規模によって判定するのは間違っている。この下村の財政に関する誤解は、表券主義の貨幣理解を欠いていたことによるのかもしれない。

ただし、下村が財政再建を論じていた当時、日本経済が直面していた課題はデフレではなく、インフレであったという時代背景も考慮に入れる必要がある。また、後に論じるように、下村は、国際収支の均衡を達成するように財政金融政策を運営すべきだとも考えていた。国際収支を均衡させつつ、インフレを抑止しようとするならば、財政赤字の拡大を警戒すること自体に、現代貨幣理論との齟齬は、結論においてはないと言える。

また、下村が、政府支出のうち、「租税財源によらない投資的支出」を重視していたことにも注意しておく必要がある［日本経済成長論―一二八］。この場合、公共投資は、収支均衡の原則の外になる。下村が公共投資を重視していたのは、彼の成長理論においては、国民の創造的な能力を発揮させるための条件の整備が政府の役割とされているからだ。下村は、財政再建を強く主張するようになってからも、「赤字国債」と「建設国債」を区別し、前者は原則として発行すべきではないが、後者の発行については経済の均衡を達成するためには望ましい場合もあると論じている［日本経済の節度―二九〜三三］。

下村は、確かに収支均衡の原則を支持してはいたが、それは「経済が均衡状態にある時に財政が均衡でなければならない、というのは経済の当然な原則である」〔日本経済の節度一二九〕という理解の下においてであったことは、再度確認しておく必要がある。裏を返せば、経済が需要不足の不均衡状態にある時には、財政は均衡である必要はないし、均衡すべきでもないということだ。下村には、「国民自身の創造的な能力」を犠牲にしてまで、つまりデフレを放置してまで健全財政を優先するなどという発想はなかったと断言してよい。

下村は財政インフレを懸念してはいたが、その一方で、すでに述べたように、占領期の物価対策の経験から、インフレは制御可能だという結論を得ていた。戦時中や終戦直後のインフレを引き合いにして、国債を発行し出すと制御不能になるなどというような見解があるが、下村は「これはたいへんな間違いである」と一蹴した。戦時中や終戦後のインフレは、戦争によって生産力が棄損された一方で、戦時需要あるいは復興需要が急増したことによる。「それは、国債発行が原因ではなく戦争そのものが原因である」〔経済大国日本の選択一五〇一～二〕。

†格差問題

下村理論の理解のための二つ目の補足は、格差問題についてである。

トマ・ピケティは『21世紀の資本』において、経済成長により所得格差は縮小するというサイモン・クズネッツの説を批判し、資本主義に働く格差を拡大させるメカニズムについて論じて、大きな話題を呼んだ［ピケティ二〇一四］。現代貨幣理論の主唱者の一人であるＬ・ランダル・レイも、経済成長は富裕層の利益をより増やし、所得格差を拡大することが実証的に明らかになっているとして、経済成長を追求する政策には否定的である［レイ二〇一九—第八章］。

この経済成長と格差の問題について、下村はどのように考えていたのであろうか。

高度成長期前の日本経済においても、資本主義が格差をもたらすか否かが論争の的となっていた。当時、問題となっていたのは、「二重構造」という議論であった。それは、「大企業と中小零細企業や農村の間にははっきりした格差が存在することを指摘し、そこに、日本の経済の『特殊性』をみようとする考え方」である。この二重構造は、一九二〇～三〇年代に発生したが、それが戦後にも再生したというのである。このような議論は有沢広巳（ありさわひろみ）が提唱し、後藤誉之助（よのすけ）が執筆した一九五七年の『経済白書』で一般化した［中村一九八五—二六四］。

この議論は、日本の資本主義に二重構造が存在する限り、経済成長を実現しても格差は拡大するだけであるという批判となって、下村に向けられた。これに対して、下村は、経済成長は逆に所得格差を縮小し得ると反論した。

下村が着目したのは、一九六〇年頃に起きていた産業構造の変化である。それは、急速な工業化であった。確かに、近代的な工業が少なかった戦前には、生産性が高く、高賃金が支払われる産業の就業機会が限定されていたにもかかわらず、労働力が過剰であったがために、賃金格差が大きかった。しかし、戦後は、生産性の高い近代的な産業が急速に展開しつつあることで、高い所得を生み出し得る就業機会が格段に増えてきている。したがって、賃金格差は縮小するであろうというのである［日本経済成長論―七八～八四］。

経済成長をせずに格差を是正するという見解に対しても、下村は理論的に反論した。中小零細企業が生産性を上げて、賃金を上昇させようとしても、需要が十分に確保されなければ、中小零細企業の経営は成り立たない。生産性の向上と賃上げを実現するには、需要の拡大、すなわち経済成長が不可欠なのである［日本経済成長論―九〇～一］。

もっとも、経済成長だけで格差が自動的に是正されるわけではない。経済成長による果実をより多く得られる「勝ち組」と、そうでない「負け組」とに分かれることがあるのは事実である。それゆえに、「大事なことは、全体をそういう向上発展の動きの中に入れ込むような努力をお互いにやる必要があるということであり、勝ち組と負け組という分断を生じさせないことである。そして、それでもなお「うまく自力でもって乗れないような人があれば、乗りうるように援助をするということが必要である」。そして、その援助を十分なものにする財政力をもたらすのは、やはり経済成長なのだ［日本経済成長論―四二八～九］。

下村は、このような論理によって、格差の是正には経済成長がむしろ必要であると論じた。実際、下村が言った通り、一九六〇年代に入る頃から、高度成長とともに賃金の格差は縮小へと向かい、「二重構造」論も下火となった。

下村は、「二重構造」論について、「依然として古い殻にとじこもったような議論が多くて、二重構造というような概念に固定をして、問題を現実的に展開しないというのが非常に多いように思います」〔日本経済成長論—七八〕と苦言を呈している。これは、経済の現実を「ダイナミックな生きた変化」として捉えず、資本主義がコントロールし得るものとなったという新しい認識を頑なに拒否する硬直的な思考様式に対する批判である。「二重構造」論とは、過去に囚われたスタティックな決定論であったのだ。

†ゼロ成長

下村は一九七〇年代に入ると、これまでとは一変して、成長減速論を唱えるようになるが、これもまた経済を「ダイナミックな生きた変化」として捉え、当時の状況を観察した上での診断であった。日本経済は、成長が減速する歴史的な局面に入ったという判断である。

下村は、これまでの日本経済における急速なイノベーションは、「日本国民の能力、日本の経営者、技術者の本来の能力が優れていたからではなくて、この能力を発揮できる歴史的に特別の条件を日本経済が持っていたからだとみるほかない」〔ゼロ成長　脱出の条件—一二三〕と考えていた。その「歴史的に特別の条件」とは、日本が開発途上国であり、先進工業国からの急速な技術導入による生産性の向上が可能な段階にあったということである。しかし、日本が先進工業国に追いついてしまえば、その「歴史的に特別の条件」は消滅し、日本は自らイノベーションを起こすことで成長しなければならなくなる。その当然の結果として、経済成長は以前よりもペースが落ちるに違いない。もはや一九六〇年代のように、旺盛な民間設備投資が主導して、産業界が活発化し、購買力が拡大するという形の成長は望めなくなる。そうなると、生産能力に釣り合うだけの国内需要が生まれなくなり、需要不足による不況となるか、あるいは輸出超過となって国際収支が不均衡となる。そこで、政府が財政支出を拡大して、国内需要の増加を誘発しなければならない。「これがつまり、これまで民間主導の経済であったものが、これからは政府主導、財政主導の経済に変わらざるをえないということの本質である」［ゼロ成長脱出の条件―八］。

一九九〇年代以降、日本の構造改革論者は、「追い付き追い越せ」型の経済システムは終わったから、今後は政府主導型から民間主導型の経済システムへと転換しなければならないと主張した。政府もまた、その主張に則って、「小さな政府」「自由化」「民営化」をスローガンとする新自由主義的な構造改革に邁進してきた。

ところが、下村は「追い付き追い越せ」型の経済成長が終わったからこそ、民間主導型から政府主導型の経済システムへと転換しなければならないと、構造改革論者とは正反対の主張を展開していたのである。構造改革論者と下村とでは、どちらが正しいのであろうか。もちろん、下村である。そもそも、政府主導の経済は戦後復興期の一時期に過ぎないのであり、高度成長は、下村が言う通り、民間主導であって、決して政府主導などではない。高度成長期以降はなおさらである。中村隆英が言うように、戦後日本経済の「全体を通観すれば、経済成長の原動力は、何よりも企業の努力であった。高度成長期以後は、企業の自己資本の蓄積が進み、行政指導を好まない場合もふえてきた。政府による「計画経済」論や「日本株式会社」論は、日本経済の一面を誇張したもの」[中村一九九三―一九二]に過ぎない。それなのに、一九九〇年代以降にもなって、政府主導から民間主導へと経済構造を改革するなどというのは、時代錯誤も甚だしい。

そんな愚劣な議論は脇に置くとして、一九七〇年代初頭の下村は、低成長下における減税と国債発行による財政支出の拡大を主張したが、これに対しては、またしてもインフレを招くとの批判があった。こうした批判について、下村は、それは戦時中と平時の経済を混同しているからではないかと反論している。戦時中の戦費調達のための国債発行は、確かにインフレの高進を招いた。軍事支出は生産力の拡大を伴わないからである。しかし、平時の日本では、十分な生産能力があるので、インフレにはなり得ない[ゼロ成長 脱出の条件―一七]。

この低成長経済への移行、そして民間主導型から政府主導型の経済への転換について、下村は「この問題は、単なる需要維持の問題ではない。日本経済の歴史的な段階が、これまでの急速な成長の結果、はじめてそのような財政活動を可能とするような段階に到達したのだという点に、もっと本質的な意味がある」〔ゼロ成長　脱出の条件—三七〕と考えていた。

その「歴史的な段階」として、下村は次のような日本経済の姿を想定していた。

それによって、日本の産業界がつくりあげた能力が、はじめて国民の消費水準の向上、生活水準の向上、福祉水準の向上、生活環境条件の整備、国土全体の高度な建設のためにのびのびと思い切って実現できるのである。これが今日の日本の経済の到達した位置ではないかと思う。〔ゼロ成長　脱出の条件—四〇〕

ところが、下村がこう論じてから間もなく、石油危機が日本を襲った。下村は、この石油価格の高騰によって、すでに減速していた日本経済は安定軌道どころか、ゼロ成長の軌道に入ったと判断した〔ゼロ成長　脱出の条件—一一三〜一四六〕。

この時、下村は、改めてインフレについて論じている。彼の理解では、インフレには、積極財政がもたらす「需要超過インフレ」と、「コストプッシュ・インフレ」の二つしかない。通貨膨張によるインフレなどというものはないのである。

その上で、積極財政による「需要超過インフレ」については、「財政金融政策が節度をもっておりさえすれば心配ない」としている。財政拡大によってインフレが止まらなくなるなどという事態は想定していないのだ。むしろ問題は、賃金が生産性にかかわりなしに上がることによる「コストプッシュ・インフレ」すなわち「賃金プッシュ・インフレ」である［ゼロ成長　脱出の条件―一四四〜五］。このような理解に基づき、下村は、生産性の向上がない中での物価上昇に連動した賃上げによるスタグフレーションを強く警戒し、ベースアップの抑制を主張した［ゼロ成長　脱出の条件―一四九〜一八五］。

なお、第二次石油危機以降の経済成長を見ると、ゼロ成長ではないことから、下村は、石油危機の影響を過大に見積もったという批判もあり得る。後知恵で言えば、下村は、石油の量的な制約について悲観的過ぎたのは間違いない。

もっとも、下村は、ゼロ成長を脱出する条件は、基本的には省資源・省エネルギーのためのイノベーションにかかっていると述べていたのであり［ゼロ成長　脱出の条件―二〇八］、その後の日本の産業競争力は、確かに、省資源・省エネルギーという点で発揮された。さらに言えば、下村の念頭にあった「石油」を、今日の地球環境問題も含めた資源・エネルギーの制約と広くとらえなおすのであれば、彼の洞察は中長期的に見ても示唆に富んでいる［堀内二〇〇七］。

下村が論じていた政府主導型の経済システムへの転換は、石油危機によって頓挫してしまったが、これは、今日、改めて論じ直す必要がある重要な議論であろう〔高橋二〇一五〕。ちなみに、下村が影響を受けたシュンペーターもまた、資本主義はいずれイノベーションの推進力を失って自滅し、政府が経済を管理する社会主義的なシステムが到来するであろうと予言していた〔シュムペーター一九九五〕。

†国際均衡

下村は、状況に応じて判断を変えてはいるが、それは、無節操な機会主義によってではない。彼の高度成長論とゼロ成長論は、同じ下村理論の枠組みによって貫かれていた。その枠組みの柱の一つは、すでに述べたように、経済成長の根本を「イノベーション」＝「国民自身の創造的な能力」とみなす理論であるが、もう一つ重要な柱がある。それは、国内均衡（完全雇用）と国際均衡（国際収支の均衡）の同時達成であった。

もちろん、国内均衡と国際均衡の要請が同時かつ自動的に達成されるとは限らず、現実には両者の組み合わせにより、四通りの可能性が考えられる。この議論は、オーストラリアの経済学者トレヴァー・スワンが一九五五年の論文で展開したもので、図のような「スワン・モデル」として知られている。その議論を、下村はスワンとほぼ同時期、すなわち一九五四年の「金融引締め政策――その正しい理解のために」の補論において展開していた。

図　スワン・モデル

下村によれば、四つの組み合わせと、それに対応する事例及び必要な政策は、次の通りである［経済成長実現のために―六一～二］。

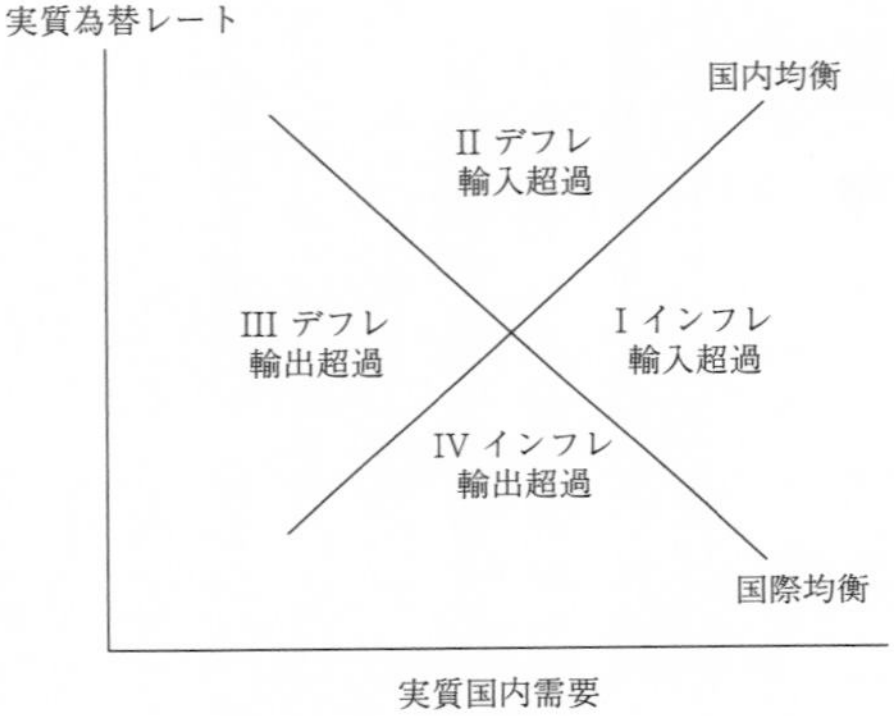

I　輸入超過と国内インフレ

この場合の政策は、金融引き締めまたは緊縮財政である。かつて井上準之助蔵相は、この状態に直面し、緊縮財政を選択したが、同時に為替レートの切り上げ（旧平価金解禁）を行ったために、国際収支をさらに悪化させてしまった。

II　輸入超過と国内デフレ

この場合は、輸入超過をなくすために緊縮政策をとれば失業が増大し、積極政策をとれば輸入超過が拡大する。それゆえ、経済の効率化を進め、雇用水準を上昇させつつ、為替レートの切り下げを行うしかない。昭和恐慌期の高橋是清蔵相の政策がこれに当たる。

III　輸出超過と国内デフレ

この場合に必要な政策は、投資または財政支出の拡大である。しかし、この状態に置かれた一九三〇年代初頭のアメリカは、財政赤字を削減しようとして緊縮財政を強行したがために、世界恐慌を引き起こした。

Ⅳ　輸出超過と国内インフレ

この場合の解決策は、為替レートの引き上げによって、輸出抑制、輸入促進、国内インフレの抑制を同時に実現することである。朝鮮戦争による特需の恩恵を被った日本経済は、この状態にある。

ちなみに平成の日本は、ほぼⅢの状態にあり、したがって解は、財政赤字の拡大のはずだった。にもかかわらず、財政健全化を目指してきたのだから、長期停滞に陥ったのも当然である。

以上の議論は固定為替相場制を前提としたものだが、一九七三年の変動為替相場制への移行後、下村は、変動為替レートによる国際収支の自動調整という経済自由主義的な考え方を強く批判するようになる。

例えば、先ほどの四通りにおいて、為替レートによる調整が推奨されるのは、ⅡとⅣの場合である。確かに生産力の拡充も生産性の向上もないスタティックな経済状態において、資本移動等によって一時的に国際不均衡が生じている場合には、為替レートによる調整は有効に働くであろう。しかし、現実の国際・国内不均衡は、生産性の向上、産業構造の変化、賃金・物価・生産性の関係の変動、労使関係など社会情勢の変化等々による。こうした構造的な問題に起因する国際不均衡は、財政金融政策や産業政策等、様々な政策を総合的に併用しなければならないのであり、為替レートの変動だけでは解決できない。

それどころか、為替レートによる自動調整が逆効果の場合すらある。例えば、Ⅲの場合に、輸出超過を解消すべく為替レートが上昇すると、デフレが悪化して輸入が減り、輸出超過がかえって拡大するかもしれない。逆に、Ⅰの場合、輸入超過を反映して為替レートが低下すると、インフレが進んで、さらに為替レートを低下させるという悪循環に陥る可能性がある。

したがって、変動為替相場制の下においても、国内の経済運営は完全に自由になるわけではない。国際均衡と国内均衡の同時達成に向けて、各国の生産力の大きさに応じた節度ある経済運営を行うことが必要なのである。

固定為替相場制と変動為替相場制の本質的な違いは、経済運営の自由度よりはむしろ、経済成長との関係にあると下村は論じた。

固定為替相場制の下で、輸出産業が急速に成長し、それに誘発されて国内投資も増加し、高度成長が起きる。高度成長は輸入を増加させ、先行する輸出と均衡する。これが、日本の高度成長期に起きたことであった。固定為替相場制は、経済成長を許容するのである。

これに対して、変動為替相場制では、輸出が増加すると、ただちに経常収支が黒字になり、為替レートが上昇することが想定されている。為替レートの上昇は輸出の伸びを抑止し、経済成長の芽を摘みとってしまう［日本経済の節度一八二～三］。下村が説明しているのは、輸出主導型の成長の場合であるが、これは内需主導型の成長でも同じことであろう。内需の拡大によって輸入が増加すると為替レートが下落して輸入物価が上がり、内需拡大の契機を潰してしまうのだ。

このように、変動為替相場制には、経済成長の契機をキャンセルしてしまうメカニズムが内蔵されている。経済成長には、固定為替相場制の方が適しているのである。

この点に関連して、現代貨幣理論の主唱者であるL・ランダル・レイが、変動為替相場制による国内政策の自由度の大きさというメリットを下村よりもずっと強調しているのは、興味を引かれるものがある。レイは、下村とは違って、変動為替相場制が経済成長には不向きであるという点はまったく論じていない。それというのも、レイは、経済成長を追求する政策そのものに対して懐疑的だからなのだ。

また、レイが変動為替相場制による国内政策の余地の大きさを強調したのに対して、下村は、各国政府による節度ある経済運営が必要という点において、変動為替相場制と固定為替相場制との間には、大きな違いはないと論じた。なぜなら、世界経済を構成する各国が、弾力的な微調整を行いつつ、国際均衡と国内均衡の同時達成を目指した「節度」ある経済運営に努めることで、為替レートの安定を維持し、国際金融秩序を安定させる必要があるからである［ゼロ成長 脱出の条件―四五～七四］。私はこの点に関しては、下村の方が正しいと思う。

ところが、「節度」を失った経済運営を行い、国際金融秩序を不安定化させる国があった。アメリカである。そのことが最晩年の下村をして、アメリカに対する激しい反発、そしてアメリカに追随する日本に対する厳しい批判へと向かわせた。それが、下村の遺著となった『日本は悪くない、悪いのはアメリカだ』（一九八七年）である。

†ナショナリズム

一九八〇年代のアメリカでは、ロナルド・レーガン政権の下で、経常収支と財政収支がともに赤字となる「双子の赤字」現象が生じていた。アメリカは、経常収支赤字の原因を日本市場の閉鎖性に帰し、日本に市場開放や内需拡大を迫った。

一九八五年九月には、アメリカの対外不均衡を是正するため「プラザ合意」が成立し、急激な円高・ドル安が進んだ。同年、日本の中曾根康弘首相の下で「前川レポート」と呼ばれる報告書が作成され、その中で、内需拡大、国際的に調和のとれた産業構造への転換、市場アクセスの改善等が提言された。この「前川レポート」を下村は激しく批判したのである。

下村は言う。アメリカの「双子の赤字」の原因は、レーガン政権の経済政策（いわゆる「レーガノミクス」）の大減税と財政支出の拡大にある。当初、レーガノミクスは、経済成長による税収増による財政赤字の縮小を目論んでいたが、その通りにはならなかった。なぜなら、拡大へと向かう意欲や活力という条件が当時のアメリカ経済にはなかったからである。アメリカの経営者は短期的な利益を追求しがちで、長期的な視点からの積極的な設備投資を行っていない。消費も過剰である。したがって、アメリカの対外不均衡の主因はアメリカにある。にもかかわらず、アメリカ政府は、対外不均衡を日本経済のせいにし、日本に対して市場開放や内需拡大を要求した。ところが日本政府は、「前川レポート」に象徴されるように、アメリカの主張を認め、要求を受け入れてしまった。これが下村の怒りを買ったのである。

『日本は悪くない、悪いのはアメリカだ』のトーンは、かつてないほど激烈である。また、これまでの下村の著作と違って、経済学者や政策当局といった専門家向けではなく、一般読者を想定して書かれている。しかし、そうした中にも、下村の一貫した経済思想が垣間見える。いやむしろ、一般向けに激しく書かれているからこそ、専門的な著作の中では必ずしも明確ではなかった下村の思想がはっきりと表面化したのである。

それは「国民経済」を中心とした経済思想、すなわち経済ナショナリズムである。

下村は、経済学者たちが「国民経済とは何であるか、人々が経済によって生きて行くためにはどういう条件が必要であるか、という問題が分からなくなっている」［日本は悪くない、悪いのはアメリカだ―九五］と批判する。特に「典型的なのがアメリカの経済学者である。日本人はどういうわけか、アメリカの経済学者といえばすぐ優秀で尊敬に値すると思いがちだが、私に言わせれば必ずしも優秀ではない。もちろん、頭脳そのものは優れているのだろうが、なにしろ、彼らの頭にあるのはカネだけだから狂ってしまっている」［日本は悪くない、悪いのはアメリカだ―九三］。彼らは、ケインズ主義者であれ、新自由主義者であれ、カネを調整してさえいれば経済をコントロールできるという発想に立っている。しかし、現実の経済とは、国民の「生活」なのであって、カネだけではないのだ。

経済学者たちは、自由貿易を絶対善のようにみなす。しかし、国民経済という視点に立つ下村は、完全雇用の達成を自由貿易よりも優先すべきであるというロイ・ハロッドの論説を引用しつつ、自由貿易が国民生活を脅かすようであれば拒否すべきであると断じる。下村の思想は、国民経済を優先する経済ナショナリズムであると同時に、自由貿易論というドグマから自由なプラグマティズムである。

何度も言うように、経済活動はその国の国民が生きて行くためにある。国民の生活をいかに向上させるか、雇用をいかに高めるか、したがって、付加価値生産性の高い就業機会をい

かにしてつくるか、ということが経済の基本でなければいけない。（中略）

このようにして、各国がまず自己の経済を確立し、その上で利益を互いに増進できる形で国際経済が運営される。

自由貿易というのは、そういう国際経済の中で選択できる一つの選択肢にすぎない。決して、自由貿易にさえすれば世界経済がうまくいくというものではない。

ましてや、自由貿易のために政治経済が存在するのでは決してない。それなのに、あたかも自由貿易が人類最高の知恵であり宝であり、犯すべからざる神聖な領域であるかのように言うのは、一体どういう思考の仕方をしているのだろうか。

むしろ、敢えて言うなら保護主義こそ国際経済の基本ではないだろうか。まず自国の経済を確立するには弱い部分を保護する必要がある。［日本は悪くない、悪いのはアメリカだ——一〇三〜四］

ここで下村は「敢えて言うなら保護主義こそ国際経済の基本」と述べているが、一九六〇年時点では、貿易自由化を支持していた。貿易自由化は経済を効率化することによって経済成長に資するというのが主な理由である。ただし、下村は、国際収支赤字で自国通貨が割高になり、国内でデフレ政策をとらなければならない場合には貿易自由化はデフレ圧力となるが、当時は、自国通貨はむしろ割安であったという判断によって、貿易自由化を支持していた。しかも、下村は、雇用をどう維持するか、雇用の内容をどう改善するかを優先的に考えており、工業が急速に発展して、農業部門から労働力を十分に吸収できるか否かを重視していた。

下村は、農業部門からの雇用を吸収するため、工業部門を振興する産業政策を提案した。その発想は、経済を「ダイナミックな生きた変化」としてとらえる視点から生まれてくる。

そういう点からいうと、将来性のある工業にたいする保護育成の措置が相当程度とられるのは当然なことになる。企業者、技術者、労働者にインセンティブを与え、そのインセンティブを原因として彼らが自信をもつようになり、その自信に基づいた事業の確立によって、やがて進歩が生まれてくるというのが、現実のダイナミックな進歩の過程である。そういう過程を無視するのは賢明ではない。〔日本経済成長論―一七九〕

下村は、貿易自由化によって非効率部門は淘汰されればいいなどという粗雑な考えからは無縁であった。彼は、貿易自由化を支持していた時も、自由貿易それ自体よりも完全雇用を重視し、そのための政府介入を必要と考えていた。これを「保護主義」と言うなら、下村は生涯、一貫して保護主義者であった。

このように、日本の国内における雇用の安定を維持し、また将来における雇用の内容を改善するための条件を整えていく、こういう二つの問題のために、自由化の速度については慎重な配慮が必要であるということは、これは当然ではないかと思う。［日本経済成長論一七九］

第二次世界大戦後に成立した「ブレトン・ウッズ体制」は、GATT（関税と貿易に関する一般協定）によって、各国政府には貿易自由化を促進する規律が課せられたが、その一方で、国内経済政策の目標を実現する余地が残されるという仕組みであった。

まず、固定為替相場制と国際資本移動の規制の組み合わせにより、各国の自律的な経済運営の余地が確保された。また、GATTにおける貿易自由化の交渉は、一挙にグローバリゼーションを実現しようとするものではなく、国家が妥協と調整を重ねて、国内の経済社会を保護しながら、慎重かつ漸進的に進められた。国際金融市場も国際貿易市場も自由放任に委ねられたのではなく、各国の自律的な経済運営を確保すべく制限されていたのであり、そうすることで国際経済秩序の安定が保たれていたのである。これをジョン・ラギーは「埋め込まれた自由主義（embedded liberalism）」と呼んでいる［Ruggie 1982］。下村が経済運営に求めた「節度」とは、この「埋め込まれた自由主義」のことであったと言ってよい。

ところが、一九七一年、ブレトン・ウッズ体制が崩壊し、一九七〇年代後半から八〇年代にかけて、市場原理主義的な新自由主義が台頭した。この新自由主義に染まったアメリカは、「埋め込まれた自由主義」の「節度」を放棄するようになった。

アメリカが自由貿易をはじめとする新自由主義を金科玉条とする背景には、コリン・クラウチが強調したように、多国籍企業の論理があったが［Crouch 2011］、下村は当時からそれを喝破していた。利益を求めてグローバルに活動する多国籍企業には、国民経済という視点はない。だから、関税や国内制度といった障壁のない自由貿易を理想とする。多国籍企業の論理は、国民経済の論理と矛盾するのである。多国籍企業の論理は、「国境がない世界」を想定したグローバリズムである。しかし、現実の世界経済は、政府、中央銀行、各国通貨、為替レートといった、国境を前提とした「国民経済」から構成されている。その国民経済の中で、人間は生活を営んでいる。下村は言う。「(「国境がなければ」などという) 議論の決定的な間違いは、現実の人間が視野に入っていないことだ」［日本は悪くない、悪いのはアメリカだ―一〇八］。

もっとも、自由貿易論者が好んで批判するように、日本の農業生産体制には問題があることは下村も認めている。それどころか、下村は、一九六〇年からずっと、日本の農業の在り方を問題視してきたのである［日本経済成長論―一七三～四］。後に下村は、高度成長の変化でも農業問題は解決できず、「これからの経済の運営にとっての非常に大きなガンになろうとしている」［エコノミスト編集部編一九九九―三〇］とまで言っていた。

しかし、下村は、外圧を使って国内農業を改革しようなどという発想とは無縁であった。国内の問題は、国民が民主的に決定すべきものだからである。「外国人が何といおうと、日本人が選んでしていることである。そのことが不合理だとわかっていても、別の観点からあえてそれを選択したのである。そういう選択を改善する必要があるなら、それはすべきである。しかし、それを外国人から強制されることはないはずである」［日本は悪くない、悪いのはアメリカだ―一八二］。下村は、ナショナリストであった。民主主義者であったと言っても同じことである。

アメリカの貿易不均衡は、アメリカ自身が蒔いた種である。それにもかかわらず、なぜ、日本では、政府関係者も経済学者も、その点には口を閉ざし、むしろ「日本が悪い」という態度をとるのであろうか。これに関して、下村は極めて率直に、かつてのアメリカの占領政策の影響であると言う。憲法であれ、教育基本法であれ、戦後日本の基本路線を敷いたのはＧＨＱであるが、その狙いは、日本の弱体化にあった。それに加えて、日本人の精神には、元々、迎合主義的な弱さがあった。「このようにして、終戦直後の日本は、ＧＨＱによる日本弱体化政策に自覚なしに協力して、自分自身を武装解除し、あえて自らを弱体化したのである」［日本は悪くない、悪いのはアメリカだ―二〇九］。

そして、その占領期の日本弱体化政策の後遺症が未だに残っている。「たとえば、国旗を見てもなんの感動も起こさないのは日本人だけだといわれる。（中略）これでは、自分たちの国や社会を望ましいものにするために、汗を流したり、場合によっては血を流すという考えは出てこない。（中略）経済問題に限って言えば、国民経済として経済をとらえるという視点がない」［日本は悪くない、悪いのはアメリカだ―二〇九～一〇］。

下村は、この日本の弱腰の背景には、国防をアメリカに依存している後ろめたさも関係していると指摘する。「私は、だから防衛力を強化しろとは言わないが、少なくとも、この問題に対する態度をキチンと確立して、その相互関係を自覚しておれば、防衛は防衛、経済は経済だ、といえるはずだ。それがないからヘナヘナッとなってしまうのである」［日本は悪くない、悪いのはアメリカだ―二一二］。

このように下村が安全保障問題に積極的に言及するのは、稀なことであった。一九六八年の「日本経済の展望と安全保障問題」において、下村は軍事的な抑止力の必要性を認めつつも、勢力均衡による秩序の安定には限界があるとし、各国の生活水準の向上による緊張緩和を説いた［経済大国日本の選択―五四四～五六］。一九七一年の『経済大国日本の選択』においても、防衛力の増強よりも、文化的・経済的活動によって世界秩序の安定と平和に貢献すべきであると論じていた［経済大国日本の選択―六二一～三二］。

しかし、下村は、安全保障よりも経済的繁栄を優先していたわけではなかった。むしろ、安全保障は、国民経済の基盤であり、大前提であると考えていたのである。それを示す言葉が一九六二年の座談会「現代勃興期の思想」の中にある。ここで下村は、日中貿易を積極的に進めるべきだという意見に対して、こう反論している。

下村　これはそう簡単な問題じゃないですよ。経済問題、とくに貿易問題が国際政治の根本ならそうですけれども、そうじゃないですね。お互いに生きていくために必要な条件として貿易をする。その貿易はだから経済生活の中の一部の問題です。それよりももっと大事なことは社会全体が安定した秩序で平和な状態を維持できるかどうかという問題。その問題について折れ合いがつかない相手同士が貿易をすることによって世の中が安定をするという可能性はないですね。〔現代勃興期の思想―三三〕

さらに、「イギリスや西ドイツはかなり中国市場に進出している」という反論に対しても、下村は「遠交近攻」という論理を持ち出して反駁した。これは、中国から遠い西ヨーロッパ諸国と、中国の隣国にある日本とでは、軍事的脅威の程度が違うという地政学的な論理である。「前川レポート」の背景にも、下村が喝破したように、地政学的な論理があった。

一九八〇年代、ソ連は、北東アジアや北方領土近辺の軍事力を強化しており、大韓航空撃墜事件が起きたり、ソ連の潜水艦が日本近海に定期的に出没したりといった状況にあった。ソ連の脅威を感じた中曽根康弘政権は、日米の協力関係を重視した。アメリカの軍事力を頼りにする日本は、アメリカの経済的な要求に抵抗できるような立場にはなかったのである。だが、このアメリカからの経済的な要求に従ったことが、日本経済にバブルをもたらすこととなる。

一九八五年九月のプラザ合意によって円高・ドル安が急速に進み、「円高不況」となると、これに対応すべく、日銀は、一九八六年一月から翌年二月までの間、公定歩合を計五回、二・五%にまで引き下げた。しかし、一九八七年春頃から景気回復が明確化し、マネーサプライの高い伸びや資産価格の上昇が顕著になったため、日銀は金融引き締めを模索した。ところが、一九八七年五月の日米首脳会談後の共同声明において、日本銀行の短期金利オペレーションについて言及がなされ、短期市場金利はさらに引き下げられた。多額の財政赤字と経常収支赤字を抱えるアメリカは、ドル安の進行がドル暴落につながることを恐れたが、自国の経済を調整するのではなく、日本に金利引き下げを強く求めたのである。

その後、日銀は、一九八七年八月末から短期市場金利を高めに誘導したのだが、これもアメリカの株価暴落（ブラック・マンデー）の勃発によって中断し、さらに一九八八年一月の日米首脳会談において短期金利の低め維持が言及された。

こうして、日銀は、アメリカからの圧力によって金融引き締めの機会を再三にわたって失い、歴史的な低金利が一九八九年五月までの約二年三カ月にわたって続いた。資産バブルの発生は、その当然の帰結であった。そして一九九一年、ついにバブルが崩壊し、長期に及ぶ平成不況が始まったのである［中野二〇一六―第十七章］。

その一方で、日米経済交渉を通じたアメリカからの構造改革要求は、一九八五年からのMOSS協議や一九八九年からの日米構造協議にとどまらず、一九九七年からの日米規制緩和対話や、二〇〇一年の日米規制改革及び競争政策イニシアチブと続き、さらにはTPP（環太平洋経済連携協定）交渉、そして二〇一九年に合意された日米貿易協定にまで至っている。ウォール・ストリート・ジャーナル紙が率直に評したように、「アメリカの軍事支援に依存している以上、日本には、それが誰であれアメリカ大統領と協力する道を見つける以外に選択肢はほとんどない」（Schlesinger and Gale 2017）のである。

しかも、一九九〇年代後半以降になると、日本は、アメリカからの圧力の有無にかかわらず、自ら進んで規制緩和や構造改革を推進するようになった。下村は「終戦直後の日本は、GHQによる日本弱体化政策に自覚なしに協力して、自分自身を武装解除し、あえて自らを弱体化した」と嘆いたが、平成の日本もまた「アメリカによる構造改革要求に自覚なしに協力して、自分自身を武装解除し、あえて自らを弱体化した」のである。

最後の著作となった『日本は悪くない、悪いのはアメリカだ』において、下村は、日米関係における日本の姿勢を、経済のみならず政治や防衛、さらには精神のレベルにまで掘り下げて縦横無尽に論じた上で、最後に念を押すかのように、こう締めくくっている。それは、下村の生涯を貫いた信念であり、後世への遺言でもあった。「ただし、その際、忘れてならない基本的な問題は、日本の一億二千万人の生活をどうするか、よりよい就業の機会を与えるにはどうすべきか、という点なのである」〔日本は悪くない、悪いのはアメリカだ―二一二〕。

こう書いてから二年後の一九八九年（平成元年）、下村治はこの世を去った。その後まもなくして、日本経済は成長することを止めた。

おわりに

本書は、渋沢栄一、高橋是清、岸信介、下村治を対象として、その思想の中に「日本経済学」と呼ぶべき思考様式を見出してきた。その「日本経済学」を支える柱は二つ、プラグマティズムとナショナリズムである。

渋沢、高橋、岸、下村の四人はいずれも、自らが置かれた状況や環境の中で判断し、行動するプラグマティズムをモットーとしており、状況や環境を無視した合理主義的思考、とりわけ輸入学問を鵜呑みにしたような理論を嫌悪していた。

古学・水戸学の伝統を継承する渋沢は、「中庸の徳」を重んじた。高橋は「政治は主義ではなく実際であつて、一方の主義に偏することなく、専ら事の宜しきに応じなければならぬ」と説いた。岸もまた、自由主義経済と計画経済のバランスに心を砕いた。こうしたプラグマティズムを下村は「節度」と呼んだ。

この四人は、いずれも激動の時代を生きたが、状況や環境が変化したり、実践を通じて自らの判断の過ちに気が付いたりすると、柔軟に見解を変えることができた。また、四人とも、ダイナミックに変化する有機体的な社会観、古学が言う「活物」としての世界観を共有していた。さらに、彼らは、「元気」、「民力」、「国力」、「国民の生産力」、「民間の創意と工夫」、「国民自身の創造的な能力」と呼び方こそ違うが、いずれも国民の「創造力」の重要性を強調した。それもまた、プラグマティズムに通底する思想である。

ナショナリズムについては、もっとはっきりしている。渋沢は「忠君愛国」を家訓の第一とし、高橋は前田正名から国家観念を継承し、岸は国粋主義を掲げ、下村は晩年にナショナリズムを鮮明にした。プラグマティックな彼らは、状況や環境の変化に応じて意見を柔軟に変えることはあったが、その変化する判断の根本には一貫してナショナリズムがあった。

経済思想の観点から特に興味深いのは、四人とも、状況に応じて積極財政や保護主義を主張したということであり、健全財政や自由貿易といった経済自由主義のドグマから自由であったということである。保護主義や積極財政は経済ナショナリズムに顕著な特徴とされる政策であるが、同時に、彼らのプラグマティズムが発揮された結果とも言える。

また、四人とも、組織の協同や国民の連帯の重要性を説き、そこから生まれる国民の創造的な能力に着目していたが、それは、プラグマティズムが強調する社会行動の創造力のことであると同時に、フリードリヒ・リストをはじめとする経済ナショナリストの最大の関心事でもあった。渋沢、高橋、岸、下村の四人は、「富をつくり出す力は富そのものよりも無限に重要である」というリストの言葉に完全に同意するだろう。本書が「日本経済学」と呼ぶものは、「富をつくり出す力」の理論なのである。

改めて歴史を振り返ってみれば、渋沢、高橋、岸、下村が生きた時代というのは、いずれも前例のない大きな変革や危機の連続だった。そうした危機に処するのに、輸入学問などというものは、もとより何の役にも立たなかった。それどころか、先進的なはずの西洋諸国もまた、深刻な危機に直面していたのであり、そこから手本など得ようもなかった。だから渋沢、高橋、岸、下村は、おのれの経験と実践感覚を頼りとしたのである。

四人とも、危機に立ち向かう実践を通じて、期せずして同じ経済ナショナリズムへとたどり着いた。その「日本経済学」と呼ぶべき思想は、当時はもちろん、今日においてもなお、世界最高水準に達し得るものであったことは、本書が明らかにした通りである。

もちろん、このような「日本経済学」の領域に達し得た人物は、渋沢、高橋、岸、下村の四人に限られないであろう。前田正名、金井延、吉野信次、三土忠造、高島善哉はもちろんのこと、他にも、由利公正、大隈重信、石橋湛山、深井英五、高橋亀吉、あるいは高野岩三郎や森戸辰男なども、再検討する価値がありそうである。[10]

さらに、プラグマティズムとナショナリズムを手掛かりにして、「日本経済学」の源流を渋沢より前にさかのぼることもできる。その作業を行ったのが、『日本思想史新論――プラグマティズムからナショナリズムへ』（ちくま新書）である。同書と本書によって、伊藤仁斎から下村治までを一気通貫する日本的思惟の伝統が、はっきりと浮かび上がってくることだろう。

この「日本経済学」の伝統を、我々は継承するだけではなく、改善し、発展させていかなければならない。例えば、貨幣論は「日本経済学」の弱点であった。渋沢は金属主義に囚われており、また、高橋と下村は信用貨幣論者ではあったが表券主義という理解を欠いていた。しかし、「日本経済学」に表券主義を導入するのは理論的に難しくない。なぜなら、表券主義は、ドイツ歴史学派に属するゲオルグ・F・クナップやジョン・M・ケインズなど、「日本経済学」と親和性の高い理論家たちの貨幣論だからだ。したがって、「日本経済学」は、表券主義や現代貨幣理論の成果を容易に取り込んで、自らをさらに発展させることができるだろう。それは、現代貨幣理論を生産力の理論によって補完するということでもある。

しかしながら、最後に、我々日本人にとって実に恐ろしい問題が、ひとつ残っていることを告白しなければならない。

その問題とは、ほかでもない。下村治の死後、すなわち平成元年から今日に至るまで、その経済思想を研究したいと感じさせる人物が、誰一人として思い当たらないということである。これは、あの「日本経済学」の伝統がついに断絶したことを意味するのかもしれない。

実際、この三十年間、我が国の政治家、官僚、財界の指導者、そして経済学者たちは、「改革」の名の下に、何を唱え、そして何を行ってきたのか。

渋沢栄一が説いた合本主義を時代遅れの遺物として打ち棄て、アメリカから株主資本主義を輸入し、中間組織を破壊し、格差の拡大を放置した。

高橋是清が否定した健全財政のドグマに執着し、デフレ下での歳出抑制や消費増税を繰り返し、経済の根本たる生産力を弱体化させておきながら、高橋財政には放漫財政の汚名を着せた。

岸信介が嫌悪した弱肉強食の自由主義経済の実現を目指して、規制緩和、自由化、民営化を押し進め、日本型の協調的経営者資本主義を葬り去った。

下村治が遺した「国民経済を忘れるな」という戒めを忘れ、自由貿易を疑うべからざる原理と信じ、アメリカからの要求に唯々諾々と従い、そしてグローバル化へと邁進した。

いずれの「改革」も、プラグマティズムとナショナリズムの欠如という点において共通していた。

それが、下村が言ったように、GHQの占領政策の後遺症のせいなのかは分からない。しかし、その結果が日本の弱体化であったことは否定しようもない。

政策実践が腐れば、「日本経済学」も死に絶える。「日本経済学」というものは、プラグマティックな政策実践の中にしか生きられない脆い思想だからである。

だが、敢えて言おう。

この日本のどこかには、知られていないだけで、国民生活の具体的な問題を解決しようと日々努力している人々がいる。「日本経済学」は、そういう人々の実践の中に必ず宿っていて、その命脈をまだ保っている。

本書の主張が正しければ、そのはずである。

注

(1) 筆者も『日本思想史新論――プラグマティズムからナショナリズムへ』の中で、正志斎と仁斎の共通点を強調したが、同書執筆中、吉田［二〇一一］については知らなかった。
(2) この個人主義の説の代表的論者は、経済自由主義者の田口卯吉であろう。田口と渋沢の対立については、［坂本二〇〇二―第三章］を参照せよ。
(3) トゥックの「還流」の議論は、兌換紙幣を前提としている。しかし、不換紙幣の場合であっても、現代貨幣理論に従えば、納税という形で政府に「還流」するものと言える［Wray 1998: 38-9］。
(4) なお、渋沢が目を通したという「ケリー氏の貨幣原論」の「ケリー氏」とは、アメリカの経済学者ヘンリー・チャールズ・ケアリーのことと思われる［Carey 1860］。
(5) ただし、信用貨幣論によれば、「現金通貨」もまた信用貨幣、すなわち発行者の債務証書である［レイ二〇一九―三〇九〜三一三］。
(6) マイケル・オークショットは、計画経済を激しく否定した経済自由主義者フリードリヒ・フォン・ハイエクの『隷従への道』を評して、こう述べた。「あらゆる計画に抵抗する計画というのは、その反対のものよりもましかもしれないが、結局、同じ政治のスタイルに属しているのである」［Oakeshott 1991: 26］。ここでオークショットが「同じ政治のスタイル」と言っているのは、合理主義のことである。注7も参照せよ。
(7) なお、ゴットルは、「国民経済により高い理性を持ち込むこと」について、「合理主義」とは無関係であると注意を喚起している［ゴットル一九四二b―一三五］。
(8) 「純粋経済学」という言葉は、新古典派経済学の祖の一人レオン・ワルラスの『純粋経済学要論』に由来し、日本では中山伊知郎によって広められた［牧野二〇一〇―一二三］。

（9）ただし、『経済社会学の根本問題』は、戦時下の日本の全体主義との対決という意図も込められていた［高島一九八五―二二四～五］。それは、後述するように、当時の「政治経済学」「日本経済学」や計画経済論に対する批判となって現われている。高島にとって「統制経済」と「全体主義」は必ずしも同じものではなかった。

（10）森戸辰男の重要性については、岡本英男・東京経済大学学長の教示による。

参考文献

澁澤榮一　一八七一『立会略則』国立国会図書館

澁澤榮一　一九一三『青淵百話』同文館

澁澤榮一　一九一六『論語と算盤』東亜堂書房

澁澤榮一　一九七五『論語講義』二松学舎大学出版部

渋沢栄一　一九八四『雨夜譚――渋沢栄一自伝』岩波文庫

渋沢青淵記念財団竜門社編　一九五五～一九六五『渋沢栄一伝記資料』全五八巻　渋沢栄一伝記資料刊行会

高橋是清　二〇一〇『随想録』中公クラシックス

高橋是清　二〇一三『経済論』中公クラシックス

岸信介　一九三二「欧洲に於ける産業合理化の実際に就いて」(『産業合理化』第四輯)

岸信介　一九三四「産業合理化より統制経済へ」(『産業合理化』第一二輯)

岸信介　一九五三「新保守党論」(『改造』三四巻六号)

岸信介、矢次一夫、伊藤隆　二〇一四『岸信介の回想』文藝春秋

岸信介述、原彬久編　二〇一四『岸信介証言録』中公文庫

下村治　一九五二『経済変動の乗数分析』東洋経済新報社

下村治　一九七一『経済大国日本の選択』東洋経済新報社

下村治　一九七五「占領期の物価政策及びインフレーション」(『ファイナンス』第一〇巻第一〇号)

下村治　一九七六『ゼロ成長　脱出の条件』東経選書
下村治　一九八一『日本経済の節度』東経選書
下村治　二〇〇九『日本経済成長論』中公クラシックス
下村治　一九五八『経済成長実現のために』宏池会
下村治　二〇〇九『日本は悪くない、悪いのはアメリカだ』文春文庫
下村治・坂口昭・太田哲夫　一九六二「現代勃興期の思想——下村経済理論の思想的背景」（『論争』通巻第一四号）

＊

会沢正志斎　一九三三「新論」「下学邇言」「迪彝編」（高須芳次郎編『水戸学全集第二編　会沢正志集』日東書院）
会沢正志斎　一九七三「時務策」（『日本思想大系53　水戸学』岩波書店）
飯田鼎　一九七八「日本社会政策学会の成立と崩壊にかんする覚書：社会政策学会資料集成編纂委員会監修「社会政策学会史料」（社会政策学会史料集成別巻Ⅰ）によせて」（『三田学会雑誌』七一巻六号）
飯田鼎　一九八四「日本社会政策学会と経済学研究」経済学史学会編『日本の経済学——日本人の経済的思惟の軌跡』東洋経済新報社
池井優　一九九五「日本国際連盟協会：その成立と変質」（『法学研究：法律・政治・社会』六八巻二号）
伊藤仁斎　一九七一「語孟字義」（『日本思想大系33　伊藤仁斎　伊藤東涯』岩波書店）
伊藤仁斎　一九七〇『童子問』岩波文庫
伊東光晴　一九八四「戦後の近代経済学」（経済学史学会編『日本の経済学——日本人の経済的思惟の軌

跡』）
ドナルド・ウィンチ　一九八九『アダム・スミスの政治学――歴史方法論改訂の試み』ミネルヴァ書房
エコノミスト編集部編　一九九九『高度成長期への証言（上）』日本経済評論社
江里口拓　二〇〇八「ウェッブ夫妻における「国民的効率」の構想：自由貿易、ナショナル・ミニマム、LSE」（『経済学史研究』五〇巻一号）
大野健一　二〇〇〇『途上国のグローバリゼーション』東洋経済新報社
大林信治　一九七一「経済哲学・方法論」（長幸男・住谷一彦編『近代日本経済思想史Ⅱ』有斐閣）
岡崎哲二・奥野正寛編　一九九三『現代日本経済システムの源流』日本経済新聞社
岡田俊平　一九七五『明治期通貨論争史研究』千倉書房
荻生徂徠　一九八九『政談』岩波文庫
荻生徂徠　一九七三「弁名」「弁道」（『日本思想大系63　荻生徂徠』岩波書店）
鹿島茂　二〇一三a『渋沢栄一（上）算盤篇』文春文庫
鹿島茂　二〇一三b『渋沢栄一（下）論語篇』文春文庫
上久保敏　二〇〇八『下村治――「日本経済学」の実践者』日本経済評論社
河合栄治郎　一九三九『金井延の生涯と学蹟』日本評論社
河原宏　一九六三『転換期の思想――日本近代化をめぐって』早稲田大学出版部
ウィル・キムリッカ　二〇一二『土着語の政治――ナショナリズム・多文化主義・シティズンシップ』法政大学出版局
J・M・ケインズ　一九九五『雇用・利子および貨幣の一般理論』東洋経済新報社
見城悌治　二〇〇八『渋沢栄一――「道徳」と経済のあいだ』日本経済評論社

ゴットル　一九四二a　『計画経済の神話』理想社
フリードリッヒ・フォン・ゴットル＝オットーリーリエンフェルト　一九四二b　「国民経済的合理化と技術的進歩」（『経済と現実――「理論」時代をながめる』白揚社）
ゴットル　一九四二c　『経済の本質と根本概念』岩波文庫
坂本慎一　二〇〇二　『渋沢栄一の経世済民思想』日本経済評論社
坂本慎一　二〇〇四「草莽の後期水戸学としての渋沢栄一思想」（川口浩編『日本の経済思想世界――「十九世紀」の企業者・政策者・知識人』日本経済評論社
鎮目雅人　二〇〇九　『世界恐慌と経済政策――「開放小国」日本の経験と現代』日本経済新聞出版社
島田昌和　二〇一一　『渋沢栄一――社会企業家の先駆者』岩波新書
島田昌和　二〇一四　「渋沢栄一による合本主義――独自の市場型モデルの形成」（パトリック・フリデンソン、橘川武郎『グローバル資本主義の中の渋沢栄一』東洋経済新報社）
シュムペーター　一九九五　『資本主義・社会主義・民主主義』東洋経済新報社
社会政策学会編　一九〇八　『工場法と労働問題』同文館
ジョセフ・E・スティグリッツ　二〇一二　『世界の99%を貧困にする経済』徳間書店
リチャード・J・スメサースト　二〇一〇　『高橋是清――日本のケインズ　その生涯と思想』東洋経済新報社
祖田修　一九七三　『前田正名』吉川弘文館
高哲男　二〇〇四　『現代アメリカ経済思想の起源――プラグマティズムと制度経済学』名古屋大学出版会
高島善哉　一九八五　『人間・風土と社会科学――続・私の人生論ノート』秋山書房

高島善哉　一九九八a「日本経済学の方向――真の主体性把握の為には我々は媒介の論理を学びとらねばならぬであろう」(高島善哉著作集第一巻『初期経済学論集』こぶし書房)
高島善哉　一九九八b「アダム・スミスへの復帰――経済学に於ける時間性と空間性に就いて」(高島善哉著作集第一巻『初期経済学論集』こぶし書房)
高島善哉　一九九八c「統制経済の論理と倫理」(高島善哉著作集第一巻『初期経済学論集』こぶし書房)
高島善哉　一九九八d「経済社会学の根本問題――経済社会学者としてのスミスとリスト」(高島善哉著作集第二巻『経済社会学の根本問題』こぶし書房)
高橋伸彰　二〇一五「下村治と高橋亀吉に見るポスト成長論――高度成長の終焉にいかに適応すべきだったのか」(『立命館国際地域研究』第四一号)
アルフレッド・D・チャンドラーJr.　一九九三『スケール アンド スコープ――経営力発展の国際比較』有斐閣
通商産業省編　一九六一『商工政策史　第九巻：産業合理化』商工政策史刊行会
塚谷晃弘　一九八〇『近代日本経済思想史研究』雄山閣
塚原蓼州　一九七九『新藍香翁』青淵澁沢栄一記念事業協賛会・八基公民館建設推進協議会
土屋喬雄　一九八九『渋沢栄一(人物叢書)』吉川弘文館
ピーター・テミン、デイビッド・バインズ　二〇一四『リーダーなき経済：世界を危機から救うための方策』日本経済新聞出版社
長幸男　一九六九「ナショナリズムと『産業』運動」(長幸男・住谷一彦編『近代日本経済思想史I』有斐閣)

長幸男　一九八四「戦間期の経済思想」（経済学史学会編『日本の経済学——日本人の経済的思惟の軌跡』東洋経済新報社）
長幸男　二〇〇一『昭和恐慌——日本ファシズム前夜』岩波現代文庫
内藤敦之　二〇一九「貨幣の名目性——表券主義の貨幣理論」（『季刊経済理論』第五五巻第四号）
中野剛志　二〇一二『日本思想史新論——プラグマティズムからナショナリズムへ』ちくま新書
中野剛志　二〇一六『富国と強兵——地政経済学序説』東洋経済新報社
長原豊　二〇〇七「「連続」と「断絶」の対合：帝国の経済官僚・岸信介」（『現代思想』第三五巻第一号）
中村隆英　一九八一「「高橋財政」と公共投資政策——「時局匡救」農村土木事業の再評価」（中村隆英編『戦間期の日本経済分析』山川出版社）
中村隆英　一九八五『明治大正期の経済』東京大学出版会
中村隆英　一九九三『日本経済——その成長と構造【第三版】』東京大学出版会
中村隆英　一九九四『昭和恐慌と経済政策』講談社学術文庫
中村隆英　二〇一二『昭和史（上）1926-45』東洋経済新報社
中村隆英・宮崎正康編　二〇〇三『岸信介政権と高度成長』東洋経済新報社
橋川文三　一九七四「水戸学の源流と成立」（『日本の名著29　藤田東湖』中央公論社）
原彬久　一九九五『岸信介——権勢の政治家』岩波新書
トマ・ピケティ　二〇一四『21世紀の資本』みすず書房
尾藤正英　一九七三「水戸学の特質」（『日本思想大系53　水戸学』岩波書店）
尾藤正英　二〇一四『日本の国家主義——「国体」思想の形成』岩波書店

平山健二郎　二〇〇六「19世紀イギリスにおける貨幣理論の発展」（『経済学論究』第五九巻第三号）
福沢諭吉　二〇〇三「通俗国権論」（寺崎修編『福澤諭吉著作集第7巻』慶應義塾大学出版会）
福沢諭吉　二〇〇三「時事小言」（岩谷十郎・西川俊作編『福澤諭吉著作集第8巻』慶應義塾大学出版会）
藤井隆至　一九九九「日本における社会政策学派の形成と崩壊」（『新潟大学経済論集』第六八号）
藤田幽谷　一九七三「丁巳封事」（『日本思想大系53　水戸学』岩波書店）
パトリック・フリデンソン　二〇一四「官民の関係と境界：世界史の中で渋沢栄一の経験を考える」（パトリック・フリデンソン、橘川武郎『グローバル資本主義の中の渋沢栄一』東洋経済新報社）
カール・ポラニー　一九七五『大転換――市場社会の形成と崩壊』東洋経済新報社
堀内行蔵　二〇〇七『下村治博士と日本経済――高度成長論の実践とゼロ成長ビジョンの含意』日本政策投資銀行設備投資研究所
前田正名　一八七九『直接貿易意見一斑』博聞社
前田正名　一八九二『所見』
牧野邦昭　二〇一〇『戦時下の経済学者』中公叢書
松下幸之助　一九八六『私の行き方考え方――わが半生の記録』ＰＨＰ文庫
Ｎ・グレゴリー・マンキュー　二〇一一『マンキューマクロ経済学Ｉ　入門編【第三版】』東洋経済新報社
三谷博　一九九七『明治維新とナショナリズム――幕末の外交と政治変動』山川出版社
源了圓　一九八六『実学思想の系譜』講談社学術文庫
宮崎勇　二〇〇九「先見性のある理論と警告」（下村治『日本経済成長論』中公クラシックス）

宮本又郎　二〇一四「『見える手』による資本主義——株式会社制度・財界人・渋沢栄一」（パトリック・フリデンソン、橘川武郎『グローバル資本主義の中の渋沢栄一』東洋経済新報社）
村上泰亮　一九九二『反古典の政治経済学　下——二十一世紀への序説』中央公論社
諸田實　二〇〇三『フリードリッヒ・リストと彼の時代—国民経済学の成立』有斐閣
藤野正三郎・寺西重郎　二〇〇〇『日本金融の数量分析』、東洋経済新報社
山崎敏夫　二〇〇一『ヴァイマル期ドイツ合理化運動の展開』森山書店
山本七平　一九八七『近代の創造——渋沢栄一の思想と行動』ＰＨＰ研究所
山本有造　一九九四『両から円へ——幕末・明治前期貨幣問題研究』ミネルヴァ書房
吉川幸次郎　一九七五『仁斎・徂徠・宣長』岩波書店
吉田和夫　二〇〇四『ゴットル——生活としての経済』同文舘出版
吉田俊純　二〇一一『寛政期水戸学の研究——翠軒から幽谷へ』吉川弘文館
吉野信次　一九三〇『我国工業の合理化』日本評論社（通商産業省編　一九六一に再録）
吉野信次　一九三七『国防経済政策について』国策研究会
吉野信次　一九六二『おもかじ　とりかじ』通商産業研究社
フリードリッヒ・リスト　一九七〇『経済学の国民的体系』岩波書店
トマス・リハ　一九九二『ドイツ政治経済学——もうひとつの経済学の歴史』ミネルヴァ書房
L・ランダル・レイ　二〇一九『ＭＭＴ現代貨幣理論入門』東洋経済新報社
渡辺浩　二〇一〇『日本政治思想史［十七〜十九世紀］』東京大学出版会
Bairoch, Paul (1993) *Economics and World History: Myths and Paradoxes*, The University of Chicago Press.

Baudet, Thierry (2012) *The Significance of Borders: Why Representative Government and the Rule of Law Require Nation States*, Leiden: Brill.

Bradley, F. H. (2006) *Ethical Studies*, Oxford: The Clarendon Press.

Burke, Edmund (1986) *Reflections on the Revolution in France*, NewYork: Penguin Books

Canovan, Margaret (1996) *Nationhood and Political Theory*, Cheltenham: Edward Elgar.

Carey, Henry Charles (1860) *Money: a lecture delivered before the New York Geographical and Statistical Society*, Philadelphia.

Cha, Myung Soo (2003) 'Did Takahashi Korekiyo Rescue Japan from the Great Depression?' *Journal of Economic History*, Vol. 63, No. 1, pp. 127-144.

Chang, Ha-Joon (2003) *Kicking Away the Ladder: Development Strategy in Historical Perspective*, Anthem Press.

Crouch, Colin (2011) *The Strange Non-Death of Neoliberalism*, Cambridge: Polity Press.

Dewey. John (1918a) 'The Social Possibilities of War,' http://teachingamericanhistory.org/library/document/the-social-possibilities-of-war-2/

Dewey, John (1918b) 'Internal Social Reorganization after the War,' *The Journal of Race Development*, Vol. 8, No. 4, pp. 386.

Dewey, John (1988a) 'The Economic Basis of the New Society,' in J Ann Boydston (ed.), John Dewey, the Later Works, 1925-1953, Volume 13: 1938-1939, Carbondale: South Illinois University Press.

Dewey, John (1988b) 'The Quest for Uncertainty,' in J Ann Boydston (ed.), John Dewey, the Later Works, 1925-1953, Volume 4: 1929, Carbondale: South Illinois University Press.

Dewey, John (1999) *Individualism Old and New*, New York: Prometheus Books.

Dornbusch, Rudiger and Stanley Fischer (1984) 'The Open Economy: Implications for Monetary and Fiscal Policy,' *NBER Working Paper*, No. 1422.,

Eichengreen, Barry (1986) 'The Political Economy of the Smoot-Harley Tariff,' *NBER Working Paper*, No. 2001.

Durkheim, Emile (1997) *The Division of Labor in Society*, New York: The Free Press.

Etzioni, Amitai (1988) *The Moral Dimension: Toward a New Economics*, New York: The Free Press.

Fukuyama, Francis (1995) *Trust: The social virtues and the creation of prosperity*, New York: Free Press.

Gellner, Ernest (1983) *Nations and Nationalism*, Oxford: Blackwell.

Gordon, Robert J. (2012) 'Is US Economic Growth Over? Faltering Innovation Confronts of the Six headwinds,' *NBER Working Paper* No. 18315.

Gordon, Robert J. (2016) *The Rise and Fall of American Growth: The U. S. Standard of Living Since the Civil War*, Princeton University Press.

Granovetter, Mark. And Richard Swedberg (eds.) (1992) *The Sociology of Economic Life*, Boulder: Westview Press.

Granovetter, Mark. (2017) *Society and Economy: Framework and Principles*, Cambridge MA: The Belknap Press.

Hayek, F. A. (1980) *Individualism and Economic Order*, Chicago: The University of Chicago Press.

Hegel, G. W. F. (1991) *Elements of the Philosophy of Right*, Cambridge: Cambridge University Press.

Herbst, Jurgen (1965) *The German Historical School in American Scholarship: A Study in the Transfer of Culture*, Cornell University Press.

Herrigel, Gary (2010) *Manufacturing Possibilities: Creative Action and Industrial Recomposition in the United States, Germany, and Japan*, Chicago: University of Chicago Press.

Hirschman, Albert O. (1982) 'Rival Interpretations of Market Society: Civilizing, Destructive, or Feeble?' *Journal of Economic Literature*, Vol. 20, No. 4, pp. 1463-1484.

Hodgson, Geoffrey M (2001) *How Economics Forgot History: The problem of Historical Specificity in Social Science*, London: Routledge.

Ingham, Geoffrey (2004) *The Nature of Money*, Cambridge: Polity.

Joas, Hans (1996) *The Creativity of Action*, Chicago: The University of Chicago Press.

Kahneman, Daniel., Jack L. Knetsch and Richard Thaler (1986) 'Fairness as a Constraint on Profit Seeking: Entitlements in the Market,' *The American Economic Review*, Vol. 76, No. 4, pp. 728-741.

Keynes, John Maynard (2008) *A Tract on Monetary Reform*, Middletown: BN Publishing.

Keynes, John Maynard (2011) *A Treatise on Money*, Mansfield Centre: Martino Publishing.

Keynes, John Maynard (2013) 'The End of Laissez-Faire,' in *The Collected Writings of John Maynard Keynes, IX: Essays in Persuasion*, Cambridge University Press.

Koot, Gerard M. (1987) *English Historical Economics, 1870-1926: The Rise of Economic History and Neomercantilism*, Cambridge: Cambridge University Press.

Lavoie, Marc and Engelbert Stockhammer eds. (2013) *Wage-led growth: an equitable strategy for economic recovery*, Palgrave Macmillan

Leonard, Thomas C. (2009) 'American Economic Reform in the Progressive Era: Its Foundational Beliefs and Their Relation to Eugenics,' *History of Political Economy*, 41, 1, pp. 109–141.

Magnusson, Lars (2009) *Nation, State and the Industrial Revolution*: The Visible Hand, Routledge.

Miller, David (1995) *On Nationality*, Oxford: Oxford University Press.

Magnusson, Lars (2009) *Nation, State and the Industrial Revolution: The Visible Hand*, London: Routledge.

Nakano, Takeshi (2004) 'Theorising Economic Nationalism,' *Nation and Nationalism*, 10.3

Nakano, Takeshi (2007) 'Alfred Marshall's Economic Nationalism,' *Nations and Nationalism*, 13. 1, pp. 57–76.

Oakeshott, Michael (1991) *Rationalism in Politics and Other Essays*, Indianapolis: Liberty Fund.

Oncken, August (1897) 'The Consistency of Adam Smith,' *The Economic Journal*, Vol. 7, No. 27, pp. 443–450.

Porter, Bruce D. (1994) *War and the Rise of the State: The Military Foundations of Modern Politics*, The Free Press.

Putnam, Robert D. (2000) Bowling Alone: The Collapse and Revival of American Community, New York: Touchstone.

Rego, Paul M. (2008) *American Ideal: Theodore Roosevelt's Search for American Individualism*, Lanham: Lexington Books,

Ruggie, John (1982) 'International Regimes, Transactions and Change: Embedded Liberalism in the Post War Economic Order,' *International Organization*, 36, 2, pp. 379–415.

Schlesinger, Jacob M., and Alastair Gale (2017), 'To Bond With Trump, Japan's Abe Takes a Swing at Fairway Diplomacy,' *The Wall Street Journal*, Feb 10.

Schumpeter, Joseph A. (1954) *History of Economic Analysis*, Oxford University Press.

Scruton, Roger (1999) 'The First Person Plural,' in Ronald Beiner (ed.), *Theorizing Nationalism*, Albany: State University of New York Press.

Searle, G. R. (1971) *The Quest for National Efficiency: A Study in British Politics and British Political Thought 1899-1914*, Oxford: Basil Blackwell.

Semmel, Bernard (1960) *Imperialism and Social Reform: English Social Imperial Thought 1895-1914*, Cambridge MA: Harvard University Press.

Silver, Allan (1990) 'Friendship in Commercial Society: Eighteenth-Century Social Theory and Modern Sociology,' *American Journal of Sociology*, Vol. 95, No. 6, pp. 1474-1504.

Simmel, Georg (1955) 'Conflict,' in Georg Simmel, *Conflict and The Web of Group-Affiliations*, The Free Press.

Skocpol, Theda (1979) *States and Social Revolutions: A Comparative Analysis of France, Russia and China*, Cambridge: Cambridge University Press.

Stephen S. Cohen and J. Bradford DeLong (2016), *Concrete Economics: The Hamilton Approach to Economic Growth and Policy*, Boston: Harvard Business Review Press.

Stiglitz, Joseph E. (2003) *Globalization and Its Discontents*, New York: W. W. Norton & Company.

Supple, Barry (2014) 'War Economics,' Jay Winter ed., *The Cambridge History of the First World War Vol.2: The State*.

Temin, Peter (1991) Lessons from the Great Depression, Cambridge MA: MIT Press.
Thompson, E.P. (1971) 'The moral economy of the English Crowd in the Eighteen Century.' *Past and Present*, 50: pp.76-136.
Winch, Donald (1983) 'Science and the Legislator: Adam Smith and After,' *The Economic Journal*, 93.371, pp. 501–520.
Wray, L. Randall, (1998) *Understanding Modern Money: The Key to Full Employment and Price Stability*, Cheltenham: Edward Elgar.

ちくま新書
1492

日本経済学新論（にほんけいざいがくしんろん）
――渋沢栄一（しぶさわえいいち）から下村治（しもむらおさむ）まで

二〇二〇年五月一〇日　第一刷発行

著者　中野剛志（なかの・たけし）

発行者　喜入冬子

発行所　株式会社 筑摩書房
東京都台東区蔵前二-五-三　郵便番号一一一-八七五五
電話番号〇三-五六八七-二六〇一（代表）

装幀者　間村俊一

印刷・製本　株式会社 精興社

ISBN978-4-480-07314-3 C0233

ちくま新書

946
日本思想史新論
――プラグマティズムからナショナリズムへ
中野剛志
日本には秘められた実学の系譜があった。『TPP亡国論』で話題の著者が、伊藤仁斎、荻生徂徠、会沢正志斎、福沢諭吉の思想に、日本の危機を克服する戦略を探る。

827
現代語訳 論語と算盤
渋沢栄一
守屋淳訳
資本主義の本質を見抜き、日本実業界の礎となった渋沢栄一。経営・労働・人材育成など、利潤と道徳を調和させる経営哲学には、今なすべき指針がつまっている。

766
現代語訳 学問のすすめ
福澤諭吉
齋藤孝訳
諭吉がすすめる「学問」とは？　世のために動くことで自分自身も充実する生き方を示し、激動の明治時代を導いた大ベストセラーから、今すべきことが見えてくる。

877
現代語訳 論語
齋藤孝訳
学び続けることの中に人生がある。――二千五百年間、読み継がれ、多くの人々の「精神の基準」となった古典中の古典を、生き生きとした訳で現代日本人に届ける。

1474
『論語』がわかれば日本がわかる
守屋淳
「上下関係」「努力信仰」「気持ち主義」……多くの日本人を無意識に縛る価値観はどこから来るのか。学校や会社に浸透した『論語』の教えを手掛かりに、その淵源を探る。

1017
ナショナリズムの復権
先崎彰容
現代人の精神構造は、ナショナリズムとは無縁たりえない。アーレント、吉本隆明、江藤淳、丸山眞男らの名著から国家とは何かを考え、戦後日本の精神史を読み解く。

910
現代文明論講義
――ニヒリズムをめぐる京大生との対話
佐伯啓思
殺人は悪か？　民主主義はなぜ機能しないのか？――ニヒリズムという病が生み出す現代社会に特有の難問について学生と討議する。思想と哲学がわかる入門講義。